古典文獻研究輯刊

十四編

潘美月・杜潔祥 主編

第 17 冊

《老子》研究在美國

彭 振 利 著

國家圖書館出版品預行編目資料

《老子》研究在美國／彭振利 著 — 初版 — 新北市：花木蘭文
化出版社，2012〔民 101〕

目 2+274 面；19×26 公分

（古典文獻研究輯刊 十四編：第 17 冊）

ISBN：978-986-254-850-9（精裝）

1. 老子　2. 研究考訂

011.08　　　　　　　　　　　　　　　　101003002

ISBN-978-986-254-850-9

古典文獻研究輯刊

十四編　第十七冊　　　　　　　ISBN：978-986-254-850-9

《老子》研究在美國

作　　　者	彭振利
主　　編	潘美月　杜潔祥
總 編 輯	杜潔祥
企劃出版	北京大學文化資源研究中心
出　　版	花木蘭文化出版社
發 行 所	花木蘭文化出版社
發 行 人	高小娟
聯絡地址	新北市永和區中正路五九五號七樓
	電話：02-2923-1455／傳眞：02-2923-1452
網　　址	http://www.huamulan.tw 信箱 sut81518@gmail.com
印　　刷	普羅文化出版廣告事業
初　　版	2012 年 3 月
定　　價	十四編 20 冊（精裝）新台幣 31,000 元

《老子》研究在美國

彭振利　著

作者簡介

彭振利，台灣雲林人，1962 年生。雲林科技大學應用外語系、雲林科技大學國際漢學研究所碩士。曾任台灣新聞網記者、雲林縣新聞職業工會常務監事，現為雲林縣高登語文教育機構負責人。

家叔少時曾上過私塾，因此幼時嘗目睹其床頭擺滿了許多泛黃的古籍線裝書，也曾聽其以臺語漢音朗誦那些古籍謄本，句讀聲中雖只聽其音而無法了解其中深意，但當時我的幼小心靈即萌生對古文化思想的嚮往。然而時不我予，過去所學都未能恰如其份的符合我的興趣，一直到了研究所期間師事李哲賢教授，接觸先秦學術思想的領域，特別是關於外國學者研究中國的學術思想，即一般所稱的國際漢學，遂引起我很大的興趣，嗣經四年時間才完成《老子研究在美國》一作，成為我的碩士論文。

提　　要

《老子》乃中國哲學的代表作，老子的「道」無疑是中國形而上學的開端，其玄理、玄智不僅為中華文化數千年來的哲學探討焦點，更是近百年以來西方漢學界研究的對象之一。《老子》在十九世紀中葉之後，即傳入西方的英語世界，歷經國外學者的翻譯與介紹之下，已在國際之間也產生了廣大的影響。從二十世紀初期在美國開始有《老子》之譯介著作出現 到目前為止《老子》研究在美國已有蓬勃的發展「跡象」。除了早期的文本譯介性質之外，有關詮釋《老子》之哲學思想及義理內容之著作，也有不斷地推陳出新的趨勢，其中不乏有些獨到的見解。然而國內學界對於美國漢學界之老子研究成果，至今尚未有相關的介紹，更談不上完整而深入的探討，實為可惜。本論文乃針對美國漢學界對《老子》研究之論著，作一完整剖析，盼能為國內學界提供一種新的視野，此乃本論文之主要的目的。

謝　辭

　　本論文得以完成，要感謝許多人給我的指導與支持。首先要感謝我的指導教授李哲賢教授，在繁忙的教學與研究之際，仍抽出許多寶貴時間與我討論。從一開始的論文命題、參考資料的蒐集整理、論文的架構、研究方法及內容的撰寫等，都能不厭其煩的給我許多的指導與建議。尤其是論文初稿完成時，更是花費許多時間，細心的修正我許多文稿的錯誤，使我能在極為匆促的情況下，趕得上送審的時間，並且順利完成我的論文口考。

　　此外，我要感謝東海大學張端穗教授於論文口考上，多方指正我的不少疏失之處。由於自己外文能力仍有不足之處，特別是在外文的翻譯方面，而張教授的指教，適時匡正學生的多處缺失，使我受益良多。其次，要感謝吳進安教授於口考上，在論文的格式和論述觀點上，都給予學生許多寶貴的意見，亦使我獲益匪淺。兩位教授的治學嚴謹及長者風範，尤其是在學術態度上的堅持，讓學生留下深刻的印象。另外要感謝這四年內教導過我的師長，由於他們的各種專業領域的學術薰陶，使我在漢學研究的專業領域視野上，能有所提昇。同時也要感謝我班上的同窗們，與我共同渡過這些年的學習生涯，昔日切磋討論的情景，將成為日後的回憶。

　　另外，特別要感謝我事業單位的同仁們，分擔了我許多的工作與責任，讓我能專心於論文的寫作。最後要感謝我的家人的支持和親友的關心，特別是我的內人，這些年來，多虧她的體諒與包容，並在精神上給我莫大的鼓勵與支持，使我能無後顧之憂，順利的完成我的論文。

目次

第一章　緒　論

　　美國著名漢學家史華茲（1916～1999）認為，《老子》曾經被描述為一種深謀遠慮的世俗人生哲學、政治策略的論文、奧秘的軍事策略論文、烏托邦的勸世小冊或是一本對宇宙採取「科學的自然論」觀點的書。〔註1〕他更毫不猶豫的將《老子》與《莊子》並稱為神秘主義之道家。〔註2〕

　　老子為道家的代表人物，《道德經》堪稱中國哲學的代表作之一。就中國哲學史的角度而言，老子的「道」無疑是中國形而上學的開端，其中的玄理、玄智不僅是中華文化數千年來的哲學探討焦點，近百年來甚至成為西方漢學界經常研究的對象之一。國際上有關《老子》的相關譯注數量及語言種類之多，大概僅次於《聖經》。但至目前為止，中外學者尚無人敢言已然求得《老子》之學的本來面目。然而，西方哲學界對中國學者的《老子》詮釋曾有一些質疑，例如，英國漢學家韋利（Arthur Waley, 1889～1966）就曾提出他的批評與看法，認為自王弼以後到18世紀之前眾多的老子詮釋者，都是「附隨經典」之意，也就是說詮釋者是根據自己的信條、想法去詮解，而並無企圖去發掘老子真正的本意，因此，在他看來是無用的。〔註3〕然而，在中國方面的學者，如方東美先生曾說：「雖然目前交通頻繁，對於中國哲學的研究，西方也有不少名家，但他們的精神與心態還是西方的，所以沒有辦法透視這種內在的精神。〔註4〕方東美又

〔註1〕 Benjamin Schwartz, "The Thought of the Tao Te Ching." in *Lao-tzu and the Tao-te-ching*, ed., Livia Khon and Michael LaFargue,（New York: State of University of New York,1988）, pp.189-210.

〔註2〕 Benjamin I. Schwartz, The World of Thought in Ancient China（Cambridge Mass. :Harvard University Press, 1985）, p187.

〔註3〕 Arthur Waley, *The Way and Its Power*（N.Y.:Grove Press, 1958）, p129.

〔註4〕 見方東美：《原始儒家道家哲學》（台北：黎明文化事業公司，1983年），頁2。

說：「研究《老子》，首先要解決文字的困難，以當時的思想還之於當時，才能獲得老子的本眞意義。」〔註5〕

在 18 世紀之前的中國學者與西方學術界的交流不多，因此，當時中國很少有人懂得西方這一套以邏輯爲精確定義理論的哲學，故若以西方學者的標準來看，中國哲學的確很難符合西方學術的規範與要求。然而，若以中國哲學角度而言，西方哲學的方法又未必能眞正符合中國哲學的思想內涵。從 Arthur Waley 和方東美的說法，就已存在著兩種截然不同的觀點。筆者以爲，各種文化思想的本身都具有某種程度的的包容與排斥的作用，哲學本身也不外乎有此特性。因此，現代化的中西哲學議題研究，不應有優劣與高下之分，而是要站在學術研究的角度，相互學習、相互包容，透過不斷交流，增進彼此之間的了解與認同。然而，儘管目前中西文化、學術的交流已趨於頻繁，但長久以來國內學者對於西方學術界的中國文化思想研究，仍然未予足夠的關注與重視。因此，積極建立各國漢學的全面研究，進而增加彼此之間對話空間，似乎仍有許多值得努力的空間。因此，筆者以《《老子》研究在美國》爲碩士論文題目，主要的著眼點即在於此。

第一節　研究動機與目的

西方漢學界對於《老子》的研究，最早可追朔到 1823 年法國漢學家雷慕沙（Abel Remusat, 1788～1832）發表了《論老子的生平及其作品》，且用法語試譯了《老子》之第 1、25、41 和 42 等章，並且提出其個人的看法。而《老子》之第一部法文全譯本則是由鮑狄埃（Georges Pauthier）所翻譯。至於《老子》一書之英譯則始於 1868 年英國傳教士湛約翰（John Chalmers）在倫敦所出版的《老子形上學、政治和道德的思辨》（*The Speculation on Metaphysics, Polity and Morality of "The Old Philosopher," Lau-Tze*）。然而美國漢學界對於《老子》的研究則起步較晚，一般皆以爲始自 Paul Carus（1852～1919）於 1898 年所出版的《老子道德經》（*The Canon of Reason and Virture-Being Lao-tze's Tao The King*）。因此，在 1970 年之前，美國漢學界有關《老子》研究方面之論著實頗爲貧弱。1970 年之後，美國學界之《老子》研究才開始有發展的契機。自此之後，美國學界對《老子》之研究有愈來愈多的趨勢，而且常有些獨到之見解，

〔註5〕　同前註，頁 7～8。

累積至今，已展現豐碩之研究成果。可惜，國內學界至今尚未有對《老子》在美國之研究成果作一完整而深入的探討。因此，引發筆者選擇《《老子》研究在美國》作爲碩士論文之研究主題，希冀能對此一主題做一完整的剖析，且能完整呈現美國學界之《老子》研究成果，以作爲國內學界研究《老子》時之參考，並收他山之石可以攻玉之效，此爲本論文之研究動機之一。

此外，美國漢學界對於《老子》研究觀點和研究方法頗爲獨特。如，劉殿爵（D.C. Lau）就曾質疑《老子》一書具有整體的一致性，並認爲它只是一些鬆散的諺語組合而成。而劉笑敢認爲「自然」是老子的核心思想，並指出「道」之上尚有另一更高層次的意義。Victor Mair 認爲，《老子》之「道」和「德」是其最重要的靜態名詞的概念，而「無爲」應是其最重要的動態動詞的概念。安樂哲和 Philip J. Ivanhoe 則在《老子》之「道」與「德」的詮釋和「無爲」的的關係有深入的探討。凡此，皆可看出美國漢學界有關《老子》研究之詮釋觀點有其獨到之處。至於在《老子》的研究方法方面，Michael LaFargue 在《道的方法——《道德經》的合理進路》（*Tao and Method—Reasoned Approach to the Tao Te Ching*）一書中以「精密的文本詮釋法」（Close Textual Exegesis）及「整合的歷史研究法」（Integrating Historical Research）再加上已有的相關哲學研究文獻，完成了六百多頁的巨著，宛如《老子》專用的術語辭典。而陳漢生（Chad Hansen）則以其所擅長的語言分析，應用「假設的演繹論證法」（Hypothetical-deductive Argumentation）來詮釋《老子》一書。因此，本論文希望藉由美國漢學界有關《老子》研究的詮釋觀點和研究方法的探討，或可提供國內學界一些新的、具有啓發性的見解或方法，此爲本論文的研究動機之二。

本論文希望藉著對美國漢學界之《老子》研究成果進行全面而深入的研究，俾能爲國內學界在《老子》研究方面提供新的學術視野，以期爲國內學界對美國漢學界之《老子》研究成果和方法有更深入的理解，可呈現出新的觀點或發掘新的問題，或可提供新的學術研究方向或論題，且進而建立國內與美國漢學界之《老子》研究者之對話窗口，此爲本論文之主要研究目的。

第二節　研究範圍與方法與內容

本論文係以《《老子》研究在美國爲題》，將分別介紹美國漢學家之相關論著的內容爲首要步驟，並進而以個別論述其對《老子》的哲學思想研究成

果。由於老子之思想涵蓋甚廣，故選擇各學者之論著中的重要觀點加以深入探討及分析，其中，以《老子》的「自然」為「道」之「體」，展開「道」與「德」及「有」與、「無」的論述。再者，以「無為」為「道」之「用」，進行「虛靜」與「弱道」主義及其他思想的論述。然而，美國學者的《老子》研究，除了哲學思想之外，還有些其他的議題，如，道家的分類、老子的聖人觀、老子之神秘主義、老子語言學分析等，雖與老子的自然之「道」無直接關係，然而加上這些美國學者對於《老子》之其他觀點的研究成果，可以更完整地呈現出美國《老子》研究的成果。故本文特另闢一章〈《老子》之其他觀點研究在美國〉加以探討。

一、研究範圍

本文之探討範圍以美國學者（曾在美國從事教學或研究之學者）所出版或發表的英文論著為準。本文之討論對象以美國漢學界之《老子》思想研究為主，其中，不包括翻譯、考校性質之類的論著。因此，凡在歐洲、日本、中國大陸、香港、台灣及其他地區所出版的相關論著皆不列入本文之討論範圍。

在本文中所討論到的論著之排列次序，原則上以其出版或發表之年代、月份之先後順序為準。本文在處理美國學者之姓名及其論著之名稱的原則如下：凡是美國學者中，無中文名字者，一律以其原文名字稱之。若有中文姓名者，則當其姓名第一次出現時，在其英文名字後以括弧標示其中文姓名，之後則以中文名字稱之。至於在論著名稱方面，在第一次出現時會標示筆者對其論著的中文翻譯名稱，但之後再出現則使用其論著之原名或簡稱。

二、研究方法

（一）文獻分析法

確定研究主題及方向後，訂定題目名稱及研究範圍。搜集相關的文獻資料與書目，從中摘選與本篇論文主題相關之內容，進行整理與分析。對其中學者的重要論點加以探討並評估其價值所在，針對這些重要論點的論述過程中，提出筆者對於此研究主題的見解。

（二）比較研究法

在分析整理美國各學者之重要論點之後，針對所呈現之研究成果內容，

再與國內學者的觀點及研究成果予以整合。為了彰顯美國學者的不同研究方法與成果，本文採用比較研究法，藉由兩岸學者的研究成果，相互比較並予以客觀之評價。

三、研究內容內容簡述

本文係以美國地區學者的《老子》研究論著為主，作一深入剖析與探討，共分為七章，其內容如下：

第一章　緒論：旨在說明本論文之研究動機與目的、研究方法與內容。

第二章　《老子》研究在美國之緣起及概況：本章分為二節，依序介紹美國漢學研究概況、《老子》研究在美國之緣起及概況。

第三章　〈《老子》研究在美國述要〉：旨在針對美國學界之《老子》研究中較為重要的論著，依其出版之先後順序分成四小節予以摘述，以作為下一章探討的基礎。

第四章　《老子》「道」之「體」研究在美國述論：「道」為《老子》思想之核心。「道之體」包括，「自然」、「道與德」、「有與無」。本章共分三節來探討上述美國漢學界有關《老子》的研究成果，並依「自然」、「道與德」、「有與無」等主題，將學者之研究成果作一客觀的述論。

第五章　《老子》「道」之「用」研究在美國述論：「道之用」包括，「無為」、「虛靜」、「弱道」。本章共分三節來探討上述美國漢學界有關《老子》的研究成果，並依「無為」、「虛靜」、「弱道」等主題，將學者之研究成果作一客觀的述論。

第六章　《老子》之其他觀點研究在美國：美國學者的《老子》研究，除了老子之自然思想之外，還有些其他的議題，如，道家的分類、老子的聖人觀、老子之神秘主義、老子語言學分析等，雖與自然思想無直接關係，然而加上這些老子的其他觀點，可以更完整地呈現出老子研究在美國的整體風貌。

第七章　結論：為本文所作研究之綜合性敘述，並依此提出美國漢學界對《老子》研究的回顧以及美國老子研究的未來展望。

第二章 《老子》研究在美國之緣起 及研究概況

第一節 美國漢學之研究概況

一、美國漢學之緣起

「漢學」是研究中國之學術文化的統稱，然而，有別於國人研究中國固有之學的「國學」。「漢學」一詞的來源，可溯自 1814 年法國之法蘭西學院正式任命雷幕沙爲漢、滿、韃靼語言文學教授。〔註1〕與此同時在法國學界有一篇題爲〈漢學史〉〈L'histoire de la sinologie〉的文章發表。從此，豎立西方專業漢學研究的里程碑。因此，法文之（sinologie）奠定了後來「漢學」（sinology）成爲西方研究中國學術文化的專有名詞的基礎。根據《牛津英語詞典》對「漢學」（sinology）的定義爲「一切關於中國的研究」（the study of things Chinese），而權威的法語拉羅斯詞典（Larousse）對「漢學」（sinologie）的定義則爲「關於中國歷史、語言、文化的研究」。〔註2〕基於上述，對國人而言，針對這些國際上的外國學者對中國的研究，我們亦可稱之爲「國際漢學」。至於，今天我們所謂「美國漢學」研究，即是針對美國學者之漢學研究成果的再研究。

〔註1〕 見張西平：〈應重視對西方早期漢學的研究〉，《國際漢學》第七輯，（鄭州：大象出版社，2002 年 4 月），頁 1～14。

〔註2〕 見尹文涓：〈《中國叢報》與 19 世紀西方漢學研究〉，《漢學研究通訊》22:2（2003 年 5 月），頁 28～36。

二、美國漢學之發展

　　自 1783 年英美簽定《巴黎和約》之後，北美十三州脫離英國的殖民關係而正式獨立。建國之初雖無暇外顧，但仍然看重中國這一極具豐富資源之經濟利益，並伺機擴張勢力到此一西方所視之爲東方的新大陸。起初與中國的交流尙屬不多，對中國的認識大多只靠外交官和商旅之往來所傳遞的一些訊息，然而，他們的描述往往不夠深入和專業，因此無法引起美國讀者的注意。直到 1830 年美國首批傳教士抵華之後，才改變了此一長時以往美國人要靠閱讀歐洲漢學家的著作來了解中國的局面。1833 年美國傳教士衛三畏（Samuel Wells Williams 1812～1884）來到中國廣州，負責《中國叢報》〔註3〕（*Chinese Repository* 1832～1951）的編輯和印刷工作，並於 1848 年在美國出版了《中國總論》（*The Middle Kindom*），該書不僅成爲美國學者研究中國之不可或缺的參考書之一，更是後來英語世界國家之中國歷史文化課的教材。《中國總論》對中國古代文學、史學、藝術等方面的成就等做了詳細和客觀的描述。《中國總論》其中的大部份被翻成德文和西班牙文，在西方也引起許多迴響。這些對中國古代文化成就的論述具有很高的學術價值，也充分反映了衛三畏作爲一個漢學家的水平，這由他曾擔任過 1881 年「美國東方學會」主席即可證明他在漢學領域地位的崇高。〔註4〕若說裨治文爲美國漢學之開山鼻祖，則衛三畏應可稱之爲美國第一位著名的漢學家。

三、美國漢學研究之確立

　　早期美國漢學研究頗爲貧弱，研究人才嚴重不足，且大多是以傳教士爲主。在十九世紀中葉之前，美國一直都沒有漢學研究傳統的建立，往往須仰賴歐洲學者漢學研究的輸入，因此，歐洲漢學可說是美國漢學發展的前身。1842 年美國「東方學會」（American Oriental Society）之成立象徵著美國漢學眞正得到確立的標誌。〔註5〕隨著中國與列強簽訂不平等條約後，中國門戶大

〔註3〕　《中國叢報》爲美國傳教士裨治文（E. C. Bridgman, 1801～1861）於 1832 年
　　　　創辦的英文月刊爲第一份對西方讀者介　紹中國研究的英文報刊，內容涉及語
　　　　言、政治、文化、宗教、地理、商貿等。
〔註4〕　見雇鈞：〈衛三畏與《中國總論》〉，《漢學研究通訊》21:3（2002 年 8 月）頁
　　　　12～16。
〔註5〕　何寅、許光華：《國外漢學史》（上海：上海外與教育出版社，2000 年），頁
　　　　286～299。

開，美國對華的商業活動範圍亦開始不斷地擴張，在美國國內更是掀起一股
中國熱的狂潮。到了二十世紀初期，美國漢學已逐漸脫離「草創時期」，因為
前來美國講學及研究之歐洲學者絡繹不絕，因此大大提昇了美國的學術水
準；〔註6〕再加上衛三畏從中國回美後，在耶魯大學建立美國歷史上第一個漢
學考古室和東方圖書館，更是代表著美國漢學步入了學院式的研究發展。到
了 1920 年以後，一些移民學者才開始出現於美國大學中，其中包括為了擺脫
戰後文化蕭條的歐洲學者和因為中國內戰而來到美國的中國學者和學生。二
十世紀中葉時，二次世界大戰結束後，歐洲之漢學人才大量地加入美國漢學
研究行列。〔註7〕更由於美國國勢日強且又免受戰爭之破壞與威脅，美國政府
挾其雄厚財力及擴張國際世界勢力版圖的政治策略，大量資助學術團體從事
中國研究（Chinese Study），舉凡延聘優秀歐洲漢學學者至美國大學任教、增
設大學之漢學相關科系，以及增加大學圖書館漢學相關之藏書，使得美國漢
學研究不但能後來居上，並且有躍居國際漢學領導的趨勢。

四、美國漢學之轉變

1925 年太平洋學會成立之後，除了傳統漢學研究之外，似乎也出現了中
國問題研究的領域，在二次世界大戰期間美國政府為了掌握更多了解中國有
關的資訊，因此極力建構與中國有關的社會科學研究，於是此一與社會科學
有密切關係的「區域研究」於焉興起，而以此為特徵的中國研究（Chinese Study）
也水漲船高地蓬勃發展起來。1960 年代爆發「越戰」以及大陸發生「文化大
革命」，使得美國的中國研究達到巔峰的狀態。因此中國傳統思想文化的純學
術研究的式微，意謂著中國現實問題的思考與研究的興起，但二者並行並進，
始終維持不同的發展路線。

然而，戰後，美國政府為求更深入的了解「中國」，開始投入大量資金於
各高等學術研究機構，以推動研究工作。起初，僅環繞著近、現代史的研究，

〔註6〕 李哲賢：〈美國漢學的研究概況〉，《文理通識論壇》第 1 期（1998 年 6 月），
頁 1。
〔註7〕 倪豪士指出，在 1870 年美國幾乎沒有漢學家。基於務實的目的，美國當時對
中國的研究主要用於政府研究機構，或者是用於從事貿易或傳教，很少有專
門從事純學術研究的學者。到了 1920 年以後，一些移民學者才開始出現於美
國大學中，其中主要是包括為了擺脫戰後文化蕭條的歐洲學者和因為中國內
戰而來到美國的中國學者和學生。

以為憑此即可道盡中國近代問題之種種轉折及變遷的結論。然而，隨著不斷地探討，美國學者漸漸地開始了解到中國文化的多面性，因此，逐步地走向中國文化思想的研究與評估。而且，隨著哈佛大學費正清教授（J.K.Fairbank 1907～1991）提出「西力衝擊與中國回應」之說，引發美國學界重探傳統中國的潮流。例如，以著名漢學家迪百瑞（Wm Theodore De Bary）為主的「新儒家主義」學者們，就主張重新探索中國傳統的優點和價值。於是，愈來愈多的學者已認清一個事實，即若不能了解及尊重傳統中國，而妄想跳過傳統中國去理解近代中國，是不可能的事。因而，孕育中國文化思想的先秦哲學思想，在國際漢學的領域，也愈加受到重視。同時美國漢學界，以「局內參與者」的態度自居，而與兩岸學者交流也日愈頻仍，使得先秦哲學重要代表之一的《老子》也受到前所未有的重視。〔註8〕

第二節　《老子》研究在美國之緣起及概況

　　道家的代表人物老子及其著作《道德經》，堪稱中國哲學的代表作之一。本節所要探討的主軸是《老子》研究在美國之緣起及《老子》研究在美國的概況。但由於美國漢學的發展前身必須追溯到歐洲的漢學。所以本節開始就以早期西方學者對《老子》的研究作為美國《老子》研究的緣起。然而，美國最初的《老子》研究是隨著先秦哲學史的探討之後，才漸而有《老子》的研究。

一、《老子》研究在美國之緣起

　　自十九世紀上半葉，西方開始有多種文字的《道德經》譯本出現，而《道德經》的英譯本一直到 1868 年，才由英國新教傳教士湛約翰（John Chalmers）在倫敦出版了一本《老子形而上學、政治、道德的思辯》*The Speculation on Metaphysics，Polity，and Morality，of "the Old Philosopher," Lau-Tsze*，堪稱《道德經》英譯本的鼻祖。〔註9〕至於美國漢學界對於《老子》的研究則起步稍晚，1913 年 Carus, Paul.（1852～1919）寫了一本《道德經》*The Canaon of Reason and Virtue—Being Lao-tze's Tao Teh King* 應是《老子》研究在美國的先驅。在

〔註8〕　李哲賢：〈美國漢學的研究概況〉《文理通識學術論壇》，第一期，1999，頁 4 ～5。

〔註9〕　參見范文美編：《翻譯再思：可譯與不可譯之間》，台北：書林出版有限公司，2000 年，頁 163。

早期西方漢學方面，繼 John Chalmers 之後到 20 世紀初，雖有不少《道德經》譯本出現，但大多偏向宗教的意識形態，採用基督教的神學思想理論為架構，試圖將神學思想融入《道德經》的譯作。由於這種做法忽略了老子當時所處的文化、歷史、社會政治背景，故與文本的哲學精神出入頗多，而較不受到漢學家們的重視。到了 1934 年韋利 Waley, Arthur（1889～1966）譯註了《老子之道德經》*The Way And Its Power:Lao Tzu's Tao Te Ching and Its Place in Chinese Thought,* 並在倫敦出版發行，此書不僅是翻譯，同時還有注解部分，在以當時的背景條件來講已屬佳作。此書稍後在 1958 年於美國再版時更增加了長達 84 頁的導論（Introdution）部分，對於老子及當時的中國傳統文化思想背景有更多詳細的描述與討論，尤其在文本的詮釋及注解有許多不同面向的見解，對於提供英語世界的人士想要了解中國古老的道家思想特質是一個有效的參考工具書。因為，在此之前的著作多屬翻譯注釋之類的性質，甚少有針對哲學內容深入研究的作品。

二、先秦思想史的研究

美國漢學界研究先秦哲學的歷史，大約始於二十世紀中葉。早期的學者較偏重於哲學史的角度，研究先秦思想的經典。其中以 1938 年 C. Gardner 所撰的《中國傳統史料編纂》〔註 10〕一書，堪稱美國漢學界研究中國傳統歷史研究之的開山鼻祖。此外著名漢學家顧立雅，可說，是一位美國漢學研究先秦哲學的重要啟蒙人物。顧氏於 1953 年出版的《中國思想從孔子到毛哲東》一書，對於先秦諸子學說皆有詳實介紹，開啟了美國漢學界研究先秦哲學的先端。1970 年，顧氏又出版了《何謂道家及中國文化史的其他研究》一書，是美國漢學界道家哲學研究的第一部專著。因此，顧立雅的中國研究，可以說，是美國漢學先秦哲學研究的重要里程碑。此外，尚有自 1980 年起陸續編纂而成之一系列《劍橋中國史》，〔註 11〕其中第一集收錄了中國思想史先秦部分及先秦典籍相關文章，並附錄頗具價值的參考書目，對研究先秦哲學的學者提供了重要的參考資料。

〔註 10〕 Charles Gardner, Chinese Traditional Historiography, reprinted,（Cambridge: Harvard University Press, 1961）.

〔註 11〕 Denis Twitchett and Michael Loewe eds., *The Cambridge History of China*（Taipei: Caves Books LTD., 1987）.

　　1980 年之後，美國漢學界對於先秦哲學的研究趨勢，則呈現以重新詮釋先秦的經典文獻探討爲題的思想總論和論文集。有關思想總論方面則有史華慈所撰《中國古代的思想世界》〔註 12〕及陳漢生所撰《中國思想的道家理論》。〔註 13〕史氏係以歷史的角度來處理中國的哲學問題，他指出，現在已很少有中國的歷史學者仍堅持認爲，先秦時期是中國文化史上唯一的「創造時期」。在這段時期以後到西方衝擊（Western impact）以前的幾十世紀之久的歷史就顯的毫無代表性，如「無歷史」般地沉寂狀態。〔註 14〕至於陳氏認爲在古典中國的哲學文獻專集裡，可應用一種「假設演繹論證法」的分析，以嚴格之證據支持古典中國哲學廣泛與完整的理論。他認爲，以西方現代哲學分析的方法，是發現統一理論而且可以消除神秘最有效的方式，並可清楚解釋，隱藏在中國成型時期思想家背後的哲學動機。陳氏的理論認爲，語言不是傳統譯注表面的世界和心理想像之間之或多或少的有效媒介，但卻是一種循規蹈矩的對談以尋求實際的行爲引導。針對上述兩部思想總論之專著，方克濤曾提出看法：史華慈所撰《中國古代的思想世界》一書，對先秦思想之詮釋，實稍嫌保守且缺乏創見。而相較之下，陳氏所撰之《中國思想的道家理論》則較富於創見及哲學價值，然而此書所呈現出其獨立特行的術語和主張，而且在某些地方討論的範圍亦稍嫌狹隘。〔註 15〕方克濤又指出，就方法學的理論而言，陳氏的研究和很多其他學者的研究所具的另一項共同的缺點，即在討論如《墨子》、《老子》、及《莊子》等原典時，習慣將之視爲統一的哲學看待。〔註 16〕

　　至於有關先秦哲學之論文集方面，則以 1985 年孟旦所編輯《個人主義和整體主義：儒道價值之研究》〔註 17〕一書，收錄了儒、道、墨、法相關文章，

〔註 12〕 Benjamin Schwartz, *The World of Thought in Ancient China*（Cambridge Mass.: Harvard University Press, 1985）.

〔註 13〕 Hansen, Chad, *A Doist Theory Of Chinese Thought*（New York: Oxford University press, 1992）.

〔註 14〕 同註 12，頁 1。

〔註 15〕 見方克濤：〈英美學界對於中國經典詮釋傳統之研究：回顧與展望〉，刊於〈《中國經典詮釋傳統（一）：通論篇》，（台北：喜瑪拉雅研究發展基金會出版，2002年），頁 237。

〔註 16〕 同前註，頁 232。

〔註 17〕 Donald J. Munro, eds., Individualism and Holism: Studies in Confucian and Taoist Values（Ann Arbor: The University of Michigan, 1985）.

學者們以不同的觀點，探討個體與總體之間的積極對話與其間錯綜複雜的相互影響之關係，形成一幅耐人尋味的豐富圖像。此外由 Philip J. Ivahoe 和 Bryan W. Van Norden 合編的《古典的中國哲學的讀本》〔註18〕一書中，幾位美國學者分別對《論語》、《墨子》、《孟子》、《老子》、《莊子》、《荀子》及《韓非子》等，先秦諸子之重要典籍皆有深入探討，其中包含經典的詮釋、版本目錄之研究，實爲美國漢學界研究先秦哲學中以論文集方式出版的經典佳作。1998和1999又分別出版了兩本專門討論《老子》的論文集，即《老子與道德經》〔註19〕和《老子之宗教與哲學的觀點》。〔註20〕此二論文集，總共收錄了二十一篇與《老子》相關的研究論著，充分呈現老子思想的多元性，並且展現了美國漢學界在老子研究方面的成果。

三、《老子》研究在美國的概況

　　二十世紀的七〇年代起，中國大陸先後出土數量頗豐的文獻資料，其中以馬王堆的帛書和郭店的楚簡最爲著名。而在這兩處的文獻資料中都分別發現，距今約兩千餘年的《老子》手抄本，這也間接地刺激美國漢學界的老子研究。此時，探討的範圍已不再侷限於以往之譯介及闡釋的型式內容。從此，美國漢學界開始有人以單篇論文的形式，以特定議題，局部地探討老子的某些思想，例如 N. J. Girardot 所撰之〈《道德經》25 和 42 章中的神話和意義〉〔註21〕以及陳漢生所撰之〈在《老子》中之語言的懷疑主義〉〔註22〕等，依此可見《老子》研究在美國已開始呈現發展的新契機。在另一方面，由於新出土的《老子》文獻資料，更促使美國漢學界興起《老子》漢學研究學熱潮，而且不斷地與海峽兩岸三地的中國學者有頻繁的互動，除了透過學術研討會議之外，亦在各國漢學相關的學術期刊發表許多論文，因此以論文集方式出版的《老子》相關研究

〔註18〕 Philip J. Ivanhoe and Bryan W. Van Norden, eds., *Readings In Classical Chinese Philosophy*（Indianapolis: Hackett Publishing, Inc., Reprinted in 2003）.

〔註19〕 Kohn, Livia & Michael Lafargue, eds., *Lao-tzu and Tao Te Ching*（New York: State University of New York Press, 1998）.

〔註20〕 Philip J. Ivanhoe & Mark Csikszentmihalyi, eds, *Religious Philosophical Aspects of the Laozi*（New York: State University of New York Press, 1999）.

〔註21〕 Norman. J Girardot, "Myth and Meaning in the Tao Te Ching: Chapter 25 and 42," *History of religions*, 16/4（May, 1977）:294-318.

〔註22〕 Chad Hansen , "Linguistic skepticism in the Lao Tzu," *Philosophy East and West*, 31/3（July 1981）:321-363.

著作也如雨後春筍般的出版了。

四、此一時期的《老子》研究在美國約可分成四個類別

（一）翻譯及注解類；（二）校注及考證類；（三）哲學理論及詮釋類；（四）論文集編輯類，試就敘述如下：

（一）翻譯及注釋類

劉殿爵〔註23〕所譯著的《道德經》，〔註24〕於 1982 年於美國再版，劉氏雖爲華裔美國學者，但其所譯注的《道德經》是西方漢學界研究《道德經》頗具參考價值的一本書，由近幾十年來出版有關《老子》的研究論著來看，其中的參考文獻目錄幾乎很少錯過劉氏的著作可茲證明。而其之所以廣被西方學者引用、參考的主要原因，是他長達 28 年的時間（1950～1978 年）在英語世界中參與漢學研究及教學的工作，除了深厚的國學造詣外加上西方專業學術背景，使得他所翻譯的《道德經》廣爲西方學者重視。早在 1963 年他就已完成《道德經》的翻譯，當時是以王弼注本爲藍本。但在 1973 年馬王堆的《老子》甲、乙本出現之後，經國內相關學者研究整理，考校工作大抵完成且合併爲較完整的版本，才於 1982 年應香港中文大學之邀，以馬王堆的版本再重新翻譯爲中英對照的《道德經》。

Victor Mair 所譯註的《老子道德經》〔註25〕於 1990 年出版，此書按照馬王堆帛書《老子》的篇次，《德經》在前，《道經》在後，參照今本章次，分別句段，依順序翻譯。在這本書的內容上，讓筆者很感興趣的不是道德經的譯文內容部分，而是此書的前言（Preface）、後記（Afterword）及附錄（Appendix）的部分。因爲，梅氏於此處用了許多篇幅討論中國的《道德經》與有古印度「聖經」之稱的《博伽梵歌》（*Bhagavad Gita*）的淵源關係。他以二十年的研究，各根據二書之原文反覆細讀之下，最後相信，他們彼此之間有很直接的關聯性。茲節錄其原文如下：

Another radical departure from the past is my recognition of the *Tao Te*

〔註23〕劉殿爵 D. C. Lau，1921 生於香港，1946 年畢業於香港中文大學之後即赴英攻讀哲學，4 年後即任教於倫敦大學，曾當過該大學中文系的教授，直到 1978 年回香港中文大學任教，至今退休後仍爲名譽教授。

〔註24〕劉氏所譯《道德經》，1963 年在英國出版，1982 年後陸續再版。

〔註25〕Mair, Victor, trans., *Tao Te Ching: The Classic Book of integrity and the Way, Lao Tzu*（New York: Bantam Books,1990 ）.

Ching's intimate relationship to that other well-known oriental classic the *Bhagavad Gita*. Having read both of them in their original languages repeatedly and attentively over the past two decades, I have come to believe that they are connected in an essential way.〔註26〕

針對這個問題，Mair 提出三種可能性：1. 是中國從印度瑜珈學來的修行方法；2. 是印度從中國道家學來的修行方法；3. 中國和印度皆從其他的來源得到啓發之後各自融合而成。〔註27〕這些問題在此書的後記及附錄的內容中有很深入的探討，礙於篇幅就不予多談。此外，梅氏對於《老子》是否爲一人之作也有自己的看法，他揭露出《老子》的成書期間應在（650～350B.C.）。在這長達三百年的期間，是由眾多含有智慧結晶的諺語，輾轉流傳下來之後由一個或不止一個有智慧、學問的哲學家整理，並且遊學各國之間而逐漸編纂完成的。〔註28〕另外在《道德經》篇名的"德"與"道'翻譯，他創新使用了 *Interity and Way Classic* 的譯名，但若基於讀者的便於辨認，所以他還是保留原來 *Tao Te Ching* 的譯名。〔註29〕

　　至於 Michael LaFargue 所撰《道德經的道》*The Tao of the Tao Te Ching* 於 1992 年出版，翻譯的文本是以《何新古經新解：古本老子《道德經》新解》爲參考，何新採用的是王弼注本。此外 LaFargue 還參考 Robert Henricks 的英文譯本，尤其該書是以新出土的馬王堆新資料爲文本。此書的內容主要是翻譯《道德經》全文的部分。此外，他還收錄了 Ewan MacColl 的老子哲學邏輯分析，雖然才短短數頁，但內容嚴謹頗具專業的分析，爲此書增添了一小小特色。書的最後還附有詞彙解釋的部分，也凸顯出其別出心裁的用意。

　　韓祿伯譯註的《老子：道德經》〔註30〕於 2000 年出版，是以馬王堆帛書《老子》甲、乙本爲參考文本。此書的音譯部分採用羅馬拼音系統，代替以往的韋氏漢語拼音系統。韓氏在導言部分有頗爲詳細的馬王堆帛書內容之介紹。在譯作方面，韓氏採取甲本和乙本依次分別翻譯注釋並個別和今（王注）之文本對照，所以顯而易見就可看出其中的異同，這也是其中的特色。但他

〔註26〕同前註，前言（preface），頁 5。
〔註27〕Mair, Victor, trans., *Tao Te Ching: The Classic Book of integrity and the Way, Lao Tzu*, 1990.
〔註28〕同前註，頁 120。
〔註29〕同前註，頁 130。
〔註30〕Robert G. Henricks, *Lao-Tzu's Tao Te Ching: A Translation of the Startling New Documents Found at Guodian,*（N.Y.: Columbia University Press, 2000）.

不按照今本的章節次序，而以帛書考校的編號作爲次序，有嚴謹的譯解內容加上精良的排版方式，呈現出一部專業的作品。

（二）校注及考證類

　　有關《老子》考校類的英文著作並不多，就以韓祿伯爲例。韓氏自 1979 年起，在幾個著名學術期刊，如《T'ong Pao》、《Chinese Culture》、《Early China》等陸續發表三篇論文，〔註 31〕主要根據漢墓馬王堆出土帛書資料分別討論帛書《老子》與王弼注本的差異與《老子》的成書年代問題，以及《老子》章節次序問題。曾引起美國漢學界及海峽兩岸學者廣泛的討論，到了 1981 年，一年之內又發表四篇相關性質的論文，〔註 32〕其中第一篇與第三篇涉及文字校注的問題，第二篇則是以王弼注本爲基礎，對於《老子》哲學的詮釋有較多的探討，第四篇則是對於道的起源與自然的關係有較多的關注。此後在 1982 年、1984 年及 1986 年又各分別有相關論文發表，直到 1989 年韓氏終於完成其《老子道德經》〔註 33〕的著作。他認爲《老子》馬王堆之前有嚴遵注（53～24B.C.）的《老子指歸》、王弼注本（226～249A.D.）及河上公注本（179～157A.D.）等三種至今流傳已久的版本，但基於新文獻材料的新發現，有重新譯註的必要。此書的內容重點雖著重於翻譯的部分，然而在開頭簡介的部分，以馬王堆出土文獻資料爲根據，對老子的章節次序問題有些獨特的見解頗有值得參考之處。如，韓氏指出早在先秦的韓非子一書中就有提到當時（約 200B.C.）的《老子》已有兩種不同的版本流通於世，一爲與今本《道德經》

〔註 31〕Henricks, Robert G "Examining the Ma-wang-tui Silk Texts of the Lao-tzu: With Special Note of their Differences from the Wang Pi Text." *T'ong Pao* 65, 4/5 （1979）:166-199,. "The Ma-wang-tui Manuscripts of the Lao-tzu and the Problem of Dating the Text." *Chinese Culture* 20/2 （June 1979）: 1-15,. "A Note on the Question of Chapter Division in the Ma-wang-tui Manuscripts of the Lao-tzu." *Early China* 4 （June 1979）: 49-51.

〔註 32〕Henricks, Robert G . "A Complete List of the Character Variants in the Ma-wang-tui Texts of Lao-tzu," *Journal of Chinese Linguistics* 10 （1981）: 207-275. "The Philosophy of Lao-tzu Based on the Ma-wang-tui Texts: Some Preliminary Observations." *Society for the Study of Chinese Religions Bulletin* 9（Octorber 1981）: 59-78,. "Character Variants in the Ma-wang-tui Texts of the Lao-tzu." *Tsing Hua Journal of Chinese Studies,* n.s. 13/1-2（December 1981）:221-234. "The Tao and the Field: Exploring an Analogy." *St. John's Papers in Asian Studies*, no. 27, Jamaica New York: The Center of Asian Studies of St. John's University Press, 1981）.

〔註 33〕Henricks, Robert G. *Lao-Tzu: Te-Tao Ching*: A New Translation Based on the Recently Discovered Ma-wang-tui Texts. （New York: Bantam Books, 1989）.

相同，另一則與馬王堆《老子》相同，德經在前，道經在後。但嚴靈峰認為，馬王堆的《老子》章節混亂問題是由於包捆的關係。〔註34〕韓氏認為有一可能的例外，就是馬王堆的《老子》抄本資料中原本就無章節之分，也無編號、甚至無篇名的存在。也就是說馬王堆的入葬當時的年代，《老子》的章節次序尚無固定的編排。〔註35〕

（三）哲學理論及詮釋

陳漢生對於《老子》的研究重點主要的關注在於中國哲學語言的邏輯分析研究。自 1975 年，陳氏在《中國哲學期刊》，發表一篇〈古代中國語言的邏輯〉〔註36〕及在孟旦所編輯的《個人主義和整體主義》一書中的〈中國思想中的個體主義〉〔註37〕一文中，試圖從新架構的哲學理論即整體論（Holistic）的方式來詮釋《老子》，但他說這只是這類研究方法的開端而已，可能還有許多問題仍待處理。〔註38〕在此之後，就陸續有《老子》及其他先秦思想的語言邏輯分析研究的論文的發表，並將其最後的成果出版成書，其中，以《中國古代的語言和邏輯》〔註39〕和《中國思想的道家理論》〔註40〕二書最受到漢學界普遍的重視。陳漢生指出，他所賦予中國思想家的哲學理論及觀念理論應該同時滿足兩個解釋目標。那些理論應該一方面要解釋而且是可解釋的，也就是必須能解釋此文本所表達的理論，並且又要能解釋為何思想家要使用這樣的語言和採用這種理論來討論哲學問題。〔註41〕陳氏在《中國思想的道家理論》一書中，以西方學者敏銳的觀察，從不同的文化視域重新探討中國哲學的問題根源所在，提出三個問題：一、如何從不同社會傳統學派中找出一個共通的標準學術用語；

〔註34〕同前注，導言部分第 8 頁。

〔註35〕同前註。

〔註36〕Hansen Chad, "Ancient Chinese theories of language," *Journal of Chinese Philosophy* 2（1975）: 245-283.

〔註37〕Chad Hansen, "Individualism in Chinese Thought" in Donald J. Munro, ed., *Individualism and Holism: Studies in Confucian and Taoist Values*（Ann Arbor: The University of Michigan, 1985）, pp.35-56.

〔註38〕見方克濤：〈英美學界對於中國經典詮釋傳統之研究：回顧與展望〉刊於《中國經典詮釋傳統（一）：通論篇》，頁 230。

〔註39〕Hansen, Chad, *Language and Logic in Ancient China*（Ann Arbor: University of Michigan Press,1983）.

〔註40〕Hansen, Chad, *A Daoist Theory Of Chinese Thought*（New York: Oxford University press,1992）.

〔註41〕同前註，頁 2。

二、是否有超越語言的來源或標準；三、是否能找出一種不變的常態的方法作爲譯註的標準。這三個屬於邏輯語言學的思維方式，頗有值得參考的地方。史華茲在其所撰《中國古代的思想世界》〔註42〕一書中有許多以文化史的角度探討先秦諸子的起源，且對於道家的陰陽思想有許多面向的詳細討論，而在處理道家哲學意涵的詮釋方法上偏向比較哲學法，把《老子》、《莊子》與相近時期的儒家經典《論語》和《墨子》三者之間的關係，嘗試提出對於先秦思想各家學說之間存有潛在性的互動關係。

（四）論文集（編輯）類

Livia Kohn and Michael LaFague 編輯的《老子和道德經》〔註43〕的論文集裡面，收錄有許多著名漢學家的文章，如史華茲的〈道德經的思想〉。〔註44〕作者在導言部分指出，《道德經》在 18 世紀末傳播西方之後，早期的翻譯者始終無法跳脫出其基督教《聖經》的信仰眞理和教義的影響，但兩者畢竟有顯著不同的地方。卻由於宗教的因素，使翻譯者在譯注《道德經》是盡量迎合基督教的精神而扭曲了經典的本質。西方學者後來終於發現老子圓融的宇宙哲學觀，有助於解決現代的問題。尤以史華茲的《古代中國的思想世界》一書中清楚的揭露了《道德經》的哲學意涵，無論是在政治、宗教、軍事、自然等學術的研究論文都有可參考的價值。〔註45〕

Mark Csikszentmihalyi 和 Philip J. Ivanhoe 和 Philip 所編輯的論文集《老子之宗教與哲學的觀點》，〔註46〕收錄多篇有精闢論點的文章，例如 Isabelle Robinet 所撰〈多元詮釋的老子〉〔註47〕其中就提出對「道」的基本概念與各學者有不同看法的有趣問題。Isabelle 首先對這同時期的四個學者：史華慈、葛瑞漢、陳漢生及 LaFague 等提出評論。他提出不認同其他學者對《老子》

〔註42〕 Schwartz, *The World of Thought in Ancient China,* 1985.

〔註43〕 Livia Kohn, and Michael Lafargue, eds., *Lao-tzu and Tao Te Ching*

〔註44〕 Benjamin Schwartz, "The Thought of the Tao Te Ching." In *Lao-tzu and the Tao-te-ching*, ed., Livia Khon and Michael LaFargue,（New York: State of University of New York,1998）,pp. 189-210.

〔註45〕 參見 Livia Kohn & Michael Lafargue, Eds., *Loa-tzu and Tao-te-ching,*（ New York：State University of New York Press ,1998）, p.11.

〔註46〕 Philip J. Ivanhoe & Mark Csikszentmihalyi, ed, *Religious Philosophical Aspects of the Laozi.*

〔註47〕 Isabelle Robinet, "The Diverse Interpretations of Laozi," in Mark Csikszentmihalyi, Philip J. Ivanhoe, Ed., Religious Philosophical Aspects of the Laozi（N.Y.: State University of New York Press, 1998）, pp.127-159.

有不同的譯解的理由，例如是史華茲主張「道」的本質是呈現神秘主義的觀點，涉及一永恆不變的理論構造，為支撐此顯而易見之自然世界的基礎。〔註48〕葛瑞漢（A. C. Graham）則提出不同的詮釋觀點，葛氏認為，原則上語言並非那麼不管用，而只是不足以擔當此種描述「道」的艱巨任務。葛氏認為老子主張，想要藉由我們對於二分法的相互依賴的認知，而降低語言的有害影響，藉此回到和諧的「道」。陳漢生同意葛氏在駁斥那些認為「道」是玄妙抽象實體的觀點。顯然的在論文集中的幾個學者都有不相同的詮釋，但卻因此能提供一個多面向的思維空間，有助於讓讀者產生更多的激盪，進而揣摩出理解「道」的本質。另一本由 Philip J. Ivanhoen 所編輯的《中國語言、思想與文化：倪德衛的評論》〔註49〕於 1996 年出版，其中有收錄陳漢生的一篇〈道與德〉，〔註 50〕是有關名學詮釋的性質，內容多涉及先秦諸子的思想專業用語，如道家的 "道與德"，儒家的 "禮與義"，對於語言學及邏輯思辯的成分居多。

五、總　結

近幾十年來，美國漢學界對於中國先秦哲學及先秦經典詮釋傳統的研究，有愈來愈熱衷的現象。然而，許多學者發現在進行先秦哲學研究時，習慣於將之視為一致性的哲學體系。然而，近來有一轉變的新趨勢，有許多學者認為先秦諸子典籍，有可能非一人、一時之作。可能在經過一段時間的輾轉流傳，期間可能為其弟子或門人等經過多年編纂而成。換言之，大部分的先秦原典，可歸類為文選或論文集，而不能等同今之書籍。因此這些原典之內容，極為可能表達不一致，甚至互為矛盾的主張，因此有必要予以研究，找出其內在關聯性，以釐清其成書年代及其理論之間的關係，否則先秦諸子原典，難逃「前後不一貫」之質疑。〔註51〕

〔註48〕 Mark Csikszentmihalyi, Philip J. Ivanhoe, Eds., Religious Philosophical Aspects of the Laozi（New York：State University of New York Press, 1998）, pp.17.

〔註49〕 Philip J. Ivanhoe, eds., *Chinese Language, Thought, and Culture: Nivison and his Critics*（ La Salle: Open Court, 1996 ）.

〔註50〕 Chad Hansen, "Duty and Virtue" in Philip J. Ivanhoe, eds., *Chinese Language, Thought, and Culture*（La Salle: Open Court, 1996）, pp.173-192.

〔註51〕 參見方克濤：〈英美學界對於中國經典詮釋傳統之研究：回顧與展望〉，《中國經典詮釋傳統（一）：通論篇》，頁 232～234。

第三章 《老子》研究在美國述要

　　《老子》研究在美國漢學界之研究成果相當豐碩，本章將依據相關論著之發表或出版時間之先後排列，分別摘述其中較爲重要章節之部份內容，以呈現美國漢學界有關《老子》之研究成果，並做爲第四、五、六章探討之基礎。

第一節 《老子》研究在美國述要（一）

一、顧立雅：〈道家之神秘的懷疑主義〉〔註1〕

　　本文系顧氏所撰《中國思想：從孔子到毛澤東》一書中之第六章，顧氏指出，道家就如 Maspero 所說的，是一種神秘的哲學，一種自然的神秘主義。在我們現代的城市裡，道家似乎可能被認爲一種愚昧的思想。但當我們一走進自然，樹木、群鳥、遠方的景色，夏日風光的恬靜或是狂風暴雨，而道家所具有的事實根據，強過那最複雜的邏輯。基督教或回教的神秘主義者一直探索著與上帝溝通的方法。而道家則嘗試與自然的合諧，即所謂的「道」。

　　我們知道在孔子之前「道」一詞是指道路或行爲的方法。孔子用它作爲一哲學的概念，代表政治、社會和道德行爲的正確方法。然而，對孔子而言「道」不是形上哲學的概念。但對道家來說的確是，他們使用「道」這名詞來代表全體的事物，相當於西方哲學家所稱之「絕對者」。「道」是形成萬物

〔註1〕 H. C. Creel, "The Mystical Skepticism of the Taoists" in *Chinese Thought: from Confucius to Mao Tse-tung*（Chicago: The University of Chicago Press, 1953）,pp. 94-114.

的基本要素，是純樸、無形、無欲，無抗爭和最終極的意義。它在天地形成之前就已存在，在萬物產生及創立之期間，先人從一個無善、無喜樂的原始狀態來到這裡，如《老子・第四章》所說：

> 道沖而用之，或不盈。淵兮似萬物之宗；挫其銳、解其紛、和其光、
> 同其塵，湛兮似或存。吾不知誰之子，象帝之先。

顧氏提到《老子》又稱為《道德經》，我們已經顧慮到「道」，但是這裡的「德」代表什麼意義？此名詞在儒家的觀念為「德性」，但卻為道家所反對與譴責。但是他們自己使用此名詞當作自然、天性、以及與生俱來的特質或德行，作為反對那些社會制裁和教育的規令。原始的觀念是好的認知，這種觀點也已經引起許多國家和許多年代之人的興趣，我們自然地想到盧騷，甚至在柏拉圖的法則中談到的原始人的觀點，宣稱他們之中既沒有貧窮也沒有財富卻總是有最高貴的原則，和那些道家的理想極為相似；在他們的世界裡面，沒有傲慢或者不公平，也不再有任何的競爭或忌妒。因此他們的理想生活被稱之為純潔無邪；當談到他們的善與惡時，他們很單純的相信他們所聽到的事非常的事實，而且能實踐它。

顧氏認為道家的想法是質樸的，目標是回歸於「道」。人如何做到呢？《老子・十六章》說：

> 萬物並作，吾以觀復。
> 夫物芸芸，各復歸其根，
> 歸根曰靜，是謂復命。
> 復命曰常，不知常，妄作凶。
> 知常容、容乃公，
> 公乃全，全乃天，
> 天乃道，道乃久，
> 沒身不殆。

顧氏認為這是道家的基本原則，人與宇宙的基本法則應該是合諧相處的而不是反抗它。所有的做作本能和所有的對抗都是錯的。所有的反抗努力都是錯的，但那並不是指所有的行動都是錯誤的，而是指超過一定範圍的行為措施是不對的。因此沉著洞察，明智的理解什麼是對和什麼是不對，而最基本的是能適當的實行。就此而論，認識所有的事物是具有相關性是很重要。所以《老子・第二章》告訴我們：「天下皆知美之為美，斯惡已。」因此事情沒有必然的，有

人以瘋狂之熱忱想努力達到，而這種專注於在成功上的行為將會變得荒謬無比。事實上，如果我們過於努力地嘗試，他是確定的不會成功的，因此《老子‧第四章》告訴我們：「企者不立」。而《老子‧第九章》曰：

> 持而盈之，不如其已；揣而銳之，不可長保；
>
> 金玉滿堂，莫之能守；富貴而驕，自遺其咎。
>
> 功成身退，天之道。

然而，我們不應該只關心擁有外在的事物，而是應試著達到自知之明和滿足。於是《老子三十三章》曰：

> 知人者智，自知者明。
>
> 勝人者有力，自勝者強。（三十三章）
>
> 知足不辱，知止不殆，可以長久！（四十四章）
>
> 禍莫大於不知足，咎莫大於欲得；
>
> 故知足之足，常足矣！（四十六章）

顧氏提到，那麼我們應該怎麼做呢？道家說「無為」。但它只是單純地指什麼也不必做嗎？當然不是。如果是這樣的觀念就反而是不自然或不是自發性的。重要的是無論如何不要去因過度努力或使用而導致損傷。道家強調的無存心的知覺、直覺的和出自內因的元素。似乎我們大致都是在有意識的層次上，我們的生命存在有太多的懷疑，它雖然不是那麼重要，但卻不斷地煩惱關於該做什麼的事，這就是為什麼現在的精神病醫師這麼忙碌的原因。道家學派指出的例子，一個喝醉酒的人跌倒時比清醒的人受的傷害較為輕微，是因為放鬆的關係。因此我們的行為應該是無為和寧靜的方式，《老子‧八十一章》告訴我們應該盡量少言，這是自然的方式甚至天地都不能維持很久的疾風或暴雨。而可談論的「道」，不是永恆的「道」。那些知道的人不說，而說的人不知道。

> 信言不美，美言不信；
>
> 善者不辯，辯者不善；
>
> 知者不博，博者不知。

《老子‧四十七章》又曰：放棄學習的人，沒有煩惱。拋棄聖人，除掉智慧，而人民將會獲益百倍。

> 不出戶，知天下；
>
> 不窺牖，見天道；
>
> 其出彌遠，其知彌少；

是以聖人不行而知，不見而明，不爲而成。

顧氏指出我們認爲道家的反對戰爭，而且道家的這些觀點是非常符合邏輯的。《老子》告訴我們，武器是不祥的預兆。戰馬只被飼養在「道」衰落的時後。〔註2〕（And war horses are reared only in a state that has fallen away from the Tao）人民餓得要命，因爲他們的上司耗盡太多的稅賦。那裡的法律愈多，小偷和強盜也將愈多。死刑是徒勞無功的律法。「民不畏死，奈何以死懼之。」而且即使他們害怕，什麼凡人有資格對他的同類宣告這可怕的判決。所以「沉思道家」（Contemplative Taoism）的明顯結論是：人應該不在意人世間的權位和功名利祿，或許可能進入山林荒野成爲隱遁者，如果他在人間中停留，對於世人的態度他將會是無動於衷。因此《老子》說：「知我者希，則我者貴；是以聖人被褐懷玉」。

顧氏提到，但是人們厭倦了那種事物，而不管他們怎麼努力，大部分的道家還是人。因此我們在他們的作品中發現重複的陳述此一效果，就是藉由「無爲」，其實道家聖人是「無所不爲」；是完全地弱者，他克服強者；是藉由完全的卑下，結果他統治全世界。這已經不再是「沉思道家」了，它已經改變而進入到「有意道家」的範圍了。在這個令人注目的轉變的第一個步驟可能來自神祕。道是絕對者，是所有的總體。如果有人注意到他自己僅是那當中的一小部份，那麼很明顯地沒有什麼事情發生在他身上，但他卻不能離開它。然後尋找與「道」合而爲一的途徑。《老子・五十六章》說：

是謂玄同。

故不可得而親，不可得而疏，

不可得而利，不可得而害，

不可得而貴，不可得而賤，

故爲天下貴！

顧氏認爲就是這種轉變。因爲他不知道傷害，所以專心致「道」的人不會被傷害。不被傷害的人是無懈可擊的。無懈可擊的人將會是比所有要傷害他的人有更強的能力。因此，他是萬物中最有力量的領袖。這個有巧妙的轉變爲許多形式，道家聖人沒有野心，因此他沒有失敗。而且他的成功總是全能的。的確，道家聖人的力量，是遠超過那些人類所能擁有的最大力量。因

〔註2〕 筆者按，作者闡述《老子》四十六章之：「天下有道，卻走馬以糞。」然而這裡的詮釋與文本本義有所差距。

為他的與「道」合而為「一」,他即是「道」。他足以匹配「天」和「地」,而且它本身被形容爲與「道」相同地屬性。

顧氏認爲,道家的作品告訴我們關於遠古的和同時代的各種不同的聖人,婉拒宰相的職位而且甚至蔑視王權的俸祿;而且我們應該自然地期待道家在當時行爲規範的自負。然而,我們也發現不少章節致力於陳述我們如何可以「掌控世界」。相當明顯地道家夠資格參加各種不同的哲學派別的競爭,承擔統一帝國大業的指導方針。有時道家可能擔任輔佐聖王的角色,但是通常道家的聖人的角色比起君王毫不遜色。道家想要治理的是自然的人性。他知道人們應該如何快樂;他們應該保持原始的單純的狀態。因此《老子·第三章》說:

> 是以聖人之治,虛其心、實其腹、弱其志、強其骨。

> 常使民無知無欲,使夫智者不敢爲也。爲無爲,則無不治。

顧氏指出,根據道家哲學的完全放任主義政策,實在很難想像實際上被統治或不被統治的世界。如果我們可以想像,有人寧願不這麼做。但是這也許是一個不合理的批評,他們的期望有可能全數落空。他們被討厭和嘲弄,但毫無疑問的他們出現了一種有用的功能,就是我所提出的「有意道家」,是一種給獨裁政權提供正當理由的道家哲學。但所幸的是,中國人大致很少正式採用道家的這方面的思想,也許他們已經視其爲道家獨特的懷疑主義。道家喜歡似非而是的說法,而且此似非而是的哲學,是如此地反儒家又反政府,和某些方面是反民主的,但卻又和儒家合作地產生許多中國著名的社會和政治的民主思想。孔子思想強調個體的價值且視其爲重要之目的而不只是方法,而道家堅持他的正義想要喚醒人們的靈魂。道家強調人與自然合一的思想激勵了中國的藝術而且給予中國人民泰然自若地賦予歷久不衰之文化。它的個人自治的重要宣言、宇宙的懷疑論和相關的價值教條,已經爲無數地中國靈魂注入個人主義發展的元素。

二、孟旦:〈道家之「人」的概念〉 [註3]

本文是孟氏所撰《中國早期之「人」的概念》一書中之第五章〈道家的「人」觀〉。孟氏主要是談到有關中國早期的「人」觀,包括人性的自然平等、自然秩序與人心、特權的途徑等,從人與社會和自然環境的時代背景去做深

[註3] 見 Munro, Donald J., "The Taoist Concept of Man", in *The Concept of Man in Early China*（Stanford: Stanford University Press, 1969）.

論與分析的工作。以下是其述要：

（一）「道」的相反與對立

孟氏指出《道德經》強調相反與對立的事物：

> 曲則全，枉則直，窪則盈，敝則新，少則得，多則惑。（二十二章）

孟氏認為老子不僅強調由強變弱，同時也強調其相反的情況。但他改變「強」和「弱」的意義，在「強」之後跟著「弱」和由「強」導致「弱」是有所差別的。前者是指欲望的、生存的能力。在《道德經》的許多章節中提到相似的相反。

（二）自然平等性

孟氏指出，道家以他們的對自然平等性的承諾作為教義的基礎，宇宙萬物都具備賦予決定其形體的本性的一種永恆之形而上學原則，或者我們可說，決定它將經歷的變化。帶有神秘主義者特色的邏輯，於是道家宣告在各種不同的事物中僅有一最高地共通的原則（道）：天地與我並生，萬物與我為一體。

（三）含藏在內的：「德」（What lies within: Te）

根據孟氏的分析，「德」有兩種新的意義：

第一，是指道的生產性和滋養的本質，運用在世界的萬物上：「道生之，德蓄之，物形之，勢成之。」聖王對待邦內的人民也是如此，因此說「長而不宰，是謂玄德。」上述兩種情形，都顯示其公正無私，是一種非有意的行為（無為）。

第二，「德」同時也指個體從「道」之中「得」到某些滋長的作用，那就是生命的原則。「德」，其更基礎的意義是「給予」而非「獲得」。從「德」和「得」之間的關連促進從「給予」轉化為「獲得」。

以上陳述可用兩句格言來說明：

> 當萬物「得」其所生，此謂之「德」。生謂之「德」。
>
> 「德」為「道」之居，萬物「得」之以為生。〔註4〕

當「德」為一生命原則時，其為一具體化的實存之物，開始允許人的存在及生活於其中。《道德經》中之「道」與「德」的關係，就像未經雕琢的樸木和經雕刻成為器品之間的關係。〔註5〕在此觀點之下，「德」不僅是「道」的滋

〔註4〕 見 Munro, Donald J., *The Concept of Man in Early China*, pp.24-25.

〔註5〕 作者引自蔣錫昌：《老子校詁》，（上海：商務印書館，1937），頁 189～191。

長作用，而且還是個體從「道」得到分配事物的作用。「德」是「道」的居所，萬物賴以維生（引用蔣錫昌說法）。「道」在每個人的身上，「德」是永恆的，唯有透過內省才能得知。〔註6〕

（四）道與德的矛盾

孟氏根據《道德經》的說法，認爲萬物爲「道」所創生，而此一共同的起源之對待方式的「德」有所差別，似乎被視爲另一種爭論。道家聖人從不將他本身和其他動物作區分，認爲人所擁有的特質非永久性，因此是不重要的，其整個意圖在中止人類與眾不同的思想，將人從生活的舞台中心驅離。道家的自然平等性的信條防禦背後，宣告「道」是爲單一性的。因此，「道」是無法分出彼此；「德」是「道」作用在個體事物。道家相信的自然平等但也隨即呈現出其矛盾之處：有些陳述爲，不同的人擁有多寡不同的「德」。老子說：「重積德則無不克」。這種矛盾有一種長遠的後果，在陳述有關文本的「積德」後來被用在宗教上的用途，道家信徒用來印證他們個人的追求所無法解釋的不朽力量，其可代替獲得證道之非人爲的不朽力量。其有些部分之神祕的探求後來墮落至以未教化的化學處方來搜尋永生的能力。但是，基於道的單一的性質的理想，而自然之等同性也始終不曾消逝，並且有助於產生中國佛教之教義，即眾生平等因爲人人皆具有佛性。最終的啓迪揭示佛的性質是單一的。這種想法出現在中國的兩大派別，天台宗和禪宗佛教。

（五）自然與人心

孟氏指出道家的自我描述是明顯的駁斥孔子的自然秩序和社會階級制度。《道德經》之「道可道」指的是儒家的那套社會的標準和品德。相比之下老子和莊子經常使用的名詞「道」是指單一的原則，宣示所有的事物都是鎭靜自如的發生「氣」之變化。其最常被描述爲「無」：即「道」是沒有可知覺的特質並且不具有好和壞或者高和低的特徵。故《道德經》說「天地不仁」是指否認自然顯現任何倫理的特質及反對孟子宣稱的「完美的天」。道家同時也想要嘗試透過範例說明由人類指定所顯示之倫理的區分是不自然的，像所有開始流於兩面對立的特性和關係到人心的特殊標準的比較。因此「道」是絕對和單一，「道」是凌駕任何可以比較的事物；於是沒有可指定的任何特性。那些特性，如好與壞、貴與凡、冷與熱或乾與濕等，這那些都是完全可由人

〔註6〕 參見作者其書頁 231 之註 21。

的觀點所指定，這些是沒有自然的根據。

（六）結　論

　　自然平等性的想法是道家和儒家首要的人之觀念。在接受生命的變化之永恆的原則之下，道家的主張人是生而平等。「道」是存在於個體的，此原則單獨地構成了人最重要的自然本性。因為「道」是單一的，一切事物的平等性是確定的，而其結果是無法以任何方式呈現在彼此之間的事物。那是因為道是呈現在個別的事物當中，是有可能說到事物之間的個別差異。然而「一」如何呈現在「多」而且仍然保有其單一性的矛盾，對道教和中國佛教有深遠的影想。

三、顧立雅：《何謂道家及中國文化史的其他研究》〔註7〕

　　本書是顧氏分別於 1954 年至 1968 年於各地發表之論文，最後於 1970 年彙集成書。本文主要探討的是書中之第一章〈何為道家〉、第三章〈論早期道家中的兩種觀點〉及第四章〈論無為的起源〉之內容。如顧氏所言：「道家的「道」，有如千變萬化之蒼穹中的一顆耀眼的恆星」。儒家也普遍地使用「道」這個用詞。從其「有道」和「無道」的陳述可知儒家的「道」也是一個實體。但儒家的「道」只是一個倫常原則，它不曾像道家所關注為一個「形上旨義」。

　　顧氏認為兩千多年來我門一直都以為「無為」的觀念是道家的產物，其本質是源於道家的，而當我門發現「無為」也同樣出現在法家的作品時，也都認為應該是從道家典籍借用的。這樣的觀點已經根深蒂固。然而，當老子成書的年代已被假定比我們現今所認定的還要晚個兩百年的時候，從目前的學術觀點來看「無為」的源流問題的確有從新檢討的必要。

　　雖然仍有些學者相信老子成書約與孔子同時期，但關於其作者與本源的問題則觀點不一。顧氏引用錢穆之《先秦諸子繫年》、顧詰剛的《古史辯》〈從呂世春秋推測老子之成書年代〉及馮友蘭在還有 duyvendak、arthur waley、henri maspero 等說法，認為目前多數的看法仍傾向於老子成書應於公元前 300 年左右。甚至從一般認為道家另一早期作品《莊子》（早期部份，應是指內七篇部份）成書也約於公元前 300 年左右。此乃意謂早期的道家作品的確切日期應從原來的公元前 500 年左右往後推延到公元前 300 年左右。而老、莊其孰先

〔註7〕　Herrlee G Creel., *What is Taoism and Other Study in Chinese Culture History* （Chicago: University of Chicago Press, 1970）.

孰後的問題尚待商確，值得我們進一步釐清原本習以爲常的中國古代各家思想之間的關係。

顧氏提到道家與法家在其教條思想上有許多相似之處，漢司馬遷在〈老子韓非列傳〉裡記載著法家兩個重要代表人物，申不害和韓非兩者之教條主義皆源於黃老。假設其指的是黃帝和老子，現代的學者幾乎一致同意法家的許多教條主義的基礎是建立在道家的思想體系。韋利（waley athur）說法家也不例外，除了他們摒棄的一些原則綱要和想法外，實際上是從道家的神祕主義找到基礎的。而馮友蘭則說法家受道家的影響甚鉅。（duyvendak）曾說在《道德經》發展的很多思想，包括「無爲」曾在法家的作品中得到進一步的闡明。在 1954 年他寫的書《法家的道家玄學思想基礎相對於集權專制主義的建構》（*Various Legalist Philosophers Took Taoism as the Metaphysical Background Against which to Construct their System of Complete Totalitarian Despotism*），其中他談到在過去的十年對法家的源頭與本質做了許多研究之後，他再也不稱之爲「法」家（legalist），也不再認爲所有的法家都依附在擁護獨裁統治主義的立場。金建德寫了一篇長達六頁的內容，調查有關司馬遷所述的申不害的思想源於黃老的問題，結果他認爲司馬遷的觀察與事實是相符的。然而史記所記載的申不害之教條思想源於黃帝、老子之說，按編年史的看法是有問題的。申不害卒於公元前 337 年，而老子約成書於公元前 300 年左右，所以司馬遷所記之申不害之說源於老子是大有疑問的。而黃帝當時並不完全被接受爲道家的人物，頂多可說是道教的族長而已。

顧氏指出根據檢索老子與莊子的文本顯示，無爲出現的統計次數中有相當的比例是關於統治之術。無爲的事例在老子有 12 個，其中至少有 6 個明顯的與政治有關；莊子中無爲出現了 56 次，其中至少有 18 個例子的無爲與統治之術有關。由數據可得知老子之無爲有百分之五十與統治之術有關，莊子則爲百分三十二與統治之術有關。顧氏指出無爲在申不害的殘簡中出現了六次，茲摘錄如下：

> 鏡設精無爲而美惡自備，衡設平無爲而輕重自得，凡因之道身與公無事，無事而天下自極也。
>
> 明君如身臣如手……君設其本臣操其末君治其要臣行其詳君操其柄臣事其常
>
> 鼓不與五音而爲五音主，有道者不爲五官之事而爲治主，君知其道

也臣知其事也，十言十當，百爲百當者人臣之事，非君人之道也。

上明見人備之，其不明見人惑之，其知見人飾之，不見人匿之，其無欲見人司之，其有欲見人餌之，故曰：吾無從知之，惟無爲可以視之。

故善爲主者倚於愚，立於不盈，設於不敢，藏於無事，竄端匿疏，示天下以無爲，是以近者親之，遠者懷之，示人有餘者人奪之，示人不足者人與之，剛者折，危者覆，動者搖，靜者安。

明君治國，而晦晦，而行行，而止止。故一言正而天下治，一言倚而天下靡。

顧氏分析申不害殘簡中出現的「無爲」之後，發現其意義很容易明白。沒有神秘與奧妙難懂之處或有關道家的。假設使用「無爲」的創始者是申不害，就如我所相信的，那些殘簡散發著他一生所代表的價值，且似乎是目前所知最早出現「無爲」觀念的文獻。法家思想之起源主要綜合兩家教條之基礎，即爲同時期的申不害與商鞅，一般都同意《商君書》不是商鞅所作的，但其中有一大部分代表法家觀念則是他所創始的。有趣的是在《商君書》裡卻找不到「無爲」的用法。而且在申不害的殘簡中整體顯示的是無爲的觀念，而《商君書》裡卻完全沒有。最後，韓非子明確地將申不害的殘簡的意義特徵歸於「無爲」的使用，這些觀念和我們所提到他的其他作品的哲學思想非常一致。至少是似可信任的推測，「無爲」的使用是創始於申不害。

顧氏認爲老莊的「無爲」實際上顯示兩種不同的意義，一爲眞正的無爲，沒有慾望的動機參與競爭的人世俗務，另一爲洞悉人世的機巧之後獲致提昇人生世俗事務的掌控。前者可用於之前所講的「沉思」道家，後者則是所謂的「有意」道家。沉思道家的無爲，是道家的本質基礎並非出自申不害的教條信仰，且是反對法家的代表。「有意」道家的「無爲」特別是在政權的治術方面則明顯是出自申不害。毫無疑問的道家文本中存在著無爲的兩種不同意義的用法，卻是幾乎難以發現和加以分辨到底是屬於何種用法。明顯的理由是兩者之間的區分趨向於模糊。事實上「無爲」，無疑的是法家的用詞，其特質表現在精湛道家的「沉思」手法時所加以粉飾其意義的。而當道家文本在使用類似申不害的「無爲」用法時，就賦予特殊的涵義。

顧氏比較「無爲」出現在庄子的次數，內七篇止有三次，而後來的二十六

篇（外篇及雜篇）裡出現的五十三次。「無爲」內容關係到統政治術方面的，內七篇可謂完全沒有，但在其他二十六篇裡卻有超過三分之一的「無爲」內容是與統政治術有關。不僅是無爲出現在道家文本的次數增加，有關統政治術的比例亦隨之升高。但我們發現「無爲」在老子逐漸歸化成爲道家的主要觀念，其中經歷過不同態度的轉向，從曾經抵制法家組織的編入，到聲明自己是此組織主要強力的管理媒介。此種影響的結果我們發現老子的「有意」道家思想漸次成爲掌控和管理的優勢。至此道家已經局部的改造並且取代申不害的「無爲」管理技巧。整個過程完美到後來的學者都以爲法家是借用道家的「無爲」思想。

四、Norman J Girardot：〈《道德經》25 章和 42 章的神話意義〉〔註8〕

自 1973 年馬王堆帛書出土之後，埋藏地底兩千多年的大量古籍佚文終於重見天日。除了中國的許多學者投入帛書的研究行列外，同時也吸引不少國際知名漢學家的關注。在這批出土文物中有不少資料是屬於道家系統的書籍，尤以《老子》甲乙兩篇最爲著名。因此，吸引國際漢學界對《道德經》及其他道家相關文本的研究。Norman 這篇文章主要在探討《道德經》文本中具有神話性質的內容及其所代表的意義。透過異文化背景的思維及西方學術的理論背景，讓本文呈現出難得一見的新風貌，茲略述要如下：

Girardot 指出，根據 E. M. Chen 的觀察，許多學者的基本缺失是假定「道家像儒家一樣，在闡釋一個以人爲中心或以法爲中心的世界」。又說：「但《道德經》並非闡釋以人爲中心的世界，而是在於倡導自然主義」。簡言之，《道德經》的核心是一個以特殊宇宙論觀點爲基礎的存有論。因此，「道」爲道家思想的主要原則，明顯地呈現一個宇宙論的第一因，起源或原始的基礎和存有的來源；而且，就如陳康（Chung-Hwan Chen）和其他人的注釋一樣，發現〈二十五章〉和〈四十二章〉中有最明顯的獨特宇宙論意義內容的描寫。其他重要的章節如〈第一章〉、〈第四章〉和〈五十二章〉也強調同樣的宇宙論架構。但 Girardot 的重點主要是放在支撐道家之「道」的存有論基礎（ontology）的可能的宇宙起源論（cosmogonic）上，但神話的意象（mythological imagery）也能顯示在文本中發現的所有的個體、社會和倫理的論點所支撐的主題。

Girardot 引用〈二十五章〉中「大曰逝，逝曰遠，遠曰反。」揭示了這種

〔註 8〕 Norman. J Girardot, "Myth and Meaning in the Tao Te Ching: Chapter 25 and 42," *History of religions* 16/4（May, 1977）:294-318.

根源於神話的創造理論，尤其是宇宙原始的混沌的故事。因此，老子宇宙論思想的詮釋版本，並不是像兩個分開對立的議題：「道為起源，已被視為一切事物存在的真正的自然原因」與「沒有自然起因或發展的實際過程牽涉在內」。的確，《道德經》在第〈二十五章〉和〈四十二章〉中有充分例證說明有關「道」的明確的宇宙論方案；其次，「道」創造理論的故事主要是連結到宇宙混沌的理論，和揭示一組語言和句法的密碼，密切的關係到混沌的「重要的專有名詞」（cardinal technical term）。在《道德經·二十五章》中：

> 有物混成，先天地生。
>
> 寂兮寥兮，獨立而不改，周行而不殆，可以為天下母。
>
> 吾不知其名，字之曰道，強為之名曰大。
>
> 大曰逝，逝曰遠，遠曰反

Girardot 指出，在此段落以宇宙律的第一因所呈現之「道」的描述，是一種在宇宙原始論的架構下的重要應用。事實上，此章前兩句似乎明確地指出一個創造神話，是有關從原始的混沌狀態分開天和地的二元宇宙論單元。《道德經》關注的焦點基本上是在什麼是先於世界上二元性的創造。最重要的是「道」與「混」的專有名詞對等，或「道」的來源。那是一個完美、全然的或所有事物的完全融合的時期，是一個時期或宇宙的狀況，整體在此稱呼其為「混成」。在其他的章節裡，「道」被稱為世界之「母」，是一個宇宙的祖先之巨人、動物或者是偉大母親等許多複雜的神話創造。許多這樣的考慮在〈第一章〉中表達了「道」之最重要的宇宙論的框架，並在〈二十五章〉和〈四十二章〉中被重覆的強調：

> 道可道，非常道，名可名，非常名。
>
> 無名，天地之始，有名，萬物之母。（第一章）

Girardot 認為，「無名」和「有名」的表達是一種專有名詞的使用，尤其在王弼的評論中所看見的，分別指涉「非存有」和「存有」之哲學的觀念。但是，不論這些名詞的哲學的特性是什麼，似乎將仍然是作為現象世界之天和地的起源。因此，有關「道」的起源問題，強烈的附著在一種神話學的主題。在這孤立的章節在創造宇宙萬物之前，包括若干創造性的階段，階段或過程大部份在第〈二十五章〉中是完整的或者是混成的，似乎仍是令人感到混淆。因此，此一原始的「道」既是「無名」和「無形」，又可以一系列的神話意義的名詞來命名，如「母」、「混沌」和其他更抽象的形上學術語，像「無」、「大」、

「虛」和「一」等。此「有名」爲萬物之母和「無名」爲原始天地的起源，仍被視爲開始創造之原始的「混沌」程序的一部份。天地已經獲得初步的宇宙論之形狀和形式，但兩者之間仍然有完美的融合和合諧的關係。在創造世界之前他們是混沌整體的「一件事情」。這可從第一章中的句子得到指示：

此兩者同出而異名，同謂之玄。

玄之又玄，眾妙之門。（第一章）

Girardot 指出，原始狀況的「玄」，是「無」和「有」的來源，是某種已經有生命的活躍，並且展示一種內部的自我產生的生命創造運動。此原始生命的眞正奧妙正是所有的事物變的陰柔的融合，全體，或者流動的統一，此情況爲其所指的「同」。在《道德經‧第十五章》之「古之善爲道者，微妙玄通，深不可識。」必須特別註明的是生活在樂園時代的有「道」之人，被說成擁有超自然的特徵「微妙」，和似乎指的是得「道」的獨特經驗的「玄通」。這個解譯並非無根據的指向相應參考的第〈五十六章〉，正是明確描述一個得「道」者必須：

塞其兌，閉其門，

挫其銳，解其紛，

和其光，同其塵。

是謂玄同。

Girardot 以爲《道德經》是道家尋找反動的原始元素，和重新獲得「混沌」、「混成」或「玄同」的本來面目。「玄」一詞的使用與「混」的發音有關，而且「玄通」使用的專有名詞表達一種「道」的神秘經驗，與「混沌」是主要地的暗示性神話主題。此外，在〈十五章〉的「玄同」和〈五十六章〉的「玄通」似乎是相同，兩者都可視爲「混沌」論題的變化。週而復始的法則是「道」在世界的創造活動和永恆的存在之終極的特性。它是在那「混沌」期間被二元的和諧地交互作用所建立有創造力功能的模式。如〈四十章〉所說：

反者，道之動，

弱者，道之用，

天下萬物生於有，

有生於無。

Girardot 認爲在這個宇宙起源論的觀點是「混」的名詞是描述「道」的主要的參考，對於在這宇宙起源論的觀點之下所描述的「道」，主要是參考是這種宇宙的總體或實體之原始情況的名詞「混」。也可稱之爲「母」、「大」、「玄」或

「常」，因此它「自然」地運作和持續地給予「生育」萬物。而在〈四十二章〉沒有使用「混沌」一詞或他的相近的發音，他的確呈現我們一個古代神話的創造故事，而且是宇宙哲學的最明顯的說明。許多學者指出這點並且提出這一章節的「宇宙起源論神話」是基礎哲學的具體表現或轉化：

> 道生一，一生二，二生三，三生萬物；
>
> 萬物負陰而抱陽，沖氣以爲和。

Girardot 指出，在處理這個章節的第一個問題是好像有一些文字的訛誤和可能的年代錯誤。例如「陰」和「陽」的名詞使用似乎尚未成爲專門使用直到某些期間以後。參考這第一句「道生一」可能是曲解的用語，因爲在其餘的《道德經》之後通常把「道」視爲「一」。的確，關於最後這一點，當《淮南子》在引述這一章內容時，被省略掉第一句。儘管有這些考量，重要的是此一章節已有一段長久的中國傳統的詮釋，而且經常被認爲早期道家的思想體系和宇宙論的重要關鍵。再者，此章中的宇宙論原理是「幾乎普遍於中國所有的學派」，包括早期《易經》的宇宙論的推論原理以至朱熹和新儒家的形成。

Girardot 提到經過此一初步的分析，此意義難解的關鍵，「一、二和三」必定會被提出。但超乎想像的困難，因爲膚淺的傳統詮釋把「一」指定爲「道」或「太虛」，「二」是指天和地（或陰和陽），而「三」則是指天、地、人。然而，一定要提到這是從儒家（新道家）得到的靈感推測而得。以一種和《道德經》的自然主義合諧的方式提出強烈的可能性，即命理學符號的一、二和三的關聯性是根源於更古老之前的神話本質。

五、陳漢生：〈《老子》中的語言懷疑主義〉〔註9〕

不同的文化及世界觀會導致對語言結構產生不同的理解。陳氏的著作與一般美國漢學家最大的不同，就是他應用其所擅長的語言分析，嘗試各種理論與假設在文句結構上作深入的分析。期能產生更接近《老子》的核心思想。茲略述如下：

陳氏指出，自古以來，許多學者努力嘗試各種觀點來譯注《老子》與《莊子》兩部典籍，但由於譯注道家主要思想範疇的挫敗，使得對於了解道家的核心思想的結果，應該不算成功的。理由很簡單，就是他們透過佛教、道教、

〔註9〕 Chad Hansen , "Linguistic skepticism in the Lao Tzu," *Philosophy East and West* 31/3（July 1981）:321-363.

漢儒甚至後來的基督神學等意識形態來看待道家，而且執著於道的玄妙。如一元論和絕對神祕主義為主題的假設，這種假設很明顯出現了矛盾，譯注者刻意避開並宣稱那些矛盾是道家哲人所認可的。然而，並沒有證據可證明他們的聲明是對的，而事實上是這些譯注者本身的理論有所矛盾。

陳氏指出，顧立雅認為「道」基本上可分為哲學和宗教的道，哲學的層級又進一步被分為「沉思的」（contemplative）和「有意的」（purposive）的成份。〔註10〕因此，他提出進一步的分類為「思辯的」（speculative）神祕形上學（mystical-metaphysical）和「批判的」（critical）語意學認識論（semantic-epistemological）的層次。除了提出以批判哲學之層次的注解作為道家的核心，並且解釋它與「有意的」和「玄學的」道家層次之間的關係。《道德經》的批判哲學是翻譯學者很少注意的焦點。然而，它是一個從強調認識論和語意學之哲學文化的觀點，自然地進入到理解道家的重要方法。在一項古典的中文文獻知識的分析，提出在不同的「知識」和「信條」的觀念之下，有助於與《道德經》中深入的道家批判哲學理論互相吻合。對於傳統上重要道家觀念的理解，已經被視為來自「原始道家」——慎到、田駢和彭蒙。這些關於三個早期道家學說知識的來源，主要來自《莊子·天下篇》。根據那樣的說明，慎到格外地主張絕智去私。

陳氏認為，文本表面強調動詞的「無」和名詞的「無」不是指常道是建立在常無的基礎上，而是經由「有」的作用以強調文本本體來獲致共同或習俗的平衡。儒家經常批評老子知「無」而不知「有」是誤導正確的認知，因為，它忽略了哲學批評的邏輯以及道的反面功能就是一個例證。當然，有可能一個或幾個以上《道德經》的作者或編輯者心理比較傾向於政治策略陳述的文本內容，而不愛理會當時那些儒家、墨家的干涉。但以邏輯理論的角度而言，那些表面上的建議是相當不切題的。沒有任何明確的定則或甚至一般政治層面的推力可以使它一致性地成為固定的詮釋，那就是不可言之道。

陳氏指出，道家啟發式閱讀的實際層面，其立即好處就是可針對那些陰謀的控訴給《老子》提供一致、釋疑的辯護。而我們討論文章裡迂迴目標的優勢只不過是為了扭轉我們一般地情緒化的態度貼上名號而提出理由的其他例子。重點是只有在顛倒我們傾向有偏好的那些似是而非的場合，他們只是用來顯示我們可能高估其價值的爭辯。文本使用它們，但不會以他作為絕對

〔註10〕Herrlee G. Creel, *What is Taoism and Other Study in Chinese Culture Histor*, p. 5.

行動的指導。因此,在文本無法在事物上有一致性的陳述、形容或主張時,我們僅可一致地視爲各種神秘主義,啓發式教學的對話、特別的機制來闡釋正反兩面皆可評價的專有名詞。這將可給我們一個理由正面回應其所描述的特徵如迷惑的、難解的、無言的。批判的哲學明確顯示道家的理論並非全然預設或繼承已有的神秘主義的實體,或者那可能是常「道」。所有的主要結論顯示老子可全然以批判哲學來解釋。神秘主義或玄學思想所宣稱的「不言之道」不僅是內部不一致而且不需理解文本的理論。此批判理論允許我們既不認爲道是神秘主義的,也不認爲道不是神秘主義的。前者可爲「道」的常有,後者可爲「道」的常無。依此第一章的推測我們可說兩者皆非固定不變的。

陳氏最後提出,從研究道德經的批判哲學的知識觀點得知,道家思想完全不具玄學或神秘主義的假設。所有結論的方法皆單純地沿用相對論者或無神論者的語言分析、名相的區分,和知識的觀點等技巧來完成。實用的部份使得其成爲存在且可理解的。文本可與其義理有一致性,無法選擇介於神秘主義的不可言的實體與懷疑主義之間。從神秘主義和懷疑主義觀點而言,究竟要說、寫、譯些什麼呢?兩者其實是合而爲一的。

六、柯雄文:〈相反相成:「道」之多義的反省〉〔註11〕

柯氏認爲,「道」是和諧對立的概念是中國哲學普及的特質,早期對此一觀念之簡潔陳述可於《道德經》的第二章發現,這種的相反與對立,如,好和壞、美和醜、高和低以及有與無,等被視爲本質上互補的名詞。藉由這整體論的視野,聖人據以實行「無爲」且篤行「不言之教」。以方法學或辯證法的理論的角度而言,和諧的觀念似乎提供一個基本範疇的合理發展,形成形而上學的觀點。

(一)「道」和創造力

柯氏以爲,「道」的特質是一個和諧的觀點,似乎在強調相對事物上互補。「道」以「陰」和「陽」的語言,指明在整體的和諧之下觀察對比和不同之合適的互補性的觀點,因爲「陰」含有「陽」的生長根源,相反地,「陰」和「陽」各有其不同性質但不互相排斥。從實際觀點而言,既不是二分法,也

〔註11〕 Cua, Antonio S., "Opposite as Complements: Reflections on the significance of Tao," Philosophy East and West 31/2（April, 1981）:123-140.

不是牽涉到現象解釋和分類的範疇。當我們分析「道」的實際重要性作為一個理想的主題時，就可容易理解《老子》為什麼堅持不得要領的談論。然而，沈默和非言語所能形容的「道」仍然有其實際的意義。因為它不是演講也不是導致對立和諧經驗的識學術知識。

（二）不言之教

柯氏指出，我們發現《道德經‧四十三章》中，「道」的「比喻」在實際理解的使用似乎與「不言之教」的觀念不謀而合，如：

> 天下之至柔，馳騁天下之至堅。
>
> 無有入無間，吾是以知無為之有益。
>
> 不言之教，無為之益，天下希及之。

柯氏認為，這段文字顯示，那「不言之教」是一種似非而是的表達，將導致使用不合適或不實用的語言，而以獨特的觀點進行溝通「道」的重要經驗。這樣的觀點可能被認為是「順從」或「柔和」，在教學者的目標不是賦予學說或品行的規範，而是在灌輸某種不以能明確語言陳述的聲明或主題。在這種解釋之下，「比喻」所不能當成扮演斷言的腳色。例如〈八十一章〉的：「信言不美，美言不信；善者不辯，辯者不善」。若說，文字是洞察和溝通的工具，它們能顯示文本的本意，才能透露《道德經》中之「道」的真正重要性。

七、安樂哲：〈《淮南子‧主術篇》中的無為〉〔註12〕

安氏認為《淮南子》是一融合的文本，約成書於公元前 140 年。因書中大量且廣泛地抄襲先秦的原始資料和改編早期的文獻資料，使得許多學者認為此一合成混雜的《淮南子》是部偽書。但是其本文卻呈現出無比優異的創新特質，特別是其所摘錄之先前有思想衝突的資料而加以重新協調組合的能力。其每一獨立的章節都有其不同之定位，但其文本的整體精神瀰漫著不可磨滅的漢朝記號。安氏的這篇論文，將以《淮南子》中「主術」（"The Art of Rulership"）的章節為其主要的關注並且描述在先秦之儒、道、法家的「無為」思想觀念，可供了解和評估「無為」在《淮南子‧主術篇》之政治理論的價值。茲略述如下：

〔註12〕 Roger T. Ames, "Wu-wei in the Art of Rulership Chapter of Huai Nan Tzu," *Philosophy East and West* 31/2（Apr., 1981）:193-213.

（一）先秦道家文本中的「無為」（Wu-wei in pre-Ch'in Taoist Text）

安氏指出「無爲」在《老子》裡出現了十二次，是其主要觀念之一。除了「無爲」之外，相關名詞如「無事」、「無行」也出現不少次。安氏認爲「無爲」的闡釋是《老子》首次用於玄學的層次以象徵道的微妙。《老子·三十七章》：

> 道常無爲，而無不爲。

安氏指出，根據類推原理，道家聖人法則是從生活中的自然和社會環境關係中效法玄妙之道而言。就如「道」不會強加約束萬物的現象，聖人也不會改變外部的決定因素而禁止人民的自然發展。在老子的統治觀念中，對人民做最少的干擾，是有助於民眾個體的個人實踐，無爲是主要的行爲規範。在概略地說明「無爲」呈現在《老子》的觀念之後，以下幾點是安氏特別提出的：

第一，無爲的政治理念似乎描述一種存在於當時社會和政治組織與道不相矛盾的狀況，亦即道接近自然的情況。也就是說，在政治的環境裡，「無爲」不應該超越人性的和諧而且是根據個人的自由意願來奉獻社會。該被強調的是在文本上無政府主義的闡述，當社會組織的成員顯然地在其志願配合基礎下，致力於集中力量於反對那些禁止和阻礙自由發展的非自然狀態的極權主義的政府。有關歷史上引起抗爭的情況是很有意義的。《老子》爲戰國末年的產物，是人民對當時極度沮喪的政治環境的一種強力反應，是對當時爲生存而戰而無可救藥的爲政者的一帖良方。

第二，藉以分類或描述道家典籍中的哲學系統的重點則偏重於個體的成長和自然的發展，個體同時可見到「特性」的和「外觀的」一個有機的整體。無疑的主要的說明需要靠中國傳統的無政府主義的各種討論，也就是很接近社會裡的個體更甚於個體形成的社會。

安氏以爲，要辨識無政府主義理論的必要成分，認爲無政府主義爲當時的一種生活觀念，一種自由的理論，其目的在於用來紓解來自政治環境的壓迫。這有助於瞭解，老子所要提供的政治的救援是其主要的考量，而陳述其政治理論則是其次要的目的。老子關切地指，出不健全的理論和自然的基礎之下的無政府主義的負面的效果，更甚於提供一個實際有用的抉擇。結果就是老子無爲的政治理論的詮釋是描繪顯著的成就足以抗衡任何可能的實用的工具。

（二）先秦法家文本中的「無為」

安氏在先前對道家傳統之「無爲」的分析中，所提出的主要關切在於抗議極權主義和伴隨著「個人」自由的啓迪。「無爲」的政治應用只是一種延伸

基本的詳盡論述，其實是其特有的有機體、個體化的概念。再者，縱使當其提出的政治原則作為政府的一種實際可行的方法，安氏發現，《老子》和《莊子》的「無為」之詮釋過於模糊和消極。在法家的理論方面，「無為」的使用是極權控制計畫裡的主要憑藉，而其功效和歷史記載的事實完全吻合。引起統治者的興趣為其唯一目的是法家之政治哲學。這些吸引人的興趣涉及到完全掌控天下蒼生及其臣屬的行為以確保自己安全為目標，絕對的統治權力、安定、軍事力量和榮華富貴，且基於有此地位而能夠不受限制地享受這些特權。儘管這些利益看起來可能相當缺乏創意。

安氏以為保持「無為」的態度，統治者可以避免被聰明之士所矇蔽，避免被其所給予某種程度的權限影響到帝王的氣派，甚至足以參與他的行動。這些人寧願忖度帝王聖意，依賴律法及官階職責當成他們行為的標準。進而，統治者可以有效地避免失敗所造成的所有的指責或非難，雖然享受他的臣屬對於成功的讚美。它可避免臣民之個人層次的競爭，若有至少也是集體的，而且幾乎各方面都超越他。此意謂著不是全部都有不尋常的能力，即使是能力平凡的統治者也可成功地保持政治的掌控。

第二節　《老子》研究在美國述要（二）

八、David C. Yu：〈在古典道家中的創造神話及其象徵主義〉〔註13〕

Yu 氏指出，雖然在《老子》裡不曾明確地提到「混沌」的神話，但是在其所宣示之「道」的宇宙論意義中有明顯的「混沌」之暗示。老子似乎認為「混沌」是創造的起源。一旦有此認識作為前提，在「混沌」的神話的例子中能闡明書中之「道」的意義。Yu 氏以《老子・十四章》作為例子來說明「混沌」的創造神話是「道」之哲學觀念的先例：

> 視之不見名曰夷，
>
> 聽之不聞名曰希，
>
> 搏之不得名曰微，
>
> 此三者不可致詰，故混而為一。

〔註13〕見 David C. Yu, "The creation myth and its symbolism in classical Taoism," *Philosophy East and West*, No.4,（October, 1981）: 479-500.

其上不皦，其下不昧，

繩繩不可名，復歸於無物。

是謂無狀之狀，無物之象，是謂惚恍。

Yu 氏認為，「道」為創造者，且被描述為看不見的、稀薄的、不可感知的。這些否定的描述最後進入「混而為一」狀態。後者標示某些類似無法辨識的混沌。因此「道」可稱為「無」，也可稱之為「惚恍」。在《道德經・二十五章》中：

有物混成，先天地生。

寂兮寥兮，獨立而不改，周行而不殆，可以為天下母。

吾不知其名，字之曰道，強為之名曰大。

大曰逝，逝曰遠，遠曰反。

Yu 氏指出，「混沌」的觀念，透過「有物混成」的明確表達其存在之前的創造。此一「有物混成」，他傳達了裡面是蛋狀的印象，其可能性是完全在混沌的暗示為與相同之永恆的創造力、潛在性、完善等有關，因此它「獨立而不改」。最後三行字提到回顧的創造。但是「混沌」存在於創造作為它的起源。而且當事物完成它的過程即恢復到「混沌」的狀態。因此，「遠曰反」。在《老子・二十一章》：

道之為物，唯恍唯惚，

惚兮恍兮，其中有象；

恍兮惚兮，其中有物。

窈兮冥兮，其中有精，

其精甚真，其中有信。

Yu 氏指出，馮友蘭認為，這段文字是在描述創造之前道的內部之理論辯證。這「恍惚」、「惚恍」和「窈冥」指的是「混沌」之前的分離狀態，這是一種「無」的狀態。而影像、事物和精華本質是指潛在的形體，稱之為「有」。由於「有」和「無」的辯證關係，馮氏談到〈第一章〉：

道可道，非常道，名可名，非常名。

無名，天地之始，有名，萬物之母。

故常無，欲以觀其妙，常有，欲以觀其徼，

此兩者同出而異名，同謂之玄，

玄之又玄，眾妙之門。

Yu 氏指出，馮氏認為，「混沌」和形體的可能性是在宇宙起源論架構的辯

證關係：「無」和「無名」是「混沌」的「天地之始」。「有」和「有名」是潛在可能的形體，其爲「萬物之母」。創造需要兩方的辯證；「混沌」提供來源，而「潛在性」提供事物的形體。然而，因爲「此兩者同」，所以「混沌」也同時包含潛在的形體。馮氏認爲，「玄」字是「混沌」的變體。因此「玄之又玄」可理解爲「混沌而又混沌」其指的是「眾妙之門」。

在較早的「混沌」創造神話的討論中，Yu 氏認爲那傳達兩個觀點：一是變化的理論；另一則是分離的理論。兩者都還分辨得出「道」的宇宙起源狀況。在「無」和「有」之間的辯證關係，我們了解「無」變而爲「有」，是爲了要對事物的創造與限定；相反的，當一事物完成它的過程，它又回復到「無」，這可說萬物是「道」的無窮變化。但是談到變化的不同方法，反的變化似乎是道家的主要特性。至於其它的創造（分離）理論，在〈四十二章〉中有明顯的暗示：

> 道生一，一生二，二生三，三生萬物。

Yu 氏認爲，此一引文似乎提供創造之前宇宙的起源，「道生一」可能簡單地意謂「混沌」是完美的，這裡的「一」是一種對立實體的象徵。相對的，實體在道家中特別是指在他們原始的實體之「陰」和「陽」。《淮南子》對此特別有心，當它說：「道始於一，一而不生，固分爲陰陽」。當這兩個對立端在它們的原始實體時，只有創造的潛力。「一生二」可能指實體的對立開始分離爲「陰」和「陽」。「二生三」可能意指他們的最初分離後的「陰」和「陽」的合併。在這裡創造的情況是完成了，「三」是合併，因爲已經到達準備合併兩個對立端。而且這一個過程無限地繼續進行，於是可說「三生萬物」。

Yu 氏主張，應該注意的是，按照我們分離之理論的詮釋，「一生二」中的「一」是雌雄同體的，是兩個對立的性別之最初實體，雌雄同體進入對立端之內一定是分開。然而，因爲「混沌」是創造的來源，是萬物的產生它們原始本性的潛在性。於是「陰」、「陽」合一是事物的眞正本質。因此，「萬物負陰而抱陽」，經歷對立二氣的融合達到和諧的狀態。

九、陳漢生：《中國古代的語言和邏輯》 [註14]

本文係陳氏所撰《中國古代的語言和邏輯》一書中，著重在與《老子》

〔註14〕Hanesn, Chad, *Language and Logic in Ancient China*（Ann Arbor: University of Michigan Press,1983）.

的內容或觀念相關之〈第一章〉至〈第三章〉的部分,陳氏的這本專著,主要是以現代哲學分析所提供的工具和特徵,以了解語言結構如何影響中國哲學的假設和觀點,進而提出一般性的解釋。這些解釋的背後,將提練出一些專門詞彙,可更明確地揭示出文本的邏輯形式。以下試就其內容摘要如下:

(一)前後一致的詮釋方法論(The Coherent Theory Methodology of Interpretation)

陳氏指出,詮釋理論依照慣例總是指向選用原文原典的原則,當作似最可靠的原始選擇。原則上,我們可以詮釋任何版本的文本和詮釋一些不是預設爲原本的版本。因此可說,兩種詮釋的不同版本的文本都是正確。例如,爭論何者爲正確詮釋的王弼注《道德經》和最近馬王堆發現之「法家」版本的《道德經》,相同作品其實不需競爭,除非經由特殊的原本理論來鑑定哪一個版本較接近「原典」。這種前後一致的詮釋原則即文本與詮釋之間必須符合某些條件,包括,文本中之一段文字的解釋必須與那一章和整本書的解釋前後一致。廣而言之,一本書的詮釋理論必須與作者的哲學理論一致,與作者所屬的學派的哲學理論一致,與當時的哲學環境及傳統哲學理論一致,甚至必須與形成哲學本身的理論性質一致。

(二)「中國邏輯」與「特殊邏輯」的反駁(The Chinese Mind and the Special Logic Retort)

陳氏認爲,所謂對「中國邏輯」的寬容假定,是一種以眞誠的努力去理解,而激發對中國哲學學說提供基本理論。但是,由於這種學說本身經常有不尋常的表現,當邏輯無法起作用或變得超出我們正常的認知時,才會被視爲合理的。而這種說法是一種寬容和虛心的表現。所以,「特殊邏輯」直言不諱地,原本是爲了不同種族因素考量所作描述的一種主張。這種「特殊邏輯」的主張,是西方人在建立中國哲學理論時通常需有的寬容態度。它允許我們既無法理解那些觀念又視那些「深奧的」觀念爲不同於我們自己的另一種世界觀。後來一代的漢學家有感於使用偏狹的「特殊邏輯」假定會產生一種處境,亦即褒揚那種以爲中國思想家實際上也有邏輯思維的看法。這些學者進一步假定,特殊邏輯的理論是一種描述心理學上的主張,而這種主張的否定也同樣是一種描述心理學上的型態。其實是指責前面的主張是建立在不合適的研究或理論之上。

但是,如果這種主張是對前後一致理論方法的一種異議,那麼它似乎是

一種理論上的相似主張，即中國哲學家傾向接受不合理或不合乎邏輯的理論，以一般的名詞來講就是「特殊邏輯」的反駁。這種「特殊邏輯」的反駁，是關於中國思想詮釋之正確性的論證，是一種非正式的舉動。它可用以攻擊和捍衛某些詮釋。作為攻擊之用時，它暗示一種詮釋要依賴西方邏輯來重建哲學觀點，但因此扭曲了中國哲學家的原意；當作為捍衛某種詮釋之用時，它為所有的詮釋不一致、無條理的、不清楚的和不嚴密的種種現象，提供一個合理的反駁。

（三）《道德經》之傳統知識

陳氏以為，道德經》一向被視為一部由格言、詩篇、政治學的片斷、玄學、倫理學和心理學編撰而成的選集。其中，有依哲學的核心連結那些性質迴異的章節內容。此核心為一種關於名稱、語言、知識、學問、欲望、特徵和實際行為的理論。此理論為知識、智慧、和學習，是一種精通語言學操作的內容，而這些就是如此關係到語言的學術價值。語言被視為名稱之集合可顯示傳統的特徵，回應與反應世界之形成傳統的方法——即態度和行為。知識在《道德經》裡的使用方法和在西方有很大的差異，因為，《道德》是一份懷疑主義的文件，它的懷疑主義並非傳統的，而是憑經驗感覺的懷疑。最明顯的差異是其顯著地中心標語「棄知」。

老子建議放棄的整個集合體為：（一）名稱、（二）榮譽、（三）欲望、（四）孔子專用的道德、（五）學問、聰明、知識和睿智、（六）造成（一）至（五）的行為。道家的語言理論為核心串聯了那些元素形式。在中國的哲學文本中談到有關「知」的方面，很自然地視為「知道如何——」或是「獲得某些知識」。以「知仁」為例可解讀為知道如何去實行仁愛，也可解讀成獲知仁愛的知識。知識是在知覺上給予訓練學習的結果，而不是在資料方面以知覺獲得而成為觀念和事實。這些知覺學習上的範例是指傳統儒家的德性而言。（道家的論辯是對於廣義的完美，例伽，它所適用的反對區別、命名、評價和傳統的行為指導等各種系統的獲得。）

陳氏以為，我們的「知識」、「智慧」、「聖賢」是最被視為精通名相使用的特殊系統——根據系統知道如何分別世界和知道如何區分「欲望」的重要性。「知識」是近似於「文化」，是孔子所推薦的精於評價特徵之類別。知道如何使用名稱就知道文化對於行為指導所採用區別和分類的方式。如果我們想到「道」是一種行為方式，那麼整個區別、命名、評價的系統反應在相符

的「道」。「道」是一種具體的行為相當於論述的系統，賦予品德的化身。《道德經》的第一章以兩組平行的聲明為起始，第一是有關「道」，第二是關於「名」。「道」的動詞翻譯簡單地意義就是「說」（to speak），因此「道」影響到語言或論述的特性，它「創造」萬物的本質是一致的。

（四）否定的知識

陳氏指出，早期道家的學問、知識和智慧的操作似乎有三種層次亦即：「傳統的、反傳統的和神祕的」。有命名、區別和典型的儒家之欲望——文化主流之語言和品德的傳統。任何這種區別和欲望的系統，包括，運用智謀的「私」都應該捨棄。有一種「反」知識或學問，包含放棄傳統及避免傳統所嘉許的評價和區別的操作。

> 學不學，復眾人之所過。
>
> 知不知，上。
>
> 知者不博，博者不知。（六十四章）

陳氏認為，柔順的「反」或「無」的系統方面，也可視為一種評價。《道德經》所灌輸之「反」的智慧是其評價傳統上因襲的特徵關聯是不變的語言。神祕的「智慧」是無法以語言形容，因此「道德經」只能提出放棄傳統的知識，它所陳述的定義只能和「反」的知識產生義理連貫的作用。在〈第一章〉的「有」與「無」是最能涵蓋語言上的二分法，每一名詞都有它既定形式的態度、興趣、和行為，但這也是產生區分的開始。老子討論的問題只有在闡明知的懷疑和語言學的懷疑之間的差異。道家版本是基於區別的產生甚於對象之產生，因為，使用的語言關係到現象的世界。

概而言之，在《道德經》中有一種非常複雜的語言理論。它首先預設語言和名稱符號的區別；接著預設包括態度、欲望、選擇、目的和最終行為等之區分，最後預設名稱及依附它們的評價，包括所有語言和學問都是慣例所形成的。在慣例的實踐中，沒有任何永恆的、不變的或終極的東西。不僅名稱符號可任意區別，而且這些區別本身的固定名稱用法也只不過是社會實踐的結果。所以，《道德經》裡沒有任何東西需要藉助於定義、共相、概念、觀點、或感覺來加以解釋。沒有理由假定道家哲學是有別於唯名論者（nomonalistic）。道家視野在《老子・三十七章》之眾所周知的隱喻：「化而欲作，吾將鎮之以無名之樸。夫亦將無欲，無欲以靜，天下將自定。」

十、David Loy：〈爲無爲：非雙重的行動〉〔註15〕

　　Loy 的這篇文章雖然僅有十四頁，但是已爲「爲無爲」作出了極爲完整的解釋。Loy 認爲，「爲無爲」（the action of nonaction）是道家僅次於「道」的主要概念，同時也是最讓人覺得詭異難懂且自相矛盾之論。道家另一充滿矛盾之論即來自「無爲」，除非是巧合，否則以他們易受影響而要表達同一個形式，如「無德之德」、「無知之知」等等，就詭論而言，「爲無爲」甚至比不可概念化之「道」本身更難理解。因此他在「無爲」和「爲無爲」兩個哲學名詞上，除了以普通的詮釋外還有更深一層的析論。以下分別敘述如下：

（一）最簡單的「爲無爲」詮釋

> 是以聖人處無爲之事，行不言之教，萬物作焉而不辭。

> 上德，無爲而無以爲；無爲而無不爲。

Loy 認爲最簡單的詮釋就是不做什麼，或是盡量少做。無論是以政治的、玄妙的或個人的角度而言皆可理解。Loy 引用 Ames 政治的詮釋認爲，「無爲」是老子特有的無政府主義裡的主要規範，結合環境的力量對個人最少的外部干擾，有助於個人的自我實踐。Loy 又引用顧立雅的說法：「政府若能放下、不管人民，讓他們過自己的日子，社會問題將可迎刃而解，或許政治的干擾所造成的問題遠比他們所解決的還要多，這種例子在戰國時期是可能發生的。此種道家「無爲」的詮釋常爲一般政治的注解所使用，被適用在《老子》的情況比《莊子》的還要多。」此種「無爲」的觀點也同時符合專屬於孔子資料（論語）的記載：

> 子曰：「無爲而治者，其舜也與！夫何爲哉？恭己正南面而已矣。」

儒家的爲政者建立一個正面的範例，藉由控管自己的行爲來反映社會的道德秩序，因此，可影響他的擁護者而不需要壓迫他們。儒家強調的是王權而非治權，因此，「無爲」並非意謂著要用在一般百姓身上。理想的政權，爲政者並不需親自參與政事，而是一種君權神授，有德者居之的狀況，但這並不進一步表示君王的大臣不需要有所作爲。道家所強調的是由個人的需求的例子換到一個無政府主義制度，讓所有社會的、政治的組織都符合道的原則。兩者的問題其實非常相近，雖然烏托邦的希望和保守的經濟，都不是很切合實

〔註15〕見 Loy, David, " Wei-wu-wei: Nondual action, " *Philosophy East and West* 35/1（Jan. 1985）:73.-87.

際。或許這樣的政府可適用於無災無害的上古傳統社會，但 Loy 並不認為在殺伐不已的戰國時期能夠成功，更何況在錯宗複雜、快速變遷又相互依賴的社會。就「無為」的意義上而言，政治的無為，似乎與我們現代有些關聯，或許不幸的是暗示現代的社會無法符合「道」的和諧原則。

有關人事上的「無為」字義上詮釋為「不做什麼」，也不怎麼好，而事實上這種說法並不普遍。所以，郭象注《莊子》曾評道：「聽到無為的理論，有些人就想，躺著還比走路好，那是對莊子的想法有極端的誤解。」而馮友蘭也說：「儘管如此批評，那些人對莊子的了解還不致離譜。」

Loy 認為，「不做什麼」最可能的推論結果就是知其所止。《老子·七十七章》把自然比喻為一把弓：「高者抑之，下者舉之；有餘者損之，不足者補之。」於是，人就遵守道的原則，遠離危險，知道何時該停止而不曾想要到達其極限，自然在此包括人在內，是一系列的交替過程。〈四十四章〉：「反者道之動」，自然的現象就如日夜、春夏之間的變化。

（二）「為無為」之更普遍的詮釋

Loy 認為，「為無為」更普遍的詮釋為，看成無強迫的行動，而是順從。倒不如說是一種被動的行為。「無為」的特長應是柔與順，像老子最愛隱喻為水。「柔」又常譯為「弱」，但「弱」有無可避免的負面含意，在文本裡看來不是很正確。尤其是「柔」常被認為終能獲勝，因為水是至柔至順可以克服剛與強。

比較上述的推論，可明顯結的看出，只要時機得當，些許的行動就足以獲致非凡的成就。這在〈六十三章〉「必作於易」、「必作於細」，以及特別是〈六十四章〉的「為之於未有，治之於未亂。」及「合抱之木，生於毫末。」這些觀點都是無可否認的真理，但重要的挑戰是要知道何時及如何使用它們。

（三）「自然」是「無為」之最普通的詮釋

Loy 指出，「無為」最普通的詮釋是「自然」。他引述顧立雅的舉例：「自然已足，為者敗之。」根據「無為」（having-no-activity）的理論，認為一個人應該限制他的行動，什麼是需要的、什麼是自然的。「需要」就是有某種目的需要而去完成它，但從不做過頭。「自然」就是遵循一個人的德，而不用「不合理」的努力。

Loy 指出，問題出在像這樣的解釋並不足以令人覺得明白，例如顧立雅就質疑，我們如何分辨自然或不自然的行為？這種非常概括的中性名詞，隨每

人的處境而有不同意義，就如同你看「天然食物」產品裡的營養成份一樣。
馮友蘭使用的「不合理」正好把這個問題往後推一步，我們如何分辨合理與
不合理？沒有經過二元論的判斷而譴責道家的作品，例如，王弼將自然和不
努力競爭（not striving）、不刻意的努力視爲相等。〔註16〕但這犯了要求先決
問題的謬誤，除非有分辨蓄意行爲和不蓄意行爲的判準，否則會受騙。像馮
氏所屈就的判準是無拘無束的「自發性」（spontaneity），但那頂多只是一個必
要而不一個是充分條件。

　　前述的觀點尙無任何反駁「無爲」是自然的（natural）、非蓄意的
（nonwillful）的行爲等，問題是這樣的描述本身多少還有點不夠成功，但若
賦予相關之嚴格定義的判準可能會更有價值的。事實上 Loy 給無爲（nondual
action）的判準是：「人的知覺侵入自然秩序的源頭，然而恢復到道的原始狀態
是與人性的基本認知相反，包括一個人本身的知覺。若是知覺本身是不自然
行爲的根本來源，那麼自然行爲必須是沒有這樣本身的知覺，而沒有知覺的
原動力（主因）是精細思而得的行爲。

（四）理解無為的主要問題

　　Loy 認爲，了解無爲的主要困難在於它的似是而非的論點：聯合兩種相反
的觀念，「爲」──沒有什麼可不做（nothing remain done）和「無爲」──什
麼也沒有做（nothing is done）。解決這種矛盾必須設法混合兩種觀念，但如何
讓所有事情都有可能，除了互相牴觸的名詞之外是很難理解的。所以，有些
學者認爲那是無法解決的矛盾是一點也不意外的結果。例如顧立雅堅稱道家
嚴重的矛盾應屬無心之過，是由於早期道家將兩種不同觀點卻又相近的詞彙
並置在一起：一個原始的「沉思方面」（contemplative aspect）和隨後出現的「有
意爲之方面」（purposive aspect）。前者顯示「眞誠態度的無爲，以沒有慾望的
動機去參與競爭的人世」，後者則是「以精練的技巧提升應付人世的能力」。
前者只是被動的無爲，後者是企圖對於社會有所改革的有爲，就像顧氏所強
調的不僅是不同而已，而且是不能相容的。他承認此種詮釋在道家書籍本身
是無法找到的，並且知道若宣稱莊子（較屬沉思）早於編纂而成的老子（較
爲有意之爲）那將使他處於尷尬的立場，更糟的是他必須承認我們所發現的

〔註16〕重要的「無爲」片語，意即「沒有意志的行爲」（not-having willful action），
　　　　見 Sung-peng Shu, "Lao Tzu's Conception of Evil," *Philosophy East and West*
　　　　26/3（July,1976）:303.

「沉思道家」(contemplative Taoism)和「有意道家」。事實上，在《老子》和
《莊子》裡是非常相近的，且有時混在一起的，然而，他嘗試證明他所說的，
很少有人會完全被邏輯所約束的道理是正確的。不過 Loy 認為此問題寧可說
是被邏輯所束縛，因為顧氏忽略了一個事實，就是這裡的矛盾是絕對與充分
體會「道」的特殊經驗有關，是不能以邏輯的角度來理解的。

十一、史華茲：〈道家的道〉 〔註17〕

本文係史氏所撰《中國古代的思想世界》一書中之〈第六章〉，史氏認為：
「現在很少有中國的歷史學者認為，那是中國唯有之歷史文化的「創造時
期」，而其餘的幾十世紀以來的歷史就顯的毫無代表性，是「無歷史」般地沉
寂，在以我們史實價值基礎的角度來看顯然是貧瘠與停滯，一直到後來的「西
方衝擊」。現代中國的較年輕的學者甚至拒絕整個根據「西方衝擊」模式來處
理現代中國的觀念，而且強調徹底改變近代期間之「傳統的中國」之每一社
會的內部趨向。由此吾人可得知，史氏係以歷史的角度來處理中國的哲學問
題。以下試就其內容摘要下：

（一）前 言

有人爭論它那大部份的格言可能有許多是源自眾所週知的諺語，劉殿爵
甚至稱之為一種詩文集。然而再次地，史氏想評論的是，儘管性質完全不同
本文的來源，最後彙編成的一部作品，卻成功地凸顯其非凡的詩詞創作力及
形式一致的詩之視覺世界。由最近發現可能是現存最早的版本——馬王堆帛
書——整體而言可檢視此觀點。

史氏毫不猶豫的將《老子》與《莊子》稱之為神秘主義之道家且思考著
它的起源，（此兩文本擁有共同的本質，雖然意義不相同），他將嘗試比較其
與儒家、墨辨之文本的關係或可提供其直接的背景。即使道家的確可稱為神
祕的，當然神秘在中國文本出現，而不在印度或基督教的文本中。在宣稱道
家是神祕的，但卻不是指其為婆羅門、大乘佛教或捷克——波希米亞的神秘
主義。基本上，這種仍然保留獨特觀點且自成一格的中國式神秘主義。

史氏認為也許比這些「退隱主義者」更重要的話，當從道家的遠景看，孔

〔註17〕 見 Schwartz, "The way of Daoism", in *The World of Thought in Ancient China*, pp.186-254。

子在某方面的特定趨向，他自己似乎也指向對於道家的視野。我們已經註明大師的勉強的說出基於他對天和四季、萬物生長過程的關係的見解。在這裡他似乎想像人類的秩序可能以無預先規劃、順其自然的自然規律的方式來運作。實際上《論語》真的是把重心集中在知覺、人類道德的努力志向。然而孔子也敏銳地查覺那人民的良知所墮落、迷失的精確範圍。事實上直覺所賦予的習慣行為使他夢想到好的社會即將開始。人類的行為將會符合自然的神秘旋律。

史氏指出，在《論語》的有一段話他尚未提過，就文字而言非常可疑像是後來竄改成為道家的用語。在此我們發現的專用名詞「無為」，實際是道家的核心思想。「無為」之文字上有更重要的意義，如一非預設、非深思熟慮、非經計劃、非有意的行為，為道家之主要的闡述。事實上「一」的直覺和「無為」的概念有深層的內在關聯。貴族可實現萬物秩序之意義的「一」，與「道」合而為一，雖然他的行為受到整體的形式的約束。然而，儘管再次地強烈的說明這些暗示，孔子始終堅持學無止境，知識的增長累積和有意的反應在知識上必須沒有停斷。當我們將我們的注意轉向墨子的時候，我們立刻可感受到《論語》的認知已精確地傾向於指出道家的「轉化」似乎激起墨子極其強烈的抵抗。「整體論」所蘊含著秩序的觀點和無為的觀念應被墨子重視如同他所非難之命運的特別部分。「整體論」暗示著含蘊萬物的秩序之天，和部分的決定取決於整體。然而《論語》仍是意味著有意志的天主掌著人事的關係，墨子的儒家主要人物似乎相信人類歷史的自行進展，規則與不規則的整體循環，不為人和天的知覺、意志所影響。他們的自我領域的知覺，有意的行為似乎是已縮小了慶典和音樂的狹窄領域。就反對而言，有人可能說墨家主義代表上述所有其他非常反對的神化主義和「為」或「有為」，在一個多數的世界中仔細考慮、分析目標的想法和行動。引用葛瑞漢的話：「混凝土和特別的物件」和混凝土和特別的人、精神和情況。他必須處在一個有「建構」秩序的世界。

（二）墨子的「無為」

史氏提出他的論點是老子和莊子不只利用在論語能開始被辨別的應變，但同時也可能代表一個尖銳的反對墨家之高舉知覺及其強烈主張有目的之「為」。在老子裡有明確的暗喻排斥墨家的主張。有一特別明顯的章節陳述「不尚賢，使民不爭」。在老子的觀點之下，貨物和名聲的欲望是造成人類衝突和戰爭的根源和社會悲劇的肇因。「尚賢」的積極努力成果而能使之達成任務，這和墨子的訓諭使受重用的人給予財富利祿的回報，其結果是使其他人都起

而傚之，於是整個社會到處散播著此一高度文明競爭的弊病。墨家主義有力的宣稱「有為」的思想是文明計畫的基礎。墨家主義在莊子書中成為特別明顯的效果之一，是它實際上引導老子和莊子兩者從他們與墨子共享的那些觀點的特性去認識整個孔子或者儒家。畢竟，最後墨子和孔子都確信的文明的標準的成就需要聖人、貴族和賢人的知識而且深思熟慮的不斷地致力於倫理道德的經營。在老子、莊子的觀點，儒家的貴族和墨家的賢人，他們都是徘徊於矇惑自己信仰的世界之好事者，以為「有為」的做法能改變人類的世界。有人可能加入從第三世紀道家的觀點，那麼儒、墨兩家對於達成他們所宣稱的目標而言可謂是一敗塗地的。

（三）《老子》和無法形容的「道」（Lao-tzu and the Ineffable Tao）

至於在處理老子的本文方面，史氏提到它是一本翻譯最多的典籍之一，也是所有中國文學作品中最困難的而且最棘手的本文之一；然而將精確地由它的神祕的範圍開始著手，面臨著許多未經證實的陳述，有人說它只是深思熟慮的世俗人生哲學的一本手冊，一個政治策略的論文，一個秘教之軍事策略的論文，一種烏托邦主義，或是一部主張「科學的自然」主義傾向於宇宙秩序合諧態度的文本。但這並不是要斷言那些所有暗示性的元素都是不可能呈現。然而，在某種程度的範圍上，在它們立場裡面的一個視野，我仍將會堅持認為這是一種和任何其他的文化已經應用的神祕主義定位名詞一樣。

所有的上述因數是，我想，甚至呈現在老子的核心觀點和莊子的屬於「歷史性」的莊子的部分。然而我再次地強調，大致上沒有如此神祕的事物。道家顯然地當自成一類，如同大乘佛教、婆羅門教，回教神祕教派和基督教和猶太教的神祕。大體而言，無法形容的事實本身不能夠被區別，因為它是藉著定義超過所有的區別，但是大多數的神祕有似是而非的事實遺跡，但仍然嘗試使用語言來傳達他們的事實。太過廣泛以至於他們以其顯著的隱喻方式，在極度地神祕之下再將其各方面的文化遺產和歷史產生關聯，使之達到整個視覺上全方位的運作。

然而，開始用道家的神祕範圍，當使用「道」，這一個中國神祕的範疇，我們立刻遇到的問題，就是此一專用名詞「道」之主要有關神祕主義的事實，卻又如何看似可適用於儒家主義所提到的社會和自然的秩序。我著手於兩個起源的觀察，作為神祕，就像其它的神祕一樣，老子不深入地解釋專有名詞的本身；如「無不知其名，字之曰道，強為之名曰大。」然而當老子使用名

詞作為「萬物」的世界，指的是「確定存在」於世界。其中保有它所包含之秩序的意義。

　　史氏指出一個指的是「秩序」的字，怎麼會與神祕意義有關呢！在現代的西方社會，字辭指的是「非人為的秩序」或「結構」用在最普通的當代隱喻，似乎是提供了神祕的最佳對照。結構是一種可以完全透明地分析。我們知道它的組合和如何地聚集。理論上地，它應該不包含秘密。然而當此一思想被觸動之時，我們發現在中國的觀念裏，秩序不是此一結構的意義。它是完全的有機圖案，為「建造」不可或缺的元件。我當然知道即使現代的西方，文字意義上的「結構」當成「已建造之物」已完全被拋棄了。

　　所以我們說到「浮現的結構」，而這似乎暗示著出現一個完全形態的整體。然而至少在意念上，某些進行中的感覺，一再地被拆開又組合。只要一想到秩序，無論空間或時間，就如內在的全部，它由許多的相互關係的單獨元件所組成，然而支撐整體的不在於各個元件，而是此一不可捉摸的整體一起支撐所有的元件。延伸到有一秩序，在它的中心有某種無法掌握的原則的個體。的確在動態的秩序中，元件及其相互關係經過極大的變動，因為在生物成長的過程中，仍舊保持著個體的原則。

（四）李約瑟（Needham）的主要觀點「有機體的哲學」（Organismic Philosophy）

　　何謂「有機體」？何謂整體的自然及其包藏於這些決定性的元件？從單方面來說，實際上，李氏直接地陳述，我們無可否認古代的道家思想有強烈的神祕元素。然而從整體而言，他極為渴望地想從這些神秘的隱喻裡分離出他的有機體的構思。於是他說：「各部份元件在他們的有機組織體的關係無論是一個活體，或是一種協調的意志足以解釋宇宙之觀察的現象。」然後他又補充說：「有機體的組成元件的合作不是強迫的而是完全的自發性甚至是不自覺的。」現在「合諧的意志」和「合作」似乎是建議分開的語言實體，此「自動的」和「合作」一起表達目的。此觀念提出了這些元件在他們進入「合作」之前以某種「個別地」方式存在。這真的是理所當然，老子的神祕主義並沒有壟罩著有神論的隱喻。對「道」的執著意謂著明顯偏離「天」的核心。如之前所言，「天」字繼續傳達的觀念為有意識、影響力的「天」，甚至在論語裏仍為主要的名詞。廣而言之，「道」在「論語」經常指的宇宙論，其關鍵名詞似乎是「天道」而不是「道」。

　　史氏指出，天的自然過程可能已經在是內在的；天出現在其本質上，顯然是它本身的一種無為的流行；在天與人類的世界的關係中，似乎仍有天命和人為意志的互動。關於墨子，不需要去詳論他所強調之有神論範圍的天。由於老子完全了解到「有為」和「天」的關聯互相圍繞著。因此，通常寧願用「道」而不喜歡用「天」作為基本的專用名詞。在目前版本的第一章所談到有關道的陳述「無名為天地之始」，和「吾不知誰其子，象帝之先。」天地不是最終之目的，我們可以像決定萬物一樣的對他們作一決定性的陳述，但天地是有限也可能是無限的。事實上整個有限的宇宙可能隨時間出現，也可能隨時間消失，有其明確的意義。當將他們將之歸諸於「長壽與永生」時，老子卻否認他們的永生。因為「天地尚不能長久」，何況他們所有的活動完全依賴無名的「道」。

　　史氏以為，語言的難以理解的主題是終極事實，當然在老子和莊子中是一個基本的主題，而我們在這裡再次強調中國早已出現的「文字」疑問。如果孔子深信文字可提供一個真實秩序的影像，而墨家盲目地尋找新的概念，所有改良文字的特異性中提供世界一張更新更精確的形象，當做提供一個真實秩序的影像，然而墨家深信語言對於提供世界一張暨新且精確的圖像在其所有的特殊性。而老子的書卻在不否定文字而是在描述自然秩序，（雖然它的確在正確的描述人類秩序而卻普遍接受的語言上懷疑）並且發現此一成為決定的「道」可能凌駕於所有的文字。老子所詳述的是一種可以說的所有的暫時及有限性質的確定事實。因此《道德經》第一行即開宗明義的宣告：「道可道，非常道；名可名，非常名。」我們的平常經驗的世界似乎不是絕對者所計畫之宇宙的幻影。除了「道」之不可名的範圍之外，「道」之可道方面，和萬物之可名。的確可名之於世界的表徵，在《老子》的文本裡是頗為「常識性」的現象，然而宇宙的主要特性實在是關連到它的非永恆的極限，在道之難以言喻及無始無終的方面是不確定和無名的。「無」，它是不能夠被視為可命名的任何事。我以西方神祕主義慣用的術語來翻譯這一專有名詞，因為它似乎足以符合其他文化的神祕文學翻譯的原則。「無」是一個符合不確定的有限實體的真象、關係或可名的過程。然而它是顯著的「實有」和一切有限的實體的來源。

（五）老子的神秘主義

　　史氏認為，在此一中立信念的實體將無法構成神秘，但《老子》的文本

的確不是中立的。在八十一個章節裡有三十章是處理有關神祕主義的範圍，而且整個文本都充滿了極爲狂想色彩之詩文的章節。在這裡，如同其他地方的所有的神祕文學中，我們經常可發現似非而是的努力在談論有關此無可言喻者。「……，先天地生。寂兮寥兮，獨立而不改，周行而不殆，……。」；「視之不見名曰夷，聽之不聞名曰希，搏之不得名曰微。」；「是謂無狀之狀，無物之象」。在這裡，如其他地方，在所有的神祕文學中，我們發現固定的似是而非的致力談論無可言喻者。〈五十一章〉「故道生之，德畜之，長之育之，亭之毒之，養之覆之。生而不有，……」。〈三十四章〉「大道氾兮，其可左右。萬物恃之而生而不辭，功成而不有，衣養萬物而不爲主。常無欲，可名於小；萬物歸焉而不爲主，……」。〈三十九章〉「天得一以清，地得一以寧，神得一以靈，……」。〈五十六章〉「故不可得而親，不可得而疏；不可得而利，不可得而害；不可得而貴，不可得而賤，……」。

　　史氏指出，對那些認爲神祕的語言大體上沒有傳達什麼意義的人來說，這些所挑出的內容將是像神祕大師 Meister Eckhardt〔註18〕或極神祕的印度和回教蘇菲（Sufi）的文學一樣的晦澀難懂。在他們的文章裡沒有任何章節可以將「道」簡單地翻譯爲「自然的秩序」，假若「自然的秩序」指的是可決定的、可形容的類別、關聯、形式或過程。經常假設的「道」是無和無名的範圍，只不過「自然的秩序」絕對比「過程」的字眼更能模糊它的含義。自然的觀念可能包括改變和過程，但當過程從所有可記述的過程中分離出來時，他代表著什麼意義？何謂無內容的過程？是一種可以形容其連續的步驟和可用以固定的連接和關係。廣而言之，過程中有一種無法形容的元素，和那不可知的自然的過程相去不遠。老子很嚴肅地避開那些無法命名的而不去給予命名。

（六）神祕主義的爭議

　　史氏指出，另一個爭議就是，經常有人反駁老子和莊子裡的神祕主義的存在，主要是由於缺少獲得神祕經驗之明確方法的紀錄。事實上，許多神祕的文學不含有直接的描述的冥想技巧，但有似是而非的致力於傳達無可形容的字彙，如同我們所發現上述的章節中出現的內容。在莊子的章節中有許多種說法似乎在反應狂喜的經驗，然而實際上卻是沒有迷狂技巧的描述。迷狂和冥想的技巧之間的關係與神祕主義本身是一極爲艱難的主題。如果只是單純的把神祕

〔註18〕筆者按 Scholem（1260～1328）歐洲中古世紀著名的神祕哲學大師（德國）。

主義視爲方法之設計用來達成 Scholem〔註 19〕所謂的「最高境界之靈魂的凌空急速翱翔」的目標,「神祕」只是和這些狂喜的人對他們有關視覺經歷事實的描述。然而在處理像婆羅門教這樣的主要神祕的領域方面,蘇非(Sufism)或 Meister Eckhardt 的神祕,我發現符合神祕的道教是視覺的事實而不是技術的描述。

然而道家的重點,像其他的神秘主義一樣,出現了明確的特質,如道家神秘的信仰中的「非存有」的世界所論及有關確定的世界,與個別化相關者或是照中文字面上講的「有」。「有」出於無是無的無限性和短暫的有限性的有,然而沒有暗示那短暫和有限的本身是「非真實的」或是內在之「惡」的本身。這裡出現的主要玄妙像其他神秘的觀點的例子是整個重要的見解。於是我門發現《老子》裡的陳述,「無名爲天地之始,有名爲萬物之母」。最顯著的是使用母的玄奧,這提醒我們即使在最早的中國宗教的傳習指導中關注在生物的繁殖的奧妙,這我們之前已討論過的很確定的家族的、養育的關聯圍繞著這個名詞。它明確地提出一個有利的正面觀點,不僅是個別主義的原則而且進入有的實體世界。這神秘主義並不否定自然,而是肯定自然。

(七)母的玄奧之使用

史氏以爲,使用母的玄奧,反而也引起我們注意老子的另一理論,它視「無爲」和「自然」的原則是陰柔的象徵而加以頌揚,且使這些原則連結自然的世界進入「無」的根本。所謂谷神不死,是謂玄牝,玄牝之門,是謂天地根,緜緜若存絕,用之不勤。此處谷的象徵他的本性是完全地決定在空虛之間和她的被動與包容,使之似乎與女性扮演腳色的性與生殖產生關聯。故「牝常以靜勝牡,以靜爲下。」本質上,是女性在生殖過程扮演領導的腳色,她在性愛和生殖的過程中都是以「無爲」自居。因此,她代表不武斷、不計較、不熟慮、不故意的生殖和成長過程中,「虛空」轉而充滿;靜轉爲動;「一」轉爲多。女性是「無爲」的典型象徵,雖然無的本身是不可名的,但仍然到處都有它的印象,如被動、虛空、「習以爲常」和柔順等方面的本性是朝向「無」之境界的表徵。因爲老子的非人本的宇宙觀甚至在自然無爲形成人生的運作的自然面,也可說自然是遵守「道」的原則,而且在自然裡面「無」和「有」是沒有隔閡的。自然的「無爲」面向是顯現「道」在「無」的觀點,是自然之所以遵守「道」的規則。

〔註 19〕筆者按 Gershom, Scholem(1897～1982)爲德國猶太哲學和史學家,以其猶太神秘主義而著名。

（八）老子的自然與「科學」的自然主義

史氏認為，老子在人類辨識範圍中，發現「道」轉向真實之前的自然變化原則，我應該進而說明有關老子的自然觀和李約瑟所視之為對「科學的」自然主義的本文之定位。實際上指向老子的自然和十八到十九世紀西方的「科學的」自然主義的某些方面之間的共通性。自然的過程不為有目的的意識所引導，雖然「母」的憐憫和關愛的形象暗示著「道」不是有意識的天命。「天地不仁，是萬物為芻狗」，天地不會掛慮人或萬物的憂傷或幸福。這的確可以說，老子的自然是一種自然自發地、未經深思熟慮預先安排而運作的秩序，這的確是它的光榮和神秘。如此的自然觀可能是神秘的嗎？它反而不與「科學的」自然主義的觀點產生共鳴嗎？神秘主義觀點有可能和自然主義觀點產生關聯嗎？事實上是完全有可能的。史氏之前已提過佛教的經典《那先比丘經》〔註20〕其要旨在於否認一個恆久的自我的存在和大衛休模（David Hume）的爭論的幾乎是相同。其中他們的共同觀點都涉及到減弱恆久自我的概念。

史氏指出，之前提到佛教的經典《那先比丘經》（Milindapanha），其論點在否認一個恆久的自我或私我的存在，和大衛休模〔註21〕的論點幾乎為同一者。都是表達什一種關心漸漸衰弱的恆久的自我觀念。然而此兩種觀點都不可能超越彼此，無論是在基本的關注或是整個文本內容。休模和那迦犀那尊者都是為了不同的理由，專致於反駁自我之獨存實體的存在。同樣地，事實上大部分的神祕形式，都不符合天意或神意的。神秘者的終極目標不是作為一個世界之個體生物快樂的成就。沒有宇宙的個體的無窮價值的觀念。同樣地也沒有使個別化的存在的無窮價值的觀念，即使在道家的情況，它也是有其價值存在。事實「就像在終極大海的昇降與再被吸收」是要需要很多的過程才能完成。因此，所有自然神學的問題就不復存在了。它一定要再一次被強調自然的典型，慣例、循環，節奏，和自然的習慣似乎不表示「無生氣」或缺乏神秘的驚奇。相反地，它的「有」是來自於「無」和回歸至原點的自然方法。事實上，「此兩

〔註20〕筆者按《那先比丘經》，略稱那先經，巴利名 Milinda-pabha，為南傳《彌蘭王問經》之異譯。有二卷及三卷本，收於《大正藏》第三十二冊，屬論集部。南傳大藏經並未將《彌蘭王問經》收於三藏之中，但列為重要的藏外典籍之一，英譯本有 I. B. Horner 的 Milinda's Questions 及 T. W. Rhys Davids 的 Questions of King Milinda 二書。

〔註21〕筆者按蘇格蘭哲學家大衛休謨（David Hume 1711～1776）和亞當史密斯（Adam Smith）主張：道德是建構於感覺或確切的「情緒」上。

者，同出而異名」，「玄之又玄，眾妙之門。」此規律並無法遠離神秘，而是涵蓋其中。

然而老子的視野（我將分開地處理其他的本文）如何提供任何動機專注於無趣之「自然的觀察」或任何關注於「科學的問題」的證據？還是老子有興趣於這種「自然工作」的方式？更真實的是，我們在這裡有 Needham 所稱的「心神安寧」（ataraxy）的態度，對世界產生的變遷和災厄，以漠不關心和處之泰然，渴望沒有價值判斷的審視自然。如此的「心神安寧」（ataraxy）事實上能在許多神祕的觀點中被發現，而且在中國它甚至搶先孔子一步完成對於宇宙的「天」之合諧的觀點。然而事實上，這些處理自然的世界之觀點可能缺少科學觀察的價值判斷，而無法證實不是因一時的衝動而進行有系統的自然調查。這的確難以證明是否基於「科學的好奇心」的驅使，或是基於工藝技術的改善造福人類的動機，都將會促進最堅決之原創的老子，貢獻他的精力於「科學的調查」。

史氏認為在老子中出現的自然不過是我們的平常經驗而已，書裡有些自然過程的觀察。其中有一特別專注在自然的二元對立，陰和陽、黑暗和光明、強與弱、剛和柔、動和靜等，這使我們想起有相同關注的安那西曼特〔註 22〕（Anaximander）和赫拉克利特〔註 23〕（Heraclitus）。它們已經發現抽象意義的陰和陽的觀念和它的二元互補以及對立的一般原則。這些觀察和想法可能屬於現今知識時代的世界所承認的自然觀念。然而檢驗其中相關的章節顯示，其重點絕不只是簡單地作一種「科學的觀察」而已。無論如何，沒有證據顯示（像是許多我們在墨子發現的）出《老子》的作者有想要知道單獨事物或事件的原因或是應用科學知識作為技術上的目的。

（九）「雙重對立」與「科學」的問題

史氏指出，在文本裡處理二元對立的問題，在沒有必要牽涉到「科學的問題」時，絕對是從書的神秘核心的觀點提出的問題。各種使用不同的二元對立的名詞經常被視為相等的，他們有時是給予的不相等的分量，指出意想不到的道德力量的出現，這將產生一個既是「價值中立的科學」，又「神秘的」觀點問題。劉殿爵已經指出有關《老子》對於陰和陽、暗和明、弱與強、柔

〔註 22〕筆者按安那西曼特（Anaximander, B. C.611-545），希臘七賢之一。
〔註 23〕筆者按赫拉克利特（Heraclitus，B. C.540-480），古希臘哲學家，愛非斯派的創始人。

和剛、靜和動等的觀點中有極為明顯地「不對稱」。在所有的情況，雙重的第一個名詞是一定「優先的」。它喜歡較高之「存在本體論」的狀態，正如水優先於扔石；水它尋求地位低的地方，所以比石頭強壯，是一種深奧的意義。

史氏認為，當處理有機的生命的時候，嬰兒有優越的強力隱喻。「人之生也柔弱，其死也堅強。萬物草木之生也柔脆，其死也枯槁。故堅強者，死之徒，柔弱者，生之徒。」在別的地方，嬰兒被描繪成未完全成型和無法識別的力量。老子並沒有斷定這些二元對立中較不受偏愛的一邊就不是自然的秩序的部份。反而他似乎斷言萬物從無的柔軟面浮現出不明確地流動，因此才是真正強而有力的陳述。於是，他們至少有一點比較靠近的道的核心。當他們發展由固定成型到堅硬，進而切斷，他們更進而隔離而且從存在的來源切斷。當然，最後讓生物的死亡從他們的堅硬和阻絕中釋放他們，返回到本源。

然而，很清楚的，所有這一切都反映《老子》文本中含有持續壓倒性的對於人類生命的關懷，因此，呈現出某種他和他的前人所不認同的「道德主義」甚至「人文主義」。《老子》的神秘主義緊密的與「守柔」的模式相連，這已清楚地指出自然之「辯證法」的討論不影響到任何科學的探討，但關鍵是在於在他們有限的生命期間使人類長久的回復自然的方式，的確是有一很大的刺激，不但是所謂的「科學的」傾向，而且是他的神祕主義所指向「凌駕善與惡」的範圍。因此老子尚未從自我的「價值判斷」中完全地釋放出來。在《老子》對於「學問」和「知識」的一般態度也有值得討論的地方，回應的章節如下：「為學日益，為道日損。損之又損，以至於無為。」引述 Needham 所說：「道家攻擊的是儒家迂腐的知識的範疇和封建社會的繁文縟節，而不是其對道的自然知識。」對於《老子》所貶抑儒家的階級和儀禮制度，這一點是不需懷疑的了。但是又沒有任何的證據可說明那是追求自然用途的知識。事實上，有些反證，當老子攻擊「知美之為美」，又說「五色令人目盲；五令人耳聾；五味令人口爽。」我懷疑他這仔細觀察和剖析的觀點，和自然世界的不同特性分析，密切關係到人之執著於經常的區別和改變消費者的選擇而有「難得之貨」。自然觀察不能不同於真正觀察的「合理數據」。《老子》似乎主要關注在一般知識特性的敏銳區分很近似於過多慾望的知覺選擇。對於物質的欲望不管是否因為封建統治者或是群眾仿效他們非自然文明的許多部分，這就是《老子》拒絕的「階級和禮儀的制度」。於是，當他說聖人是「為腹不為目」，我們可以忠於文字的解釋。此「腹」指的是生理需求的最基本滿足，此「目」代表的是事物的特性經過外在

感官的仔細區別之後還需要複雜的選擇。事物特性之仔細觀察可能與工匠所創造的「非天然」奢華的文明有關聯。

史氏指出，在另一方面，有老子文章所說：「不出戶，知天下；不窺牖，見天道。其出彌遠，其知彌少。」在這裡提及似神秘的靈知而貶抑任何類型的純粹經驗知識。此爲 Needham 之所以說仔細地「自然的觀察」曾經在中國興盛過。然而在那裡似乎有一些根據，爲假設它與我們所發現的老子有任何的關連。相對的，那有系統和仔細地「科學的」自然觀察正好像是愼思熟慮、計算、有意的計畫等這些都無法符合「無爲」的精神。此外，這並不意謂著老子和莊子的自然觀念趕不上他們那個時代的潮流。而是說明了他們的基本觀念與自然的「科學的」觀察的來源的熱愛有關，是其本身的結束，或是無法保持完美的證實。

至於道所帶來不可避免的痛苦和自然的所造成的死亡的期待，道家聖人似乎已準備好以極爲鎮靜的態度來接受它們。他接受命運的安排而生，命運的安排而死。除了對生命的感激，《老子》甚至說：「吾所以有大患者，爲吾有身，及吾無身，吾有何患？」劉氏發現因爲「假設沒有生存問題是生命之最終的目標。」這段話很明顯地「違反這本書的整體旨趣」。這意謂著強烈地反映劉氏自己不願意去正視書裡的神秘的重要性。生存可能是生命的最高目標，但是人的「靈性」能與「無」視爲一體，生命本身時常呈現脅迫的問題不是最高目標。他不會犧牲生命換取奢侈的物品，但當時候到了他隨時準備放棄它。

史氏指出，在《老子》文本裡沒有出現「性」（人性）字，有人懷疑神秘主義至少應該相信，有些力量成爲「與道合一」，他可能迴避任何傾向在有限的習慣中去調整人的能力。「性」字已成爲聯繫天生固有能力的問題，以符合老子所拒絕之社會秩序的標準。儘管整個人事的討論是建立在人的「自然的」慾望遵守「道」本身的限制和單純爲前提。只要人不暴露在墮落慾望的誘惑，他們可以保持其原有的自然狀態。「不貴難得之貨，使民不爲盜；不見可欲，使民心不亂。是以聖人之治，虛其心、實其腹、弱其志、強其骨；常使民無知無欲」。「虛其心」意即除去較高文明的錯誤目標和計劃，讓心靈返回到彌漫著感化的「道」。「我無欲而民自樸」，在文本裡「慾望」並不是指食物、性、安全庇護等生理衝動和需求的簡單滿足，而是指文明創造出來的所有慾望。「實其腹」是一非常刻意的嘗試各種新方法來放縱味覺的精細美食計劃。

史氏提到，然而此時產生不可避免的疑問，即在人類領域裡如何發生「道」

的背離？最好的答案似乎是歸咎於文明的興起。於是可以正確地說《老子》的原始經文是一抨擊整個文明的設計。但是為何會出現文明？在此我們轉移焦點至神秘主義的出現，是一種未曾存在自然界之內空前未有之新人性意識。經過這個新的意識，人類的心它本身從不斷湧出的「道」隔離，而且發現它的意義在斷言它的單獨存與整體地對立。一個有意識目標使整個新世界充滿了新官能的滿足、快樂、財富、榮譽和力量，甚至背離個別道德的完美的目標。因此，產生極端的機「大僞」。

當我們見到，弱者、武斷者、強者和醜陋者在自然本身中存在，但是在自然狀態中他們不互相面對或完全隔離。然而，這個新的迷惑意識有隔離他們而且固定他們的力量。它本身變成一個弱者的具體化，分析者，和那積極的和自我簡化者。它引導所有的事物進入鮮明的清楚焦點，把他們從他們所自然地遵守之和睦的朦朧狀態中移開。在區別所明顯區別的，是介於那美醜和好壞之間。「天下皆知美之為美，斯惡已；皆知善之為善，斯不善已。」我們會將一邊絕對化之後，再嘗試除去另一邊。但是，另一邊從不會毀壞。這也簡單地突顯他的隔離的特性，

史氏認為這個決定性的「有為」意識在文明的整個計畫的根存在著，然而我們無法提供任何紀錄解釋為什麼以及它如何興起的原因。始作俑者當然是這些曾驅動整個文明計畫的「文化英雄」。有長篇幅的章節描述一個從最高「道的化身」墮落至一個完全與「道」疏離的狀況。〈三十八章〉「上德不德，是以有德。下德不失德，是以無德。」擁有最高之德的人是不會意識到他的德，或是說沒有任何的自我意識。因此，德的本身毫無虛飾地顯現在他的行為。隨之而來出現的某種自我意識可能與「失德」有所關聯。最高的「德」是無為，沒有刻意的深思熟慮（以為），此名詞似乎表示某種與行為順序有關的知覺。下德的人是非常在意這種明確的結果，因此必須在意不失去他的德，因此他已經是在「有為」的範圍。儒家的「仁」可能是代表最高水準的「下德」，有意識的故意行為以求得好的行為，但他仍然沒有細思他行為的明確結果（不以為）。然而，在劉氏的翻譯中，那名詞卻有「別有用意的動機」（ulterior motive）的廣泛意義。在另一方面，人的「義」是完全調適外部的行為結果。然後我們作孤注一擲地猜測那些人的行為是基於「禮」的設計和構成控制社會的工具。現實的社會裡經常有這種人，當別人沒又回應適當的禮儀，則「攘臂而扔之」。我們所有的注意不僅是從「無為」墮落到「為」，而且內在的「德」

到外在的機制。從宣稱自我的「善」到自我本身明顯的侵略、貪婪、暴力。連接儒家的「仁」與「邪惡」之間的是引導目標的意識。

那麼我們可說老子代表無政府主義和完全拒絕政治次序和階級組織嗎？在西方我們通常會和原始主義聯想在一起，然而事實上文本保留大量之對君王所提出的忠告，有些翻譯者堅信整個文本主要是涉及在治國之策，甚至在軍事的策略上的論文。文本本身沒有提供我們歷史的說明，從自然狀態到文明的出現的權利轉移，雖然在《莊子》裡有許多章節，其見解與《老子》非常相似，確實提供了如此的說明。但是我們得知古代的形勢是人與鳥獸爲伍、與萬物群集，他們是如何知道貴族的存在？他們如何知道人所代表的意義？他們都沒有慾望和安心於道。隨著聖人疲於奔命地在追求「仁」「義」的同時，開始對世界有了疑惑。在這裡的確我們見到有有點像原始、和睦的無政府狀態，隨著不可理解的善與惡之新概念的出現在那些聖人之中。這裡這並非暗示聖人是像西方十八世紀的「國王與牧師」之邪惡的結黨謀反者一樣。他們專心致至於「仁」、「義」和改善世界的願望，但是隱藏在他們的「有爲」意識的浮現，然而，它也將會出現於其他的人類，當不是意識的創始者的原始儒家聖人也會脆弱的易受疾病之侵襲，就像夏娃受到蛇的諂媚而遭到誘惑一樣。傾向於墮落似乎是人性裡隱藏的獸性。然而這也是有趣的紀錄，即使是這些文章的作者，對於自然狀態下的政治秩序的存在也視爲理所當然。

（十）《老子》之王權觀念

史氏指出在《老子》的文本裡，我們發現天下的君主的身分，爲宇宙四中的道、天、地、王。這裡我們有清楚說明，聖賢——君王隨時隨地具有居間調解文化功能的角色，甚至呈現在老子世系之道家的強烈人文主義的考量。人們有可能說，在一個眞實的道家社會中，眞正道家「天子」的權威，可能是像許多較高級哺乳動物之群組生活中的優勢男性的存在一樣「自然」。然而，有一可能解釋人類文明的起源，文本自始至終顯示只有道家聖人能扭轉文明的弊病。老子的確提出了「忠告」，不僅是針對潛在的「天子」甚至當時的侯王。至於孔子和墨子的情況，他們顯然不相信民眾能解救自己，暴露出人民既被文明所誘惑卻又飽受文明的壓迫，已遭受錯誤意識的感染，人民完全的參與並且渴望分擔他們主人的目標，他們無法超越他們的環境。如果文明是由過去的原始儒家聖人的錯誤意識開始，現在也唯有聖人所達到之更高的神祕聖靈才可以拯救人民於文明的病兆。人民有可能回到純潔無瑕又無罪的自然狀態嗎？除非他們自

己有能力達成聖人的較高的聖靈。

　　道家的聖人能獨自替人為的文明作一個結束，而且使多數的人能回到自然的狀態。他可能生活在公元前第四或第三世紀，這些文本之作者或編纂者應該曾經接觸到孟子和其他人的信仰，在當時出現新的天下共主的時機已成熟。此一新共主所散發出的聖靈的力量將改變世界，雖然在歷史上任何「道」之概念在文本裡找不到證據。這種道家聖人散發神奇力量地信念甚至也呈現在《莊子》的文本，例如形體醜惡至極的哀駘它，必須竭力脫身於他所散發的精神力量而招來的群眾的集結（莊子·德充符）。除此之外，我們並非陳述聖人如何居高位而取得政治權利，明顯地，道家聖人不以權謀去獲得。在文本裡確切的文字，「以無事取天下」。這裡的「天下」正是神秘的希望所在，將以某種方法自然地引導聖王至軌道，其中所含有的「道」的神祕力量。

　　史氏以為，在討論道家聖王如何實際治理國家的衰亡興替，似乎是從「德」的描述和我們所稱之為「政」的方向，是其主要消極的形容名詞。〈十七章〉「太上，不知有之」。聖王的存在不是全無意義的，他雖然存在，卻不顯露出其鋒芒，他的服從、無私，而且不去干涉他的臣民以顯示其天命所在所領導的盈盈眾生。除了那些形容為政者所散發的領袖氣質之外，尚有許多消極的政策。他並沒有主動去提升人的價值意識，反而空乏人民的心志以避免無用的知識所導致過多錯誤的需求。他避免戰爭的擴大，大國之邦為聖人所治理，他的修睦鄰國、謙卑和懷柔的政策，真正讓小國臣服並尋求他的保護。小國之邦為聖人所治理時，他會放棄武力和傲慢且贏得大國的保護而沒有仇怨。因此，墨子對於大邦和小邦之間之關係的問題是沒有依賴戰爭或是分解地和平。老子的小國寡民社會的遠景，在〈八十章〉有生動的描述：

　　　小國寡民，使有什伯之器而不用，

　　　使民重死而不遠徙，

　　　雖有舟輿，無所乘之；

　　　雖有甲兵，無所陳之；

　　　使人復結繩而用之，

　　　甘其食、美其服、安其居、樂其俗，

　　　鄰國相望，雞犬之聲相聞，民至老死，不相往來。

史氏認為這似乎不是過去原始之烏托邦的描述。我們很清楚地生活在「先進科技」的時期。然而，聖王必定是特意地拋棄不用。聖人了解文明之所以複

雜在某種程度上，乃是由於規模過大的結果。因此，他指定的「小國寡民」。從語言的顯示，「無政府主義」並非自然而然地產生，而是聖人有意造就的狀態。所以根據推測之結果，聖人能夠開創他的政策，因為他贏得人民的心，但是消極的政策似乎是不需加以干涉。整個想法是將文明減低至最小的計畫，使人能回歸到儉樸地生活，如此他們便可保持自給自足地滿足他們日常之「無為」的基本生活所需而不需要外界的刺激。在某些意義上討論我們所領悟地自然系統多少有點不得要領。如果那是無政府主義，一種完全缺乏個別自由和創造力的夢想國度，而且是和聖人的理想多少有點一致的狀況。如果那是一種集體主義，一種陷入動態的集體承諾的結果。如果是一種放任主義，與經濟企業無關的放任主義，那和李約瑟的斷言「技術之所以在道教中不受歡迎是因為封建主義的剝削所造成的」。似乎與他的斷言相反，應該是說，在產生相同精細的心機意識之同時也產生極端的社會區別，而壓迫也隨之而來。此兩者是不能分割的，因為他們是源自相同設計的有為意識。

　　史氏認為事實上，聖王的行為似乎也有無法解決的矛盾，他似乎有意要創造一個回歸到質樸狀態的烏托邦世界。恢復原始的社會必定是一個有意識的計畫，這裡再次地，我們提出因為道德約束的關係，使老子的整個觀點出現基本不一致的問題。人類道德不可能沒有偏愛，沒有拒絕、沒有詳加選擇。聖王否定文明的政策，似乎使他們自己成為有為的例子，所以矛盾始終無法解決。然而，還有老子的社會政治的定位的詮釋將會使他失去原有的天真和無邪，像是用許多神秘的贅詞所包裝的政治忠告，反而有讓人覺得他是一個狡猾又精明的偽政治家。正如劉殿爵（D. C. Lau）所堅持的此書是關於現實的個別生存之終極價值，還有其他人則堅持它是一本使用權謀政治計策的秘教手冊。而其文本的確是我們所選別的「黃老」道家整個流派所視之為隨意所指之有用的工具主義。

　　史氏認為，我們已經注意到，柔軟勝剛強、陰柔者最後比陽剛更有力、滴水穿石等。這種「謙下受益」的精神，不就是某種像是柔道精神先驅處理問題的方式。柔道的練習者很明顯的是「堅持到最後才贏」（out to win）。以此觀點來看，空乏人們的心智是為了成為統治著馴服的魁儡，使他們的財富和權利的增加至極致為目標。大國以仁慈和謙下而贏得小國的政策是帝權政治之詭詐的智慧。有一看起來特別狡詐的是：「將欲翕之，必故張之；將欲弱之，必故強之；將欲廢之，必固興之；將欲奪之，必固與之。是謂微明。柔

勝剛，弱勝強」。在此我們的確發現柔道政策的奸詐。他是用來描繪「驕奢必敗」的道理。引述劉殿爵的話，那是一種「作繭自縛」的情況。對聖王來講是合法的或是道家熟練的強壯補益自己。這絕不需要暗示，再怎麼說，柔弱很容易彎折剛強的地方或他們已經轉變他們不可靠的目標。

　　史氏以為，當有人看到整個文本當中的那些章節，絕無法證明老子為個人或為聖王所「密傳」的目標是權利、財富和功名。真正具有靈聖睿智人的，才是唯一合適的統治者，是憑藉他非常自然的神祕洞察力而不會套牢於那些目標，他看穿那些道理，自始至終都存在那些對文明最原始的批判所產生的那些不可靠和不真實的目標。有一不可否認的事實就是文本裡的單篇文章將借用以支持這種「工具主義者」的詮釋，就像其他章節將用來支持「楊朱主義」的生存和長壽為其終極目標。的確，這些相同的章節稍後將用來支持整個教派之永生不朽的追求目標。然而，這在仔細地審視神祕主義和原始主義為文本的核心部分時，以嚴肅的詮釋角度來解釋整體文本的一致性的見解，就會顯得有困難。

十二、韓祿伯：《老子道德經：根據新發現之馬王堆文本的新譯》
〔註24〕

　　韓氏認為，瞭解老子的「道」是瞭解老子哲學的起點。「道」是老子賦予終極實體之名（雖然他不斷地指出他不知其真實之名，只簡稱其為「道」）。老子的「道」是實體或實體的層次，是存在於天地萬物產生之前。「道」有點像偉大的宇宙起源，實質上是虛空而變化無窮，然而，不知何故它以種子狀的或者胚胎形式包含所有宇宙的萬象，而「道」之創生萬事萬物就如嬰兒出自母胎一樣。

　　韓氏認為，「道」不只是創造萬物，它還以某些形式的能量和力量繼續存在於每一個別的事物中，不是靜態而是持續進行的力量，以內在的特定方式推動每一個別事物的生長與發展，使它與真實的自然一致。「道」作用在事物上即道家所稱的「德」，解釋老子文本中的「德」有兩個方向。有時指的是事物內在的生命能量，如〈五十五章〉的「含德之厚」；但在其他地方似乎是指儒家慣用的道德觀念的「德」（如〈三十八章〉之「上德不德，是以有德，下德……」）。顯然的，「道」是陰柔的實體和母性的實體，因此，其中至少有五

〔註24〕見 Robert Henricks,.*Lao-Tzu: Te Tao Ching:A New Traslation Based on the Recently Discocered Ma-wang-tui Texts*（Ballatine,1989）.

處（在一、二十、二十五、五十二和五十九章等）描述老子所指的「道」為類似「母」。在文本中自然之「道」的主要章節是〈一〉、〈六〉、〈十四〉、〈十六〉、〈二十一〉、〈二十五〉、〈三十四〉、和〈五十二章〉。形容「道」之無私的撫育萬物是在〈三十四章〉。

　　韓氏認為，有一種語言類推法可有效地幫助我們清楚地認識「道」為何物和它如何作用。在此類推之下，「道」類似一片不用關心和不用照顧（未耕耘）的田野，而在這樣的田野所生長的各種野花代表萬物。假若你在冬天去到這樣的田野，會只看到白雪或褐色土壤。而且表面上看不出有何生命的形式（空的），本質上好像是毫無特徵的田地一樣。然而，要是你在五月或六月回到那片田野，你將會發現有神奇的變化出現，田野上已經長滿了各式各樣的花朵。宛如有千萬種不同樣式的花朵一樣，其中有各個品種和每一個別品種的獨特花形和顏色。然而你知道在冬天時期的了無生機的現象其實就好像是肥沃的孕育之處，以一致的態度涵養著所有各類種子作為各種不同萬物的根源。

　　此外，韓氏發現，田野的作用不止於春天的創生，其作用持續到夏天的照顧和滋長它的每一個「小孩」，供給他們生命所需的水份和營養。其不分彼此和大小地滋長及照料所有各種不同的花卉，然而它卻不會因為這樣而受到讚賞。人們的眼睛總是對各式各樣繽紛的花朵感到眼花撩亂而卻「看不見」背景似的褐色土壤。最後土地在「沒有任何的作為」（無為）之下完成所有的工作；也就是說我們不曾看過土壤主動地做過任何事情；所有的事情的發生似乎是「天生」的。老子講到「道」時，其中屢次提到「無為而無不為」。老子理想中的統治者是以此方法統治人民，因此，「道」之於萬物就如同統治者之於人民。統治者努力地使所有人民健康地成長茁壯而且能享有與生俱來之自由自在的生活方式，而「道」卻從不歸功於自己的努力。就如〈第十七章〉末所說：「功成、事遂，百姓皆謂：我自然。」其中有一件事似乎是遵循著「道」和田野的語言類推法就是每一個別的花株，（a）是它會是什麼——就像向日葵知道它是「向日葵」，它的基因構造；和（b）度過它自然的一生，唯一的需求就是要有適合條件——必須保持它的根牢牢地種在土壤上。

　　韓氏指出，人類不會過於墨守成規地這麼作，也就是說老子似乎是假定某些發生於人類的事情為個別的（對社會而言是整體的），就像已長大成人的「被迫離開」而迷失了與「道」的聯繫。結果成人持續地失去許多他們與生

俱來的天性，而且不斷地努力成為別人而失去自己，而引導導致他們傷害自己的身體。結果，如果人類知道他們是什麼和他們能是什麼，遠離傷害地度過他們的自然歲月，他們一定要像成人的回歸於「道」。然而，「回歸於道」的真正意義是什麼？而且人們如何回歸呢？這些問題實在不容易回答，這裡我們可以簡略提及一些似乎有關於《老子》中的主題。其中一種就是《老子》希望人民能減少擁有的欲望或許能回歸至簡單的生活方式。《老子》和道家清楚的知道雖能輕易地擁有財富，其結果是擁有愈多，煩惱也就愈多，如〈二十二章〉之「少則得，多則惑。」此一觀念在道家的名詞為「知足」。

　　韓氏提出第二個方法，讓我們可了解老子的「回歸」哲學。他認為，道家必須藉由與「道」達成神秘的融合才能真正地回歸於道，在「道」之中體驗宇宙萬象的一致性——而某些形式的沉思冥想可通往此目標。沉思冥想在早期道家之重要性向來是引起學者們爭論的議題，例如，《老子》會堅持回歸於「道」的唯一方法是經由沉思冥想和神祕的經驗？他和其他的道家門人是否有確切的冥想技巧可供遵循？實在很難回答這些問題。頂多我們只能說《老子》為了某些理由，像他這樣地實踐和主張某些形式的沉思冥想，而在書中他卻不願詳述那些技巧。

　　然而，在文本的某些地方似乎一定有間接地暗示或可能地描述冥想和神秘的洞見，有關章節在〈五十六章〉的 2 至 8 行、第一章的 5 至 6 行和〈第十章〉、〈十六章〉之開頭部分。在〈十六章〉的開頭此部分似乎展示了沉思中一定要心和知覺一起作用，而能熟練身心之虛空和靜篤，然後形容可見到什麼——道家對事物的真實性質的洞察，見到所有事物的來源和返回至「道」：

致虛極，守靜篤。

萬物並作，吾以觀復。

夫物芸芸，各復歸其根。

　　韓氏以為，最後「回歸」的概念似乎明顯是《老子》希望人（如成人）完全返回到某種嬰兒般的純真、自然的狀態。然而此一自然的特質則因為教育和文化所植入的觀念所破壞。像嬰兒的成長，在社會上他們從父母和其他人身上學習到判斷各形各色的事情和行為是「好」是「壞」或是「美」是「醜」及其價值與否。但擅用這套價值和有意識的努力成為「好」或「壞」（為儒家所贊同的），最後並沒有佔優勢，道家們感覺是善良的百姓及社會秩序的和平。重要的道家名詞「無為」在某種意義上代表自然和純真：它並不是字義

上的什麼也不做，而是「爲無爲」。

〈三十八章〉說：「「上德不德，是以有德。下德不失德，是以無德。」而在〈十八章〉的「大道廢，有仁義」和「智慧出，有大僞」。所以，在〈十九章〉，老子極力主張「絕聖棄智，民利百倍；絕仁棄義，民復孝慈。」《老子》和《莊子》都說彷彿每個人出生時都有過與「道」和諧的時候，且沒有對與錯的區分。儒家的某些價值的主張如仁、義、孝、忠和禮等都是造成「道」頹廢的原因。

十三、Callahan.：〈道家的論域和觀點：自然的語言學詮釋〉〔註25〕

本文的主要目的在探討中國道家哲學文獻裡的「自然」（Ziran）。因爲此一名詞普遍被一般的中、西學者譯爲自發性（spontaneity）、天然的（natural）或自己如此（self-so）。但 Callahan 認爲那，些翻譯不僅忽略了文本的重點，而且更使人不易明瞭。因此，他提出一種不同的「自然」的詮譯，是一種特殊道家術語的語言學詮釋。試就分述如下：

（一）理性認知的自然

Callahan 指出，本文旨在探討在道家中作爲理性行爲決定基礎的「自然」，Callahan 不敢說道家是一理性的系統，但是更恰當的說法是它應同時包含理性和非理性的行爲。然而，傳統道家之譯注經常關注其非理性方面，本文則將著重在理性的行爲抉擇可能發生的結果。在《老子・第二章》中：

> 天下皆知美之爲美，斯惡已。皆知善之爲善，斯不善已。

> 故有無相生，難易相成，長短相形，高下相傾，音聲相和，前後相隨。

Callahan 以爲，「自然」是萬物的一部分，首次出現在混合編纂而成的道德經。自此以後，「自然」似乎成爲介紹道家在古典時期發展獨特的用法。道家使用源自語言學概念的自然，取代現實作風的儒家和墨家作爲有效對抗其競爭對手的常規禮儀。道家拋棄階級組織制度和慣例，呈現一種相對主義的世界觀。在此理論之下，Callahan 對「自然」譯注爲「從特殊觀點的行爲洞察力」（action-discrimination from a particular perspective），此種意義和其他學派的「從

〔註25〕Callahan, W. A. "Discourse and perspective in Taoism : A linguistic interpretation of Ziran," *Philosophy East and West*,39/2（1989:Apr.）:171-189.

習俗（禮、法）觀點的行爲識別」形成強烈的對比。道家的每一個「環節」係認清其自己的觀點且付之行動，寧可選擇自然也不願屈就社會固有的習俗。——於是，根據這種理論，我們不僅是推動我們的「道」，而是持續創造的過程。

Callahan 指出，「自然」的標準詮釋並沒有表達這種創造力，反而是顯現其寂靜主義、被動的、聽天由命的詮釋。最常見到的自然詮釋是「自發性的」（spontaneous）。此種譯注可能源自於反語言、反知識的慎到之原始道家。他假定一種唯一絕對的玄秘之道，反對中國古代的道。而且此種「道」的闡明（例如天），引發了相當矛盾的修辭方式——「已然的自發性」。此一「自發性」的觀點不是物體本身的原因。此問題是毫不保留地顯示在詮釋上只能選擇「自然的」（natural）。從此，傳統的詮釋使人類遠離了自然，然而人爲構成和諧世界的一部分，是道家的中心思想之一。整體而言，在浩瀚的中國哲學的傳統裡，對此發展在道家本身卻沒有合理的認知，直到慎到的原始道家才引發各傳統學派進一步的了解古代道家。

（二）「自然」的語言學詮釋

Callahan 指出，「自然」是道家主要的世界觀，從理論的分析來講，Callahan 自稱並不是正式的中國古文的文法學者，Callahan 發現古典中文的專用術語之間的關係。於是他利用專用名詞的字源學和文法的方法提供一種譯注，然後回到文本來看是否合於哲學的論證。

若要明白何以「自然」意謂「識別力」」（discrimination），且進一步「闡述從識別而來的行爲」，我們必須分析詞句的組成文字。「自」首次出現在古文爲一介詞，常譯爲「來自、從」。經古典哲學時期語言的發展，「自」延伸爲反身代名詞當副詞用，大概類似英文裡的自己（self）。專有名詞的字源查證是很重要的，很有可能使我們發現「自」的好幾個共通性的譯法。根據《說文》「自」之象形文字顯示爲「鼻」，故取其義，「自」字之意爲「鼻」。清代段玉裁注「自」字罕作爲「鼻」用。由此 Callahan 作一總決爲「自」之「從」和「自己」之隱喻義延伸爲文字義的「鼻」。「從」和「自己」都是從「鼻」義發展而來的。「從」爲廣義之觀察，「自己」爲其精確之狹義。

Callahan 認爲，在文法上，「自」作爲「從」用時需要跟著受詞，若是當副詞用的「自己」，則後面應跟著陳述（stative）副詞「然」，第一個選擇的譯法應該是「自己」，但「self」在英文裡是個贅詞，主要討論的重點是傾向於想像自我的象徵爲個體存在的自主性。因此，選擇避免那些在中國傳統的涵義

裡有存疑的自主性的個體存在。根據陳漢生的質量名詞的假定說法（The Mass Noun Hypothesis），古典中文是由質量名詞構成，就如英文裡的「沙」和「水」和現代英文的計量名詞一樣不含有本質的個體存在。質量名詞更適於形容代表部分與整體的關係。在古典中文裡所有的事物都是「部分」，所有的事物都是由「部分」組合而成的，這種無限制的延伸其大與小、質與量。例如「人」代表人類，是泛指所有與人有關的事物，大到從地球的人口、中國的社會人口、小到個人，個人的腳趾甲，甚至指甲裡的微分子等。

Callahan 以為，第二個專用名詞「然」的字源，較為存疑，其原始意義為「燃」，後來以「然」取代來做區別。「然」有很多不同的意義，但古文最普遍的用法是「如此」。更進一步出現在肯定語氣的用法，有點像「是」、是這樣（It is so...）。正是如此。但目前我們仍停留在包含無限的範圍而變得更樸素和優雅的「如此」。當「自」加上「然」的區分已經判定，就是「自然」意謂『「從」觀察產生明辨的行為「如此」』。此部份涉及到與人有關的談論引起持續行為的區別，然後據持續變化的情況選擇一適當的途徑，圍繞此部份和基本的有組織的傾向——知識和欲望——特性的部份。專有名詞「自然」進入識別的階段然後行動。若是我們能從觀察中明辨，則可反映出我們的慾望和自然傾向。若是我們的辨別是間接的經過社會傳統的觀察，我們將接受社會的慾望和行為，這在某些標準是和我們無關，但對道家而言，其結果是做作的和墮落。

Callahan 指出，葛瑞漢（Graham）將《道德經》和《莊子》作一比較，結果認為《道德經》有主要的規則在引導，而《莊子》則是比較針對一般人。看起來準確掌握我們要處理的章節，但若是細心地假定「自然」的意義來檢驗的話，那麼每一章節交替譯注方法更符合「觀察行動識別」。我們遭遇到在道德經第二十五章第一個困難是在譯注專有名詞的「道」，傳統上此一章節是負責說明原始之道的玄祕力量。但此處之道並不像別處出現的「道」那麼清楚，因為，它已遵循某些從中辨別的方法，換言之，「自然」或至少它使用「自然」為其方法。此可當作介於原始玄祕之道所暗示的仙道和語言學所討論的道之間的模糊界線。引用此種的「自然」除了是要挑戰絕對的「道」之外，同時也是闡述來自觀察和開啟萬物玄同的方法及已經仿效的「道」。

Callahan 最後提到，「自然」呈現在翻譯上創立一個特性，即介於做作的與真正的判斷之間並提出一個方法，讓我們得以從社會行為內在的限制規範

中解脫出來，並因此解放自己並進而創造我們的生活，闡述眞正的「德」，安然度過滿足的人生。

十四、梅維恆：《老子道德經》〔註26〕

本書，是以馬王堆的《老子》文本所作的翻譯。本文重點不在其翻譯內容的部分，而是只針對其前言和附註補充部分的某些觀點，簡作述要如下：

（一）前 言

梅氏提到，除了《聖經》和印度《博伽梵歌》（*Bhagavad Gita*）之外，《道德經》可說是世上翻譯最多的經典。已有好幾百種不同譯注之道（教）家經典被譯成英文，更不用說幾十種的德文、法文、義大利文、荷蘭文、拉丁文和其他歐洲語文的譯本。而造成翻譯甚多的理由有三種：

1、《道德經》被視爲道家（教）在哲學與宗教之基礎的原始資料。「道」的確是《道德經》的核心，也是所有中國宗教和思想最重要的部份。自然地，不同的學派、宗派帶來各種不同的「道」的觀念，但都承認存在一種包含宇宙萬物的「道」。《道德經》本身含有類似其他宗教經典之重要的觀念。

2、《道德經》之所以普遍，原因在於它的簡潔扼要。很少經典是如此簡短卻又富含思考之事。讓人可以一讀再讀幾十次也無法了解它所蘊含的洞見。

3、造成《道德經》廣泛的知名度，是因爲其朦朧的質樸：在作者自己的言論中覺得它是「甚易知」，而事實上是相當地難以完全理解。《道德經》的精華是似非而是之反論，甚至就像是學者有古典中文之有力的論據，也無法確信能領悟大師之智慧箴言的眞正意義。最近在中國湖南馬王堆發現兩種古代手抄本資料，使其可能產生全新的《道德經》翻譯，遠比之前的任何版本來得精確可靠。那些手抄本至少比通常的譯注本早約兩百五十年。這本《道德經》的翻譯是完全以那些手抄本爲基礎。藉此可去除那些努力了兩百五十年爲了「證明」傳統文本資料的詮釋和譯注更能接受各種宗教、哲學和政治勸說的因考量因素所

〔註26〕參見 Mair, Victor, tr., *Tao Te Ching: The Classic Book of integrity and the Way, Lao Tzu*（New York: Bantam Books,1990）.

造成的曲解和困惑。並且得爲此書的翻譯意義，提供不同於之前已存在的其他譯注方法。

（二）《老子》的口述背景及其時代意義

梅氏認爲，舉世的學者和其信徒都一致公認，《道德經》的作者爲老子，依其字意爲不在人世的「老師」這對一本曾經是最有影響力的書而言，是一個相當奇特的名字。《老子》必定曾有其原型存在，或多或少的是有些人創作的一組型式一致之諺語，其採取質樸藝術的政治策略卻充滿許多神秘的寓意。最後，這些法典式的古典中文諺語被寫成簡短的文體。但負責規劃這些諺語成現在的《老子》的人很有可能不只一個。我們的哲人事實上可能是一群組合的人。有些在書本中引證爲老子其人實早於《道德經》之成書日期，不可能出現在後來的文本中。綜合其他證據，梅氏認爲，《道德經》是從一或多個老子所作的一大堆的諺語中所摘錄成智慧的諺語選集。然而因爲道教和哲學的擁護者提出老師（老子）爲一個人，因此「一或多個老子」已成爲眞實之考據的一個難題。在整個後記的補充部分梅氏會採用「一個」（單數），但這絕不是承認歷史上所稱之老子爲《道德經》的唯一作者或甚至那些諺語的唯一創作者。

梅氏認爲，如果《道德經》不是一個可確認身分的作者所作，那麼我們如何解釋它的存在呢？這是非常直接的答案：《道德經》是某一時期之口述而成的作品，期間長達約三百年之久（西元前650～350）。在這帝國王權瀕臨崩潰的期間，哲人旅行於國與國之間尋求一個能實現理想的侯王，實屬普遍之常事。起初，他們的教義被口述而成，經其追隨者以同樣方式輾轉傳遞，代代相傳。最後，擁護者之中，有人承擔起簡要地紀錄老師或其門徒以古文陳述其所教導之內容。在這之後仍有其他人繼而加以增刪。因此，《道德經》是一連串地編輯和釋義所產生的結果，即使時至今日也在繼續進行中。但主要版本基本上是完成於西元前三世紀末而約五百年後被加以「改良」。

許多口述作品的痕跡遺留在《道德經》並編入各種不同的分類。《道德經》最顯著的特性之一，就是儘管簡要，卻有許多重複。反覆出現類似或完全相同的章句，可能是其有意強調某些重要的教義，但文本分析顯示，這樣的重複事實上是地方性特有的口頭朗誦。有些重複是非常相近的，例如：

〈五十六章〉（帛19）：

挫其銳，解其紛，

和其光，同其塵。

〈第四章〉（帛 48）：

　　挫其銳、解其紛、和其光、同其塵。

　　如〈三十二章〉（帛 76）和〈三十七章〉（帛 81）第一行之「道恆無名」。此外，即使有時在複雜情況之下卻有基本性質相同的隱喻。如〈十一章〉（帛 55）：

　　三十輻，共一轂，當其無，有車之用。

　　埏埴以爲器，當其無，有器之用。

　　鑿戶牖以爲室，當其無，有室之用。

　　故有之以爲利，無之以爲用。

梅氏認爲，如此的緩慢修改和變化是口頭傳遞的證明，這是賴以幫助記憶的方式。精確的檢驗馬王堆的《道德經》帛書抄本，得知其日期約爲西元前二世紀初，其中有明顯的謄寫錯誤。這可進一步表示它們當時的口頭傳承有密切關聯。抄寫者在抄寫時經常不能清楚地確定如何寫下這些聲音的語詞，而許多明顯地錯誤表示它們仍受到記錄這些語詞的聲音以替代其意義的影響。在公元第三世紀之前，在建立起被普遍接受的文本資料的同時，所有的筆誤都被修正過來。但令人遺憾的是，這些「校正」的本身就常常是錯誤的，並造成後來譯注上的許多困難和疑惑。還有很多其他的例子可證明在《道德經》成爲一部智慧之諺語的選集之前必定是口語的流傳。一方面我們面對的是完全阻隔的古諺，例如：「柔能克剛」。另一方面我們遭遇的是明顯的引文：

　　明道若昧，

　　進道若退，

　　夷道若纇。（四十一章）

梅氏指出多處明顯編輯的痕跡，以〈六十七章〉（帛）爲例，其包括兩組不同的材料：「雋永的古諺和編輯的評註」。該章開頭就說：「曲則全，枉則直……。」而同章之末尾則指認此一陳述爲一古老諺語並宣示其爲正確。在其章節欲辨認出編輯的評註並不容易，因爲他們很少這麼早做修飾語記號。然而，纂改編輯的證據很多。最常呈現的地方就是衝突並存的愚蠢解釋和詩的智慧。此外，經常用於定義的陳述——例如：「此謂……」，顯示編纂者的笨手笨腳，他怕讀者無法理解他所匯集之詩篇的訊息。很難想像老子自己做了這樣笨拙的評論。還有，包括在文本中之說明的評論（例如，是以……故……）經常被加入一些幾乎不被認定爲詩或神秘的用語。

　　梅氏指出，更進一步的《道德經》之口語根源的證據是使用記憶術和工具化的語言。那是執行計畫的遺跡，當時老子的諺語以口語傳述要比筆墨印刷來得容易多了。經常同樣的文法形式重複地出現在連續的句子裡。連環的辯論是有所偏袒的，所以整個系列的主題都連結在一起，於是：若是甲為這樣那麼乙就是那樣，若是乙為這樣那麼丙就是這樣。加上擴大應用相似的文法和語法的結構。所有這些設計是為了幫助人們的記憶和重述這些後來編入《道德經》的古諺語。〈七十七章〉（帛）可能是最具代表性，它包含整個格言的系列和沒有被編輯者加入其他東西的諺語：

　　　　知人者智，自知者明；

　　　　勝人者有力，自勝者強；

　　　　知足者富，強行者有志；

　　　　不失其所者久，死而不亡者壽。

　　梅氏認為有些章節仔細精巧地出現詩之完整的輪廓，以〈八十章〉（帛 30章）為例，有其實際的文學價值。此代表一個儉樸、美好想像之原始烏托邦，看不出有口頭文學的痕跡。像這種章節可能是個人負責為《道德經》特別創造之老子諺語最早的抄寫版本。然而，有些章節幾乎不一致。為了詳細了解編輯的干預情形，讓我們深入地了解滲透在《道德經》裡的擬似的結局。以第〈四十二章〉（帛 5）為例，含有兩個緊臨相隨系列之「結論」。其中二句都以「故」為開頭，這中間隱含有邏輯的進展優先順序。然而，第一個假定的結論似乎沒有接續先前的敘述，而第二個結論更是謬誤。〈六十二〉章甚至以結論的修飾語符號「故」作為開頭，雖然它和先前的章節並無關聯。後來的編輯者都輕易地去掉這些修飾語符號，但如此刪省已嚴重地扭曲真正文本的組合。

　　梅氏指出，另一極端的擬似結局的例子可在（帛 36 章）找到，其陳述之「是以不病」（Thus, he has no defects），除了給予演繹辯論的外表外，並無其他適用的目的。的確，往往這樣的修飾符號，如「是以」（therefore）、「故」（thus）、「為此」（for this reason），在《道德經》裡並不是真的用來連接問題和結論。然而，我們如何解釋什麼是它們通常發生的重要的接合點？答案在於資料本身的自然。最早的諺語知識之編譯程序的支離破碎是由於老子用這些和其他設計得到本文表面上的一致的結果。他們確實希望產生一個完整的原文以作為道家思想的基礎。實際上，《道德經》的批判閱讀，甚至在馬王堆版本都顯

示其急速出現是毫無推論、重複和其他明顯之說教的起源。

十五、羅浩：〈早期道家思想中的心理學和自我修養〉〔註27〕

　　羅氏此文，旨在探討早期中國思想中的心理學領域，分析是構成人的心理元素的成分，以及他們如何在相互影響、相互作用之下表現人的天生意向進而形成人的經驗，又如何藉由這些經驗之累積，轉化成為人可達到與生俱來之本性的極限。羅氏從《管子》和《淮南子》中討論這三種文本（指《管子》、《內業》和《淮南子》），以檢驗自我修養和心理學之生理基礎的理論。這些理論似乎是假定的，暗示在《老子》和《莊子》，對於了解道家的起源和發展具有決定性的資料。事實上，那些漢史學家所鑑定過的文本，留有早期道家思想的心理生理學成分的進步與發展的痕跡，即呈現其與政治因素的關係。茲略述如下：

　　羅氏指出，1980年燕國材（1931～）所撰之《先秦心理思想研究》一書，系介於西方發展已有一世紀之久的「心理學」（psychology）和沒有平行方向的古中國的「心理思想」（psychological thought）之間，是有關「心理」理論的大致分類。它並不需要包含相同的西方的假設，而是準確地呈現在先秦思想中。當羅氏贊同燕氏之需要區別一個更廣泛分類及我們所謂的「心理思想」，但從範圍很大之西方學術的心理學角度而言，他不認為只有「心理學」的名詞的使用必定帶有和心理本性有關的任何特殊的一套假設。

　　羅氏指出，所有那些使用一個共同所假設的譯注，是一種誤導而且可能使他們的努力化為烏有。這個假設就是「老子和莊子對早期的道家哲學所下的標準定義」。這個假設同時也大大地鼓舞了學術界嘗試去詮釋馬王堆發現的黃老文本。若說那些是假定「黃帝道家」的資料，則應以現有其他更基本的道家形式的資料存在為先決條件，那就是我們所稱的「老莊」。這樣的假定也引起相當無謂的爭論。例如道家哲學是否以玄祕為主或政治為主，而顧立雅就以此區別「沉思道家」（contemplative）或「有意道家」（purposive）。事實上，最早期的文本和歷史的資料顯示，很少甚至沒有證據可以讓早期道家的任何血統冠以「老莊」之名。只有一個可能的例外，就是直到公元300年才被發現。

〔註27〕 見 Roth, Harold," Psychology and Self- Cutivation in Early Taoistic Thought." *Harvard Journal of Asatic Studies* 51/2（1991）:599-651.

　　羅氏指出，在史記中，道家並未被界定為「老莊」。同時包含玄祕的和政治的道理，在哲學上提倡「質樸藝術家」和「自然主義的」政府，基於有「體道」的和諧經驗且透過自我修養技巧的統治者所監督著。

　　羅氏在此提出道家哲學應被正確的歸類於「黃老」而不是「老莊」。從上述漢史學家的記載可知，道家的出現並不同於神祕的宇宙論的「老莊」。我們發現，替代的是思想系統是攙雜宇宙論但是以「道」為終極和諧的目標並且同時有生理學技巧的自我修養，引導至「道」的直接經驗和政治的哲學上形成精巧構思之老子的無為主張。自我修養的生理學的技巧主要是「虛」的觀念，「動合無形」及「復反無名」等是我們眾所皆知為來自老子和莊子的內篇的觀念。他們同時也有包括一些新的元素，稱為「使人精神專一」。此政治的哲學是奠基於「無為」，但擴張到包括在老子和莊子內篇所沒發現的相關觀念，如「與時遷移」、「應」、「宜」、「順」等。這同時也呈現一種徹底的融合，更標示著這些已開始出現在稍晚的莊子和包括最具代表性的淮南子，此一黃老學派就是司馬談和司馬遷所謂的「道家」。

　　在此定義下，老子和莊子內篇當然不是唯一的道家哲學基礎，但仍舊很重要。其他同樣重要的文本含有非常早期的理論，討論到人性心理和專注在自我修養的心理學的基礎。羅氏將這些非傳統分類方式的「道家」名單列出。包括，有某些「法家」成分的《管子》、和折衷的《淮南子》以及被認為至少是匪夷所思的「道家」──融合《莊子》的散文和馬王堆出土的《黃帝四經》。本文將從《管子》和《淮南子》中討論這三種文本（指《管子》、《內業》和《淮南子》），以檢驗自我修養和心理學之生理基礎的理論。這些理論似乎是假定的，暗示在《老子》和《莊子》的好幾個地方，對於了解道家的起源和發展是有決定性的資料。事實上，那些漢史學家鑑定的文本留有早期道家思想的心理、生理學的成分的進步與發展的痕跡，即呈現其與政治因素的關係。

　　羅氏最後指出，推論得知《淮南子》中關係到自我修養和心理學之生理學的基礎理論，至少部分是類似在《管子》的三項文本的理論。從《管子》與《淮南子》來的三項文本清楚地呈現人類經驗之生理學基礎的理論，是從公元前四世紀時的中國就有，且是道家哲學傳統的開端。從上述討論的原始資料和證據反而顯示道家哲學──是漢史學家的「黃老」而不是魏晉文學界的「老莊」──圍繞著自我修養和政治策略進入一種以「道」的宇宙論為基礎下的和諧系統。因此，除了宇宙論和政治之外，當我們消除「老莊」的界

線時，尚有生理學、生理心理學的元素，可以在哲學的道家中看見。

第三節　《老子》研究在美國述要（三）

十六、陳漢生：〈老子：語言和社會〉〔註28〕

　　本文係陳氏所撰《中國思想的道家理論》一書之第六章。陳氏認為在古典中國哲學文獻專集裡，可應用一種「假設演繹論證」（hypothetical-deductive argumentation）的分析方法，〔註29〕以嚴格之證據支持古典中國哲學廣泛完整的理論。他認為，以西方現代哲學分析的方法，是發現統一理論而可以消除神秘最有效的方式，並且可清楚解釋隱藏在中國成型時期之思想家背後的哲學動機。陳氏的理論認為，語言不是傳統譯注表面的世界和心理想像之間或多或少的有效媒介，而是一種循規蹈矩的對談以尋求實際的行為引導。

（一）前　言

　　陳氏指出，道家的理論是因為語言學的洞察力產生了解道家的新方法。其重要精隨的理論視道家為中國反理性的神秘主義。其所謂「道」的理論是建立在語言所無法表示的。主要的理論用以解釋其所傳達的反論是其本身的矛盾。此一詮釋的理論嘗試討論的「道」是沒有辦法討論的。此一計畫，絕對可預期的是會使我們更加的迷惑。他們假定他們沒有辦法用此計劃來鞏固他們的道家詮釋為一種難以理解的推理。道家是多麼的難以理解，以至於我們無法明白地解釋，為何它是難以理解的。

　　陳氏提出，專注於語言的理論允許我們轉移從「道」到「語言」的注意力。假設語言無法表示「道」，必定是基於某些「道」和某些「語言」的原因。現在我們注意另一面可能理解的「道」，他對於語言的功能和限制是什麼？一種可理解的道家之語言限制的理論，可以解釋在何種意義之下可能反對語言學的表達。陳氏以為，如果我們改變道家的語言暗喻的理論，道家的定位可能就變得很清楚了。

〔註28〕見 Chad Hansen, "Laozi: Language and Society" in *A Doist Theory Of Chinese Thought*（New York: Oxford University press,1992）, pp.196-230.

〔註29〕見 Roger T. Ames's Reviews of A Daoist Theory of Chinese Thought: A Philosophical Interpretation by Chad Hansen, p53.

（二）慎到與道家理論的起源（Shendao and the Beginning of Daoist Theory）

陳氏指出，道家的成熟是起始於慎到的驅動，而發展成為一個義理連貫之構思理論的道家。慎到是我們只從間接和片段的資料知道的另一個哲學派別。慎到在中國思想史中的《莊子》摘要中扮演一個關鍵性的角色。他們放棄權威的「天」而以非常的「道」取代，慎到的轉折標示了道家理論的開始。因為它最先將「道」直接反映在行動的過程，所以陳氏以慎到為道家理論歷史的開始。目前為止所有我們討論過的哲學家都使用「道」這個名詞，孔子在文本使用它以鞏固他的「道」，尤其在《禮記》。雖然那些文本闡述他的「道」，這些文本文字的「道」需要翻譯成行為的形式：「正名」。行為的「道」乃意指一行動的路線而訴之於文字，係介於言談與行為之間。

（三）意義改變之假設（The Maening-Change Hypothesis）

陳氏提出意義改變之假設的理論。他認為，這決定性的轉變將導致慎到使用「道」為深奧難懂的觀念。陳氏以為這種現象已非常自然地擴展成為「道」之傳統使用的指導。其出現之理由已為早先之哲人所提過。從墨子到楊朱和孟子他們都為這一切的進行是自然或是上天的引導而爭執不已。但是傳統的紀錄認為道家採取不可言喻的解釋，而偏離一般的意義。若我們留意，所有的譯者所提供的假設譯注，使「道」之解釋意義改變，在文本裡沒有什麼發現的報告。假設「道」的神秘主義改變其意義而為道家所繼承，其哲學的主題內容和形式應該同時改變，而這改變應該極其細微以致參與者都無法察覺。哲學的興趣必定已經從實際的，轉移到像西方一般的形上學、認識論、語意學有關。不需要有明顯的動機，因為其紊亂地外表和不合理的譯注假設，這樣的傳統本身應根本地重新定義。

（四）原始道家的詭論（The paradox of primitive Daoism）

陳氏提到，因為分享傳統之「知」的概念，慎到的口號形成規範性的詭論。「棄知」並不意謂放棄真實的科學的信仰。慎到似乎有一套玄妙的主張和觀察何為真實。「棄知」的意義必須是放棄或忘掉規範性的名教；沒有知的熟慮、沒有典範、聖人和權貴。不墨守成規，讓事物自行發展。問題是「放棄法規」規定了一些事。「棄知」是「道」的規定，有點引導方向的論述。若你遵守它，你又將違背它的規定。這是我們發現的第一個詭論。可見慎到的「道」

是一種不能引導我們的「道」。

慎到的貢獻在於使「道」自然化，一旦我們了解「道」為歷史的過程，我們可以將實際的歷史過程視為「道」，要是我們明瞭就很容易掌握那是歷史的自然過程之最可行的對象。

還有什麼比自然更實際？然而，我們可以在慎到的道中找出第二個詭論，實際的「道」包括所有我們傾向去追隨和存在於教義的「道」。我們只適用「道」的知識在做，包括「道」的所有可能性。在他的論點裡不需要我們放棄什麼。老子的《道德經》追隨慎到的詭論規定，要我們放棄引導行為的知識。這意味著是要我們放棄所有論述的「道」，它同時也是多義的觀點，然而它並沒有基於實際或自然的執行「道」的概念，甚至是宿命論的暗示。事實上，陳氏提出的論點即老子終究是返回到論域的「道」。《道德經》在分析和論述這種的道的方法塑造我們和改善我們的行為。老子像慎到一樣，想要跳脫語言的社會功用。道家既敬畏又迷惑地執行語言和「道」影響我們研究的過程。道家之新視野的衝擊我們的論域才是真正的權威，而不是自然。自然是中立的，介於道家與儒家們的爭論。

（五）為和無為（Wei and wu-wei.）

陳氏以為，老子必定領悟到社會塑造我們的方法是滲透性，故瀰漫著各種反習俗主義而產生了矛盾。老子之著名的「無為」口號引發這些矛盾；「無為，而無不為」，就讓我們來檢驗這些矛盾。我們之前已經討論過「為」和「無為」這兩個關鍵詞彙。我們在討論墨子的精神時提過「無」，他的相反是「有」。「為」是名詞的「認為」、「以為」。我們同時也注意到《孟子》詳細的提到楊朱之利己主義的「為我」。極不尋常的「為」字，在古典中文扮演著顯而易見，但卻宗錯複雜的角色。「為」是指定某些行為，用於引導「老子」之觀念分門別類之命名的形式，是最接近有意行為的概念。「為」，不是有意的，在無感覺的、理性的、意識的或志願的行為。相反的，《老子》的「為」傳達社會的說服力、學術性的、回應的形式；自主的、自動的回應的相對物。「為」字，連結相信、人為機巧、刻意的去做。《老子》慣有的反論涉及整個「為」之複雜的腳色。我們應該避免任何建立在不自然的誘導、學習企圖或慾望；那些起於相信事物的種種。他的概念角色裡的口號是持續著一指導觀念的慣例和《老子》的態度的理論，其引導的方向是一種不自然的機巧。

（六）熟悉的神秘主義形式（The familiar forms of mysticism）

陳氏指出我們熟悉的神秘主義的形式引導我們採納一種不同之《老子》的「非有意」的分析。佛教和基督教翻譯《老子》時，認為它是在抨擊自我。那是因為他們認為慾望、目的，意即存在或歸屬於個人。他們認為慾望是以自然的、個人的、和自我為基礎。《老子》認為他們是連繫社會「名」和「利」。去掉「為」是免除我們社會的「企圖」、社會所誘發的欲望、社會的區別和意義結構，免除我們本身之社會的機巧和不自然的誘導，而不隨著「名」和「利」的制度所導引。那眾所周知的「為」，讓我們只能傾向自然地行為。假若佛教、基督教真的有靈感，我們應該發現道家的禁慾主義其實應該遭到貶抑。所以，由分析得來的結論表示，知識學問存在於學習名相、辨別和欲望而且無形中引導著我們。但是我們天生的自發性卻要求我們放棄這些成見，那就是《老子》「棄知」的說法。因此順著「無為」就是要放棄基於任何名、辨、慾望之下所思慮而來的行為。「無為」和「棄知」是環扣相繫的口號。如此一來卻讓《老子》留下更複雜之慎到矛盾的說法。《老子》之言仍然存在著反對的事實，卻不單存地是語言的因故，而是他的語言所加諸於我們慣有之概念上所引導的結果。他靠著配對的名稱和自然的術語，而對傳統認知的一套明辨的方法。假若我們了解他的用意，會導致我們喜愛自然而捨棄傳統的「為」，承擔明辨和選擇所引導的行為。此書某些部分有意的宣揚「忘」而不去「積累」。從此書之引導，似乎教我們不要以此書為引導。這是另一種「道」不可「道」。事實上，在開宗明義的第一章，本來就是這樣的「無為」的口號，就已經暴露出他的矛盾。其他如「道」也好不了多少，所有的引導都來自無常的「道」。

（七）不可言喻的「道」（The single, Ineffable Dao）

陳氏以為有了這些背景，讓我們仔細地審視第一章。無論是誰編輯《道德經》的傳統道家版本，在決定開頭的用詞。在這些背景的對照之下，我們應該參考其他片斷的線索。就是，我假設編者最初有意要使用關鍵的哲學宣稱作一個精準的引導我們了解這些諺語。第一章也包含了一些意義不明確且富哲學性之古典中文的範例。我們可以嘗試著假設這些並非意外，我仍然將接受它的魅力並試著採用那可以解決謎題的解釋。奇怪地，幾乎大家都同意康德謨（Kaltenmark）的第一行解釋的輪廓。他們認為康德謨所主張之玄妙而難以言諭的神秘對象是所謂的「道」。這也就是我之前所說的，〈第一章〉第一行裡談到一些它所宣稱的不可說是互相牴觸的矛盾。

　　道可道，非常道。

　　名可名，非常名。

陳氏認為這樣的共識是有問題的，因為第一行並無主張任何難以言論的事物。它擔負著既非不可言喻之單一的「道」，亦非慣常之道的實體。我們仔細地審視頭兩行，在句中「道」共出現了三次，必須分析其中有兩個名詞和一個動詞。須知早期中國的思想家將「道」當為一普通名詞使用，而不是專有名詞。專有和普通的比較試驗在中文裡是否名辭可以被修飾限定。結果「道」確實是可修飾和限定，就連《論語》和《墨子》也是一樣的作法。《道德經》指的是天道、大道和水之道。這些我們討論「道」之修飾限定的句子，通常置於形容詞德「常」之後。此概念原則上必須包含「常道」和「非常道」。這只不過難以置信的認為道家根本地改變「道」的平常關係。很奇怪的是去接受它們改變其文法使其從普通名詞變成專有名詞地作法。

　　陳氏提到，所以我們更有理由於翻譯任何（any）、一個（a）或甚至簡單地使用複數（plural）時插入定冠詞（the），即是，「道可道，非常道」（Ways that can be told are not constant ways）。第二行的文法與第一行完全一樣。不管如何，這裡有更多的譯者，於翻譯那些句子時已改為使用複數的名詞。我專注在定冠詞的議題，對於需要仰賴翻譯的讀者提供一個方法，將翻譯者的偏見作一分類。翻譯者無論在何處使用此「道」（the Dao or the Way）代替一個「道」（a Dao）。因此，在此特殊的結構，甚至在翻譯裡有「此」（the），英文的句子不需要有單數「道」的存在，因為有限制性的子句，「可以有效確認」。此依特殊之邏輯使英語的句子免去定冠詞的使用。英文的「此」道（theWay）、「任一」道（any Way）和「一個」道（a Way）甚或複數的「道」（Ways）等，其邏輯的含意都是相同的。

　　陳氏認為典型的英文翻譯主張「不可說之道，是常道」。因此第一行其所稱之為「道」，是某些無可言喻對象，是沒有根據的假設。沒有解釋其假設「道」的意義變化，造成名字修正的論點；任何慣例的制度給予文字行程不固定的引導。我們可以了解這行文字直接指向的是像孔子和墨子或像慎到所表達的矛盾或老子所闡述的「道」。即使是不考慮到這個問題，其平常的翻譯也是有文法上的錯誤。英文有子句，但中文沒有。中文裡修飾語置於所修飾的名詞之前，文法可接受的「道可道，非常道」是一個動受詞的結構。因此「道可道」，其結論可能首先是，如此做法並不是經常性的口吻。第二是如此一來將

無法產生持續進行的「道」。

　　陳氏指出，對於第一行的文字，就如我所預言的是處理有關於語言和行動，而不是形而上的哲學問題。從審視第二部份的對句，在文字上是沒有什麼好爭議的，我們可以證實此一特性。第二行解釋第一行，「道可道，非常道。名可名，非常名。」字形之使用在同義字辨別的界線上可能隨時間而改變。字詞可能改變而他們所標註的特徵是不能持續的，因此由名稱所促使的社會習性也將同時改變。

　　陳氏認為第二句可解釋第一句，因為其間關連「道」和「名」是部分與整體的關係。「道」由「名」所組成，結合「名」之知識技巧，藉由識別、慾望和實踐來引導他們的行為。也因為「名」不是恆常不變的，文字基礎的引導也不是不變的。「道」的使用是持續地使用在《道德經》之前的文學意義。意義不改變的推測是解釋「道家」必要的論點。稍後我們會看到，後來的《墨子》、《莊子》、《荀子》和《韓非子》也都在此意義上使用「道」。我們沒有發現道家語言學校正「道」字的證據。道家的確專注在分析「道」的概念，且覺得它的有趣和重要。如同其他古代的哲學家，視其為「名」之使用的系統，一個可調整和影響我們生活的制度。因此，「名」的使用可改變，由引導制度所組成的「名」也跟著可改變。

（八）「有」和「無」名詞的詭辭（The paradox of the terms Being and Nonbeing）

　　陳氏指出假若頭兩句是宣示其玄妙之宇宙一元論，那麼第三句到第六句的是不相干的岔出內容。那四句的解釋幾世紀以來始終是飽受爭議。因為在沒有標點符號和功能句的標記的情況下，造成兩種剖析假設的可能性。每一種文法的剖析都提供不同的解釋，但譯註的主題若只在語言學而非玄妙的形上學的範圍，則有趣的是兩種譯法都在持續地擴增。有一種解釋為偏向於討論有關「有名」與「無名」、「有欲」與「無欲」之間的主題。另一種解釋則在於基本的辨別「有「和「無」之間的之討論，為一變化無常做出識別的範例。

　　陳氏認為「我們無法畫清有和無的界線」！會是最接近道家相等的諺語即無「無」。恆常的自然不提供我們區別，區別是起源於非恆常之傳統的「道」。因此，我們依賴我們使用的「道」做劃分。然而，是或不是的界線在哪裡？是部分的是，或部分的不是？我們知道形上學的趣味源自於語言學的理論，而不是武斷的宣言。「有」和「無」之問題的趣味源自於語言的對比理論。從整部書

來看，我們可確信「有」、「無」的研究是最符合一致性的原則。「有」和「無」的配對或對照在《道德經》理事普遍的論題。用對照的方式，我們以《道德經》討論的「無名」和「無欲」。然而我們應該發現它與反語言、反傳統的文本精神處理相對的「有名」和「有欲」為道家的目標形成不一致的現象。所以我們接受第二個分析，進而討論「明」如何作用於「道」。針對「有」或「無」構成不同的慾望或有關態度的觀點。我們將「無」和「欲」聯想在一起當作神祕和詭辯。將「有」與「欲」聯想在一起以了解對象和結果來顯示。

陳氏指出，然而，《道德經》在〈第一章〉就已正式宣告了道的懷疑理論其有關規定的論述，以支持此懷疑主義所需的相關名稱。此一懷疑理論完全遵循著到目前為止我們研究過的所有哲學家之合理使用的理論。而其所重視的基本的疑惑的配對名稱：「有」和「無」。它們似乎有極為對立的神祕和實用的目標，而且與不同傾向的「道」有所關聯。

（九）《道德經》中的相反對立（Reversal of Opposites in the Daode Jing）

陳氏提到，老子始終一直攙入他自己的觀點，他以引人入勝的格言、詩篇等之敘述來表達普遍的道，顛覆當時社會運作模式的主流意識。當時他們的引導作用，時好、時壞。在〈第二章〉中又介紹有與無的觀念，明顯是以它們為反對「制名」的眾多例子之一。於是，這些收集的諺語完全掩蔽了當時的實際風格。譯者有很多謎題關於實際的、政治的文本焦點的謎題。但假如其核心主義是神祕的形上學，那些政治建言又是做什麼呢？為了避免翻譯的兩難，假若不以神祕形上學為其核心主義而以語言學的懷疑批判的態度，乃源自於語言為調整人的行為的社會機制之背景的假設。於是此政治的教條扮演一個使《道德經》成為實用主義的角色。老子以中國哲學對談的共通語言來解釋其觀點，其政治和實用的建言是一律顛覆傳統的政治和道德的觀點。他顛覆傳統的價值、偏好或慾望和諫言的形象也持續為儒墨的心理模式所接受。不管達到怎樣的結果終將影響社會的領導階層，《道德經》於是成為政治說客提供統治者忠告的來源。

陳氏認為，此實用的忠告是道家的「反論」。政治忠告僅是一種表明，直接的個人諫言、語帶玄機、宗教式的宣告等，皆可用來解釋語意導引的反覆不定。實用主義不同於對立之兩面取決於我們的偏好。單就一個區別就創出兩個「名稱」，在學習某些形式的一種偏好、欲求而對另一種就產生厭惡。《老子》的政治教條說明了由反覆不定的「名」和「道」所組成的「制名」。他指出，我們可

以顛覆各種傳統的偏好,「名」和「道」無法提供恆久不變的指導,而有些情況則反面的指導反而更好。《老子》處理「有」和「無」甚至有正反皆可的實際涵義,是要我們學習注意「不有」,而「無」引發我們的創造的機會。

顯然的文本是智慧箴言集或是眾所皆知的諺語之組合,卻造成傳統儒家區別明辨和選擇原則的突然改變。當傳統的智慧通常鼓勵我們去評估「有」,而《老子》卻要我們反省「無」的價值。當先前的「道」同意「仁」的主張,而《老子》卻注意到上天並非仁慈的。當所有傳統之「道」無可避免的強調「有爲」和投入進取的態度,而他的格言卻以淡然的智慧解釋「無爲」的眞諦。當傳統的價值喜好較高的、強勢的、智巧的、統御的位置,而《老子》的格言幫助我們鑑賞低位、柔弱、無知、順從等的價值。通常我們以敏銳的區別來評估「有」,而以遲鈍且不加區別來評估「無」的價值。傳統主義尊重男性,而《老子》推崇女性的價值。對於傳統的每一區別,《老子》在他的每一對互補的「名詞」諺語裡告訴我們,有一仿效語言的方式能使我們放棄偏好。

陳氏認爲,《道德經》對中國文化造成巨大的吸引力和影響,而且我們證實它是多麼合理的反面諫言。這是毫無疑問地被忠實地記錄下來,我們仍然在了解開頭幾句的精神所在,它的理想觀點必須比放棄傳統的指導和武斷地促進「道」的反面闡述更加的巧妙。我們也不應該將「反道」看成「常道」,它的觀點只能是一系列教導我們如何放棄文字給我們的引導的例子,每一項目只是幫助我們了解,在各種情況下不可以將任何堅定的闡述當成一種引導。

陳氏以爲《道德經》的作者已爲〈第二章〉的文章打好基礎,對於每一對名詞都有一個區別;對於每一區別都有一偏好的原則。有些他選擇的例子有清晰的引導名詞,但都清楚地評估其好、壞、美與醜,有些不甚清晰的名詞對句只會引導我們進入更複雜的情況。該喜好哪一個端賴我們進行的計劃和背景而定。那些名詞包括上與下、前與後、有與無等,《老子》收集的評估口號所提出無名詞基礎的引導是恆久的。假若有偏好的規則便不是恆常的,那我們如何能確定每一個區別?本質上,《老子》是反對區別嗎?我們的確認爲他所引用的反面諫言是眞誠的忠告,即使它並非所謂的常道。所有區別的知識伴隨而來的是偏好的傾向。此一洞見給予我們從作出區別的觀點提出問題的洞察力。有區別能力者,似乎處在社會所灌輸的偏好所調整與控制之下,此偏好是區別與創出兩個名詞的確切理由。然而,這些名詞並非恆久可靠的行爲引導,因爲人是有潛力接受訓練而成爲有區別偏好的能力者。然而,這

到底是好是壞？其實，又是一個非玄妙的形上學理由而拒絕區別的涵義。

　　陳氏認為，實際的爭議是提出區別的懷疑主義，從對立之認同的斷言開始，對於任何兩者之對比的名詞只有一個區別，那樣的區別不可靠地引導我們的行為。重點不在描述的內容，而是實際的面向。訓練出來的區別力對於行為的引導不是恆久可靠的。那些區別是奠基在文化動機的偏好，整體而言是不可靠的，而且他們以祕密的、不自然的方式控制著我們。

　　於是，《老子》以不同的路線轉移至慎到的位置，一個能與隱士和楊朱之反社會、反傳統的精神一致的路線。他不依賴單一的真實的「道」之概念，對於「棄知」的爭論不是宿命論就是自然主義者。他轉而爭論的只不過是「道」的知是無法恆久可靠的。我們也許可以顛倒所有的引導——知。傳統名詞裡好像愚笨的事，實際上可能是最聰明的作法。誤用區別卻可能經常是較優的策略。相反的觀點就是看到忘記區別的好處，並非毫無掩飾地提倡某些闡述對立的「道」。所以《老子》說：「為學日益，為道日損」。

（十）反論與反知（Negative Discourse, Negative Know-how）

　　陳氏認為，《道德經》的第三章仍繼續發展反論，書中的其餘部分幾乎都是在展示老子的闡述方式及其所引起的反傳統價值的思想。不積累、不教導，學習所有價值的反面意義，甚至去評估「空」和「無」的價值。這種情形造成《道德經》裡反覆呈現幾次的多義模糊的狀況，老子有時誇讚「知」、「聖人」、「學問」和「機智」，但有時卻又貶抑它們。我們可以挑出三種基本假定的「聖人」、「學問」和「機智」的「知」（know how）。第一種是傳統的「知」，在於熟習社會共同價值的區別與偏好，如儒墨。第二種是反面的「知」，知道處理相反的傳統知識。我們毫不懷疑地推測老子所認為第三種層次的「知」，是他所假設之無可替代的「道」，因此，不能置於此書中。此書的應用是相反的，重點是相反是無法表示的。

　　陳氏指出，當韓非子和黃老學派在解釋道家時，他們持反面看法而巧妙的處理政治學之認識論。他們極為反對儒道之稱為正「道」，且所有解釋反對仁慈的篇章，就好像保持人民的無知作為贊同統治者的定位。相同的，當道家與佛教合併而成為宗教，人們忘了反對的批判觀點。此反面的「道」開始被認為是老子整個「道」的理論，因此主張「道」是等同「不存在」，但他卻「存在」！依賴佛教的教義的「空」，在傳統的翻譯裡它被奉為圭臬，但這與它一致反對的風格是有牴觸的。強調「無」、「柔順」、「陰」、「母」、「暗」、「似

水」等價值是沒有必要的,因為那些區別是恆常的。有必要的只是啟發修正我們給予傳統的正面價值的假定。無論他們處於第三層次的「知」的什麼地方,「無」和「有」總是一體的兩面。

陳氏以為,無政府主義的《道德經》的確提出統治的信條以勸告統治者。其諫言經常是語出驚人的傳統名詞。要統治者保持人民的無知、虛其心、實其腹,不要使他們明瞭和受到啟迪而保持笨拙和純樸。這些章節是韓非子認為道家是支持統治者專橫的巧妙處理手段。《老子》的內容並不是在闡述統治的「道」,其以例解方式談論與其相反之傳統儒家的價值。陳氏假設,老子並不只是有意提出一個競爭的「道」,當然也不是因為儒家之可輕易地諷刺。他不想要加入儒墨之第三個極權主義之替代的辯論,他想要批判全部的行動。儒家不一致性的以為老子所陳述的「反道」為不穩定的「常道」。認為道家的矛盾只不過是儒家註解的「反論」。

十七、Kohn:《中國早期神秘主義在道家傳統中的哲學和救贖論》
〔註30〕

Kohn 指出,中國神秘主義,包括神話的詩選在學術界尚未獲得適切的關注。而本書引用的材料主要來自《道德經》和《莊子》以及某些佛教禪宗的文本。此書的第一個階段的方向,主要集中在固有中國神話傳統早期的發展。以下試分別就 1.神秘主義——經驗、操作與哲學;2.《道德經》中的神秘主義;3.神祕的「薩蠻」與「巫」。略述如下:

(一)神秘主義——經驗、操作和哲學

Kohn 認為,神秘主義的範疇可分為幾個重點:第一、這些必須是自然乍現和絕對顯示的經驗。第二、神祕哲學必須是通於人性。第三、神祕哲學的文本必須是一種克服自我主義的趨向和解放人們自私天性的方法。因此,簡單地說,神祕主義的研究,可清楚區分為神祕經驗的、操作的和哲學的三個領域。神祕主義的研究必須包含世界觀的結構和理解的形式。依此我們可為神祕主義的研究方法和步驟做一個簡單的結論:

Kohn 指出,第一階段神祕的經驗:最好是留給心理學者和醫師,由其適

〔註30〕Livia Kohn, *Early Chinese Mysticism:Philosophy and Soteriology in the Taoist Tradition*（Princeton: Princeton University Press.,1992）.

當的專業紀錄有關人們所陳述的經驗，再經過問卷調查和個人的晤談，但仍須以實驗室的實驗和專業的諮詢爲研究的基礎。第二階段神祕的操作：當然最好仍能保持在其實際活動中學習，同時也是宗教的歷史學家可接近的時候。神祕主義者經常是世代傳承的指導；因此，有很多的實際操作手冊和表格可用在純淨心靈和沉思冥想的方法上。第三階段神祕的哲學：必須注意到文本與用辭的發展及語言和詮釋的改變之間的微妙的不同。有時文本稍微告訴我們有關的具體的操作和實際的經驗是毫不相關。神祕主義的研究是以歷史的背景和文本爲基礎而且是保持抽象化。而它只能承認實際的判斷標準，在文字上的顯示仍有其處理經驗之概念化的限制。

（二）《道德經》中的神祕主義

　　Kohn 說明了《道德經》可以用好幾種方法加以解讀，如一本深謀遠慮於生存之道的哲學手冊，政治理論的闡述，機密難懂的兵法策略，烏托邦的勸世手冊，主張宇宙的科學自然等。毫無疑問的，這些範疇已經呈現在文本中。然而，對很多傳統中國的知識份子而言，《道德經》已經是一個最主要的神祕的文本。首先，它被視爲一個呈現宇宙特性之宇宙論詮釋的工作，而且提供如何完美協調地生活在這宇宙，創造一個想像中之理想的世界。

　　「道」是《道德經》最重要的基礎觀念。道，最好當作世界構成之下的有機次序的描述，因爲無法命名或知道，只能憑直覺。它無名和無意識，它也不是任意之有機的存在的次序，但因爲它是在可預期的特殊規律和次序的形式中改變的次序。如果一旦接近它，必放下智力和推理。由於無名又無意識，因此只能憑直覺的選擇和評估「道」本身。

　　Kohn 認爲「道」無法以平常的語言描述，因爲語言是自然的區別和知識的範圍的一部份。語言是世界的產物；道是超越它，四處瀰漫而無所不在。道是超越經驗與知識而且本來就存在的。它創造和建構整個宇宙的次序，然而，這只不過是它的一部份而已。因爲《道德經·第一章》說：

　　　　道可道，非常道，名可名，非常名。

　　　　無名，天地之始，有名，萬物之母。玄之又玄，眾妙之門。

人類藉著所有的感覺意識和心智能力想要得到「道」，勢必失敗。人類的眼睛和耳朵被世界的事實所限制；他們與萬物和諧相處，是基本的能力，而並非其內部有奧妙之處。道完全地超過人類的知覺。《道德經·十四章》：

　　　　視之不見名曰夷，

> 聽之不聞名曰希，
>
> 搏之不得名曰微，
>
> 繩繩不可名，復歸於無物。
>
> 是謂無狀之狀，無物之象，是謂惚恍。
>
> 迎之不見其首，隨之不見其後。

Kohn 以為，「道」是所有存在的根源，然而卻含糊而難捉摸。它創造宇宙，賦予生命的意義，而且使整個宇宙秩序，持續不斷地轉化和改變。「道」也在歷史的肇端即安排好人類社會的秩序。在那一個社會中，每個人完全參與了宇宙的次序；在尚未有意識和文化時，人性和宇宙的有機次序是分隔的。「道」是從頭至尾都是單一和協調的運作，像慈祥的母親保護、養育著萬物。《道德經・二十五章》：

> 有物混成，先天地生。
>
> 寂兮寥兮，獨立而不改。
>
> 周行而不殆，可以為天下母。

「道」持續地存在，而且在宇宙最初發展的每一個階段，總是徹底地參與進行。《道德經・四十二章》：

> 道生一，一生二，二生三，三生萬物；
>
> 萬物負陰而抱陽，沖氣以為和。

Kohn 認為，在原始的混沌階段中，「道」獨自地存在。然後，「道」在強而有力的宇宙實體中被集中。這種成為純淨有利的宇宙能源（氣），被稱為「一」。就是後來的「陰」、「陽」有關的「太極」。「一」為此集中的「道」所創造的力量，繼續進行產生「陰」和「陽」二種能量，這些依次地和諧進行合併產生下個層次的存在的象徵為「三」。這二種能量的整合是所有萬物的創造基礎，萬物與「道」在如此的參與中融入和諧的宇宙。

（三）神祕的「薩蠻」與「巫」

Kohn 提到在不同的發展的路線，「老子」和「莊子」的哲學逐漸地與不朽的「薩蠻」（shamanism）信仰合併。「薩蠻」是一種複雜的宗教現象，首次為十九世紀的人類學家所描述，是中亞和西伯利亞人的種族。「薩蠻」這個字的本身是「通古斯族」〔註31〕的起源。「薩蠻教」指的是由核心首領形成的部

〔註31〕筆者按，通古斯人是西伯利亞東部一民族，為阿爾泰語系的蒙古人及滿人後裔。

落宗教，此部落首領在中亞通常是男性，在韓國、日本則爲女性。他（她）能與聖靈接觸，此聖靈是居住於宇宙之內，祂可能以天上、地上、自然界等之神明和部落的祖先或各式各樣的靈魂、動物等或其他的方式呈現。「薩蠻」的巫師專精於出神的技巧，可讓他們自由地旅行到其他世界。他們以音樂或舞蹈輔助之下進入出神的狀態，偶而會服用迷幻藥物或含酒精的飲料。「薩蠻教」的儀式進行通常有四個明顯目的其中之一。他們可能將社區的犧牲者呈現給最高的神，或者是因爲他們想要發現一種疾病的原因和可能的治療方式。他們也可能崇拜最高靈魂和引導剛死亡的靈魂到達冥界。或是爲了學習宇宙的秘密而進入到較高層的星球。

「薩蠻」的巫師常有靈魂的幫助，出現在異性的人形身上，像動物、凶禽或猛獸。會被挑中爲傳統的「薩蠻」巫師是因爲他們具有特殊體質和出神的能力，而剛開時始會有明顯的異常行爲或疾病。「薩蠻」巫師起初需經歷兩層儀式；（一）一種啓發神靈儀式可夢到或看到另一個世界，他們時常要經歷完全的精神分裂狀態而重新建構另一個自我；（二）一個人啓靈時經過族裡傳承下來的銘記或口述的指導，可使其能發現有未知的土地，比他們原來更適合的居住地方。

Kohn 指出，最早的「薩蠻」證據出現在古代中國甲骨文中，是商朝統治者用來與他們的祖靈溝通。他們祇問神靈預言各種策略行動的結果或發現治療疾病的方法。占卜者代表君王在牛的肩胛骨或海龜的腹甲硬殼將準備的凹槽和洞的底部小心地加熱。根據產生的裂縫結果然後由預卜者解讀，經常由君王他自己有較高決定的權力判斷是否是有利。依據張光直的說法，實際的占卜練習可能與另一個世界直接以心智或口頭的溝通。像「薩蠻」巫師，占卜者或君王本身似乎已經置身於拜訪神靈和祖先的國度裏。音樂和舞蹈明顯的是儀式的一部分，酒可能也免不了。

Kohn 提到，除此之外，在很多青銅器上的動物設計，意味著動物的精神象徵，協助「薩蠻」巫師在他們的天堂旅行。有一段在左傳的文章讓這些相關問題更加清楚。張光直（1931～2001）說：

> 夏朝鑄青銅鼎器而且把動物的圖騰放在上面，以便活人了解哪些動物正在幫助人從地球穿越到天堂和哪些動物是沒有幫助的，甚至有害——在動物之中在有些是有能力幫助「薩蠻」巫師或「薩蠻」人與天地溝通的任務，而這些動物的圖騰被鑄於古代青銅禮器。

Kohn 認為，在遠古的中國政治，「薩滿教」是具有決定性的。所有的智慧和知識被認為是上天的任務，所以與另一個世界適當的溝通，是政治權力的必要基礎。在商朝，君王本身是薩滿的首領，有很多宗教人士的輔助，這些人有些可能比別人更適合稱之為「薩蠻」。這些輔助者在適當時機成了另一個世界的專家與特權。男人被稱為「覡」，女人則稱之為「巫」。韋利對他們描述如下：

> 在遠古的中國被用於禮拜神靈的媒介者稱為「巫」。他們精通古文為唸符咒驅邪的專家，有預言的能力、算命、祈雨、解夢等。有些「巫」跳舞，而在某些時候的人在跳舞時被解釋是為了引靈降臨。……他們也是巫醫，而無論如何他們的醫治方法在後來有些流傳下來，如西伯利亞人的「薩滿」，到下面的世界去找出如何安撫死亡的力量。的確中國的「巫」的功能很像那些西伯利亞人和「通古斯族」的「薩蠻」，為了方便……就以「薩蠻」為「巫」的翻譯。

十八、LaFargue：〈老子思想的用語形式和結構〉〔註32〕

本文係 LaFargue 所著《道和方法——《道德經》的合理進路》一書中第三部份。他指出，本書二個主要目標。（一）是重建道教經典的意義——一個最原始的作家和聽眾所了解的《道德經》。（二）發展成為宗教性解釋學的因素——解釋宗教理論和宗教性的文本練習。此外，本書應用了幾種研究方法，專注於基本哲學的議題，對於詮釋《道德經》的各種不同的文化層面，都有更深入的探討。茲略述如下：

（一）前 言

LaFargue 指出，本書裡應用「整合歷史的研究方法」、「精密文本注釋法」並專注在基本哲學的議題。詮釋學這種學科有其文本詮釋的歷史起源，有達到經典的、正統的、古典文本的的各種不同的文化層面。LaFargue 嘗試提出一個理論層次的詮釋學的方法問題，而且提出一些一般的原則以支撐道德經的現在詮釋的基礎。在執行這些一般的原則而且進一步解決這些問題之後，再提出重要特定方法議題的過程中重建道德經的原本意義。在方法學上，LaFargue 的目標之一是復興並且進而發展於第十九世紀和二十世紀初開始發

〔註32〕見 Michael LaFargue, "Verbal Form and the Structure of Laoist Thought", in *Tao and Method: A Reasoned Approach to the Tao Te Ching* （ NY: State University of New York Press, 1994 ）, pp.125-336.

展的詮釋學類型，特別是在這時期中嘗試使用對歷史和社會與文化背景的關注整合而成的「精密的文本詮釋法」，與針對來自遠距文化的宗教性寫作的研究所提出的最基本的哲學議題的質詢。我感到遺憾的是最近發展的詮釋學理論已經趨向於切斷譯注之三方面的連結，而且已經導致背棄恢復經典文本原義的計畫。LaFargue 希望能證明，廣泛地引起懷疑的「後現代」解釋學之有效的洞察力能重大地影響並導致更精密的方法來恢復經典作品的思想。

　　LaFargue 進一步提到，本文最主要的目的是有系統地討論並嘗試恢復道德經的原始意義。此意指 LaFargue 對於如何譯注此書的論點是非線狀的處理方式，而是以互相連結的段落來呈現。LaFargue 最後又提到，他著重在批判性的推理方法，在此所譯注道德經的事實和結果，可能暗示許多讀者的要求。基本上，我們都很樂見於詮釋學的理論能有發展與實踐的機會。關於細節，LaFargue 知道許多研究可能釋放《道德經》的光芒。而且在最後所有的歷史詮釋，像所有的歷史研究，是根據經驗而推測的事實。像一些偉大的作品如道德經，作有系統的推測可提供最有用的證據，值得我們去努力投入。

（二）了解老子學派的論辯格言（Understanding Laoist Polemic Aphorisms）

　　LaFargue 指出，一般認為，譯者只有兩個選擇，一是按文本逐字翻譯，另一選擇是直覺的猜測作者所要表達的真義，這就是所謂的「預測詮釋法」，是一種憑藉單純的推測和與作者之精神溝通的感覺。而「格言語言」不是「文字語言」。它沒有「文字語言」之簡單、直線前進的語義。然而對有能力聽得懂的人來說，他能完全地掌握格言的語意結構，適當了解文本的確切意義。而格言的語彙本身是相當精確地引導此意義。

　　LaFargue 指出兩項有關老學格言的翻譯問題。第一，一般是把老子當成基礎的真理，就是自然是可以模仿的對象，此一大膽的假設是這個基本的教義。第二，《道德經》的傳播和許多有關上天的口頭傳說片段，有時會互相抵觸。例如，這些諺語喚起「天之道」，提出上天之運作依照一致的形式可供我們模仿。但〈七十三章〉，在隱含著「天之所惡」之後的是個人在戰爭死亡的理由；又說此惡是難以預測的。「天之所惡，孰知其故？」第五章，宣稱天地是「不仁」的，但不如守中。然而第〈八十一章〉，「天之道，利而不害。」；〈七十七章〉說：「天之道，損有餘而補不足。」〈七十九章〉說：「天道無親，常與善人」。

　　就當今之解釋，那些明顯之抵觸顯示老子並非不合邏輯或不一致，而寧

可說是有關上天對待他們的方式的口頭傳說，只是儲藏各種不同應用的印象
罷了。接著，老子顯然地寧可選擇非常中立的「自然觀察」，如果人們真的遵
守其教義，那應該模仿自然，而且如果他們是認真地企圖要發現掌握自然的
法則，當然地，「高」的利益至少會當做價值，以吸引像「低」一樣的注意；
「強」的價值實際上等於「弱」的價值；「實」的價值實際上等於「虛」的價
值等等。有兩個吸引自然現象的諺語是完全相反的。〈二十三章〉：「飄風不終
朝，驟雨不終日。」；〈五十五章〉：「物壯則老。」；順從人類影響所及之範圍
的想像，而人為的刺激和消耗是老子所要避免的。這也顯示自然現象的觀察
並不是真正的道家思想的基礎。反而，我們發現在老子的諺語裡有許多含有
自然基礎的格言是涉及到自然的想像。像所有呈現在老子的格言的想像，那
些想像是被挑選出來的，因為它們過度強調老子想要促成上述的理由而顯現
其非常原始中立的自然觀察。

　　LaFargue 認為，重要的是這些有關自然的諺語需要更多的評論，就是事
實上，在典型的短篇箴言中，即使簡單的想像，卻經常地使其呈現為更複雜
的、更擴大的暗喻。例如，第八章，使用與水關聯之現象，形成兩種不同的
觀點；「水善利萬物」、「處眾人之所惡」。這兩個觀點應該屬於老子個人的智
慧而非自然的語言。因為，老子所強調的「勢」不應該為他們自己爭取高的
位置，反而要培養「抹煞自我」，盡力改善社會，此似乎意謂著個人的微賤通
常是缺少社會的正式讚揚。

　　另有兩種其他的諺語，其中之一也可能被視為基礎的教義，但應該被譯
注在自然諺語的相同段落才對。那些諺語祈願「天之道」的降臨；〈八十一章〉
「天之道，利而不害。」和祈願理想化的中國古文明的再現，如「古之善為
道者，非以明民，將以愚之。」再者，此諺語的形式可能導致人們認為老子
的產生是基於人們應該仿效「上天」和古之「聖人」為其基本的真理。然後，
慎重地嘗試去發現上天和聖人的行為，從那些真理引伸為可遵循的指導方
針，但沒有任何徵兆顯示老子有這種的觀念。

（三）柔克剛（Softness Overcomes Hardness）

　　LaFargue 指出，第一個想要處理的諺語形式是甲勝（克）乙的公式之使
用，如「柔能克剛」。欲了解這個公式需事先簡短的介紹古代中國思想的特殊
義涵，是造成人和自然的世界裡顯著改變的原因。此思想有某些類似古希臘
之「四個元素」（地、水、火、風），由事物構成之基本和活動力量組合而成

是造成改變的原因。這些力量與古中國思想有關之相同的理論是宗教習俗的**觀點**，以諺語來表示即一物剋一物，如，水剋火、火剋金等。

那些諺語的理想文法的結構的關鍵，從它們有的這些結構歸內出來的涵義，是與他們的直覺根據是相對稱的。但是他們的直覺根據缺乏系統性和自然過程的觀察對象所需的一般自然法則。但老子並沒有從他們的一般法則歸納出各種結論。由上述討論所提出的直覺根據是至高直覺的某些重要的個人品質，如「靜」、「柔」和「陰」；歷經「轉變」在他們身上培養老子所從事的那些特性。諺語的推進是可賀喜的，慶賀這些經歷所描述的重要特性如「克服」所有妨礙他們的相反的特性。《道德經》的諺語使用這個公式來展現老子所要人們所培養的某種心理狀態和品質，如，「靜」、「陰」、「柔」、「弱」等，這些具體概念的「德」，是中國古代用來解釋自然的或心理學上的現象。於是他們想進而證明老子是傾向於調和他們所修養的品質，但假若上述評論是正確的話，那就是語言學和想像力的，而不是教義和存有論的調和。

（三）《道德經》中的自我修養的詞彙

LaFargue 指出，有了這些章節和評論的計畫，接著他將轉向仔細觀察有關特殊週期性的名詞在《道德經》的使用。這些觀察將嘗試用以支持全部論文裡，有關「自我修養」的諺語意義，出現在老子其餘的相關思想。首先，某些觀察將要支持論文裡有特定關係到心理的某種狀態或品質的名詞。LaFargue 的論點是在這些相關的敘述名詞中，如「靜」、「虛」、「明」、「和」、「柔」等，事實上很明顯的是指老子學派本身所要發展的某些理想狀態或品質，其它如「母」和「道」就不是那麼明顯。

《道德經·二十六章》裡，將「靜」與外物的心理刺激作一對比，因此老子對於「靜」的解釋關係到「刺激」與「刺激之物」的論證，當一個人有所損耗時卻同時也帶給他淺層存在的「清」，此「清」與「靜」者和高位之「君」形成對比。〈五十七章〉，「好靜」形容為政者也從事「無欲」和「無為」。其內在的靜止展現在治理風格而形成民之「樸」。〈十六章〉裡「靜」、「虛」、「明」之間緊密的連結關係，也同時關係到「靜」和「根」。(「靜」和「固」密切關連到「和」，五十五章)。提到「靜」帶給人趨於「王」、「天」、「道」的宇宙狀態。〔*引王弼本為王，但王與週遍之意不符，固今大都從「全」字解。〈四十五章〉裡「靜」是「德」之具體化的力量，用以「剋」其相反，和認為「靜」是「天下模範」的宇宙狀態。〈二十八章〉，認為類似的狀態所培養的「陰」，

和〈三十九章〉所說的「侯王得一以爲天下貞」。〈十五章〉中隨著沉思的指示後德「靜」和「明」，是「保此道」（成爲虛）。六十一章說，牝常以靜勝牡。「虛」、「沖」、「窪」三個同義字出現在《道德經》。〈第五章〉之「虛而不屈」、〈十六章〉「致虛極」；〈第四章〉「道沖」、〈四十二章〉「沖氣以爲和」、〈四十五章〉「大盈若沖」；第二十二章「窪則盈」。「虛」經常有相反的聯想意義，就是「無用的」。例如〈二十二章〉之「豈虛言哉」。

LaFargue 認爲，母（The Mother）〈五十二章〉提及內在的「德」和「守」母，是一種具體化地內在呈現，然而此一具體化地內在呈現同時也是宇宙的起源「天下母」。〈五十二章〉提出「復守其母」和與之類化的「復歸其明」，關係到從世界撤回，「守弱」和「守靜」。在〈第一章〉和〈二十五章〉之「道」可以爲天下母，以「母」爲特殊名詞的使用是老子獨特的地方，因爲它不曾出現在《莊子》。很可能是與老子專注於建立一個繁榮的環境的事實有關，既是內在，也同時是外在的，和連接其對立以刺激思想。此種與眾不同的觀點造成我們不知老子最後是否源自於部份地中國的一些母系社會——導向的在地文化。這是一個頗值得進一步探討的主題。

（四）老子的「道」

LaFargue 指出，就我們所看到的《孟子》第三、四章，「道」在中國古代是一個非常普遍的名詞，尤其是在戰國時期之士階層所用於人事或政治的各自主張。《孟子》以「爲道」來形容「士」之特殊職業，以有別於一般之木匠、工匠的職業。《內業》、《道德經》和《莊子》是首先爲「道」的名詞賦予重大意義，以至在隨後發展的東亞的宗教和近來的現代西方成爲一個重要的名詞。它的普遍性在後來的文本資料也都傾向於使其成爲無一定形式性質的名詞。若是有人要嘗試將《道德經》裡原有的名詞「道」給予決定的意義，必須留意它的文化背景的文本資料、口傳之背景資料的工作，還有上述考校證據的呈現都會牽涉到它的具體生命的發展方向，LaFargue 認爲其主要意義可歸納爲下列五點：

1、有些老子的格言使用片語假定是遵循當時同時期的中文用法，「道」一般是指「正確的道路」。重點是這些諺語的大部分都宣稱某些老子的教學期望是這個正道。

2、有些格言的措辭並無斷言，而是已經假定「道」是明確地指老子的「道」。以爲「道」（四十八章）爲例，它可以譯述爲「從事老子的自我修養」，重點是使用這些措辭即是爲了將道家的自我修養和儒家之自

我修養形成對照。

3、有些格言的措辭假定「道」是指道家存在或行為方式之內在精神的自我表現。「以道莅天下」（六十章）意即讓「道」的精神引領政府的政策和領導的風格。

4、有些格言描繪「道」為具體化的力量或難以了解的內在人格。「夫唯道，善貸且成」（四十一章），談到「道」是一種提供人之完美和存在的力量。

5、有些格言描述「道」為宇宙的實體，世界的起源。

LaFargue 指出，顯而易見的，在這些各種不同的使用「道」的名詞之間，所提出一般中文對《老子》的明確意義可能的主要發展思想路線。第一組格言使用的「道」是當時中國古代的一般共同的觀念。第二組格言是老子門人正當地使用「道」的名詞用以標示他們專用的「道」，以和其他學派的「道」有所區別。在第三和第四組格言中，老子學派強調培養某種內在的心理狀態所展現自我的行為風格可能導致的意義。這種提議從實際上「道」的名稱是一種難以了解的內部的存在或力量，無論在《內業》或《莊子》的文本內容裡都可得到證實，其文章同樣的地都在反映內在的自我修養。最後，這具體化的「道」，事實上已成為主要的名稱對於老子學派存在的基礎而言，這些條件造成可能激發這些格言所描述的「道」為「宇宙」的實體，像《孟子》所說的「氣」，像《內業》所談的「精」。在這五種型態的格言中沒有嚴格的界限，他們代表的是連貫的存在。

第一組的格言並無偏離中國古代所有的一般用法，這一組假定在各種「士」階層之間對於有關「道」之存在的一些共同爭論，和他們的觀點是在鑑定某些方面老子對於「道」的忠告。這些格言中的名詞──「道」，並沒有必要與道家明確的字面意義上產生聯想，而非老子學派聽到這格言能很容易了解它的重點。四十六章的重點是老子學派主張與「道」和諧的知足，五十三章聲稱太多的財富消耗是「非道」，有別於「正道」。〈六十五章〉之「善為道」者，是「非以明民」，而是「將以愚之」。〈三十章〉聲稱，「士」「以道佐人主者，不以兵強天下」。第一章強調「道可道，非常道」，無論是各種環境之下，我們應忠於正道。〈四十一章〉說明上「士」「聞道」。

第二組的格言似乎是假定一個讀者已經了解「道」為老子學派之「道」的參考。〈四十八章〉「為道」和儒家的「為學」的對比，這是《孟子》所不同意

的。在〈三十五章〉之「淡乎其無味」，和〈六十二章〉之慶賀偉大之「坐進此道」，假定那是老子學派之「道」的教導正在進行。〈五十三章〉、〈十八章〉之「大道」，在〈四十一章〉之所謂「明道」必定是老子學派之「道」。〈十四章〉之「能知古始」，描述老子學派之道的主要脈絡。〈四十一章〉談到，它只是必然地對一般的「士」之以其貧乏的洞察力而覺得似是而非的老子學派之道似乎是可笑的。事實上以水的作用為隱喻的模式，是理想的老子學派的態度和行為表示「其於道」也。從那些章節的觀點來看「於道」表示「從老子學派的觀點」。〈三十八章〉之「前識者，道之華」，表示能洞察他人之心理的能力是老子學派自我修養訓練的一種能力。四十章「反者道之動」，意即「反」是形容一種老子學派的自我修養之內部動作的特質。〈二十三章〉的句子中，「從事於道者，同於道」，其中「道者」可述譯為「真正老子學者」。〈十四章〉的「古之道」和出現在許多章節中的「天之道」都同樣的指老子學派的「道」。

第三組，甚至對其他學派而言，「道」通常也不是明確情況下的規則的名稱所規定之行動的正確方式。它通常指的是更概括之正確本義的觀念之下，所應該激勵我們行動的方法。在這種觀念之下，最好是談到《孟子》的「道」，它是探討處理生活與政治的問題，這甚至是比老子門人的方法更為真實，既是因為他們的敵對立場所做的規定和「命名」，同時也是因為他們的中立立場而能培養出一種特定的心理狀態。假定「道」是指精神所激勵之理想老子學派的存在和行動的方式，在第四十章格言中的「弱者道之用」及第四章的「道沖，而用之或不盈」是其證據。「道」的特質為一種內在精神的自我證明，在實際上我們使用它時會有訴諸「弱」和「虛」的存在和行動方式。〈二十一章〉之「孔德之容，惟道是從」，表示老子學派之「道」為一種內在精神用以證明它本身某些外在的「德」。這種「道」的使用可能說明在萬物季節的興替是一種「不道」的例子：老子門人所要培養其內在精神的「靜」和「持之以恆」，以和興奮刺激和耗絕的循環週期形成對比。〈六十章〉的「以道蒞天下」和〈三十二章〉之「侯王能守之」指的是讓「道」的精神督導政府的政策和行為。〈三十四章〉之格言中有「大道氾兮，其可左右」和〈三十七章〉之「道常無為而無不為」也都是指「道」為一種內在的精神所激勵而成的規則。〈二十五章〉之「道法自然」，可能表示「道」是等同當它是在「自然的」情況之中的感覺。大部分的格言在此種分類之下，只有那些對老子門派的自我修養和培養的特殊心理狀況稍有瞭解的人，才可完全了解。

　　第四組，〈二十一章〉和〈十四章〉也都有描述「道」為具體化的內在人格和人們想要掌握的心理狀況。而〈二十三章〉，「道」也同時描述為一具體化之內在人格，其所敘述之「同於道者，道亦樂得之」。〈四十一章〉之「夫唯道，善貸且成」。〈六十二章〉提到「道之名」，可能指的是「道」為具體化之力量，它可指引人們能真正對萬事萬物有一個完整的了解。唯有那些投入特殊的老子學派之自我修養的人才能瞭解那些格言的意義。

　　第五組，「道」是被描述為某種宇宙萬事萬物「自然」的寶藏，且遵循〈五十一章〉、〈三十二章〉、〈六十六章〉、〈六十二章〉和〈五十六章〉等之說法。〈二十五章〉講的是宇宙的模式，十六章沒有斷言但假設「道」是高於天和地的宇宙模式。那些章節可能導致傳統周朝有關帝王為宇宙模式的觀念。描述「道」為宇宙的起源的章節有〈第一〉、〈四〉、〈四十二〉、〈二十五〉、〈五十一〉等章，將在本文之第十章有詳細的評論。那幾個章節都是奧祕難懂的，在某種意義上也唯有老子門人有涉入自我修養的經驗才可能了解此具體化的「道」，且假設這些格言都能提昇「道」與「宇宙」之和諧的基礎的重要性。

　　LaFargue 談到，如同上述之其他名詞所描述，在各種方法學和邏輯的一致性而言，「道」是與其他特殊名詞不相關的。「道」被描述為「虛」、「樸」、「母」、「無為」等。成道是致虛、靜、常、和明的結果。「道」的培養被形容為「弱」，雖然在〈五十一章〉之第一段、〈二十一張〉和〈三十八章〉中「德」的地位似乎是次於「道」的，但在〈五十一章〉之第二段、〈二十三章〉和〈六十章〉中的內容裡卻是和「道」平行的。「道」是某種「小」，傳統社會生活的「失」，又好像母親的滋養一樣（二十章之貴食母），還有「一」可說成某種「低」（三十九章，昔之得一者，……高以下為基）。「道」和「同」同時被說成「天下貴」。「道」的名（它的力量）賦予人們真正的知識（二十一章，其名不去，以閱眾甫）。它同時也可藉由達到「同」的境界（第一章同出而異名，同謂之玄）和「得母」（五十二章，既得其母）來獲得。人可「用」道（四章，道沖，而用之或不盈），就像我們也可用「牝」（六章玄牝之門，……用之不勤），用「樸」。人可守「道」、「母」、「弱」、「牝」和「靜」。雖然所有的用法都顯示其不同的意含，但「道」擁有相同之現象密切地關係到老子門人培養每一具體化的心理狀態。

（五）老子的「德」

　　LaFargue 指出，在前面幾個章節裡引用的「德」，可以發現三個主要觀念：

1、尚書的內容裡談到，如果帝王沒有良師良臣（天命），「他將無德可澤厚萬民」。這有可能關連到有些相反的例子：「如果帝王有良師良臣（天命），……當他有所犧牲的作爲時，就沒有人不信任他」。爲公犧牲奉獻的作爲，鼓舞人民敬畏其崇高的情操而有效地提供了支持象徵帝王的模範地位。它賦與帝王眞正的「天命」。此段文章說明了帝王唯有獲得眞正的天命，如果他是眞正代表賢能，他便有睿智良師輔佐而能有顯赫的利益眾生的政績。因此「德」代表一種賢能的帝王人格和政策，但對人民之的正面衝擊也有特殊關係，此一巧妙有效地「政治」力量給他帶來萬民擁戴。「德」的使用，對於統治者是有看不見的影響。

2、孟子更常宣告，「德」的意義是密切關聯到「道德」的觀念。如他主張「士」專有的特質。一個典型之「士」需修養各種美德（善、義、禮）。「德」可以爲「士」之最終德性特質提供一個綱要的參考，那是種基於尊崇和社會地位的特殊要求。因此，「德」可以和他的官位、世襲爵位或年齡產生對照，作爲「士」的要求必須尊重他人。提及最上位之統治者「張顯德以道爲樂」，是一種典範的句子代表統治者對有「德」之士的尊重，及對下屬的體恤。

3、《管子‧內業》說：「是故此氣也，不可止以力，而可安以德。」此「德」是在自我修養的環境中試煉，是一種我們賴以自我修養的內在力量。所謂「靜守勿失，是謂成德」，是一種透過我們自我休養而存在的優良特質。「日用其德」是一種我們每天生活可以使用。在這文本中，「德」的傳統意義，事實上不像我們所描述的自我修養的平靜內心狀態來得重要。也就是說那些格言似乎是相信「德」是一廣義的名詞，（如孟子所說）可以用以稱呼任何我們想到之人的美德。又有些類似我們引用《莊子》章節裡所指的「自我修養」。於此，我們的陳述，如：「性修反德，德至同於初。」虛、靜、清、寂、無爲等，那些是「道」和「德」的眞義。在「虛」、「無」、「明」之外，他加入了「天之德」……，當心無愧疚時是完美的「德」。在水的性質方面，如果它沒有混雜其他東西時會是潔淨的……，這是一種「天之德」的概念。

《道德經》的〈三十八章〉和〈四十一章〉節裡可能使用某種大致類似孟子學派的「德」：他們的觀念是眞正的「德」而不是一般人所以爲的「美德」，也不像儒家的「德」。老子學派的「德」是某種我們不依照自己的知覺而從事

的理想的事。〈二十一章〉的「孔德之容」之「德」，似乎也是使用使人印象深刻之美德的正常觀念，當它談到崇高之「德」所造成的籠統印象。〈五十四章〉，當它談到家庭、鄉里、邦國的「德」時，似乎也是使用相關的傳統觀念，也就是說以他們的一般的「善」或「大」來顯現他們的名聲。〈六十三章〉之「報怨以德」，使用的是「仁慈」觀念的「德」其相對的是「為害」。這似乎關係到其他兩個格言，即〈七十九章〉之「和大怨，必有餘怨」。和〈四十九章〉之「善者吾善之，不善者吾亦善之」。描述老子學派的「德」為一個人之特質，在於展現其對人無私的寬宏大量且不計他們的功過。

　　LaFargue 指出，另外好幾個章節在描述「德」為一種道家學派理想統治者的個人品質，且著重在表示其明確之老子學派的統治風格；小心地保存其和諧（六十章，夫兩不相傷，故德交歸焉）。而〈六十五章〉之「與物反矣！然後乃至大順。〈第十章〉提出「德」表現自己在老子學派的統治風格是從冥想得來的。自我修養之練習也可能指〈五十九章〉之陳述，其談到「早服謂之重積德」。又「德」給人極大的政治權威力量，「莫知其極，可以有國」。〈五十五章〉，談到「含德之厚」的人有魔法般地不易受傷害，可能指一種我們透過自我修養而獲得的內在力量。

　　LaFargue 指出，在〈第十章〉的「德」是某種透過自我修養達到「一」、「柔」、「無為」、「無知」和「雌」的境界。其與「雌」與「樸」〈二十八章〉，和「柔」、「弱」、「和」、「常」和「明」〈五十五章〉有相關。在〈三十八章〉、〈二十一章〉和〈五十一章〉之「德」有時是次於「道」，但有時也與「道」平行〈二十三章〉和〈五十一章〉。〈六十章〉和〈六十五章〉暗喻以「道」和「德」統治是一樣的事情，而〈四十一章〉暗喻「道」和「德」是兩種名稱但同樣的特質，為老子學派之眾多成員所指導與發展。魔法般地不易受傷害則歸因於「含德之厚」與「善攝生」。

　　在《道德經》的文本中，「道」和「德」同時也是一個人修養的心理品質的具體化名稱，然而這些格言明確地指出心的特質和某些行為的方式可以表現其心的狀態，這之間有很密切的關連。當我們透過自我修養「重積德」〈五十九章〉，在第十章的描述此「德」表其自我的領導風格為「生而不有，為而不恃，長而不宰，是謂玄德」。

　　此一面向的老子學派思想同時也在其他幾個章節裡的格言提出。例如，〈三十六章〉提到「柔」在冥想中培養，表現他本身「柔」之風格是不對抗

且不擊敗其敵人（第十章）。〈六十一章〉提到以「牝」之心情狀態來形容他的處「下」的外交政策。〈三十七章〉形容「樸」為人所培養精神之內在，表示他本身的領導風格，可以約束人民使他們不致蒙羞。

如果這一項分析是正確的，在這個格式批判的分類中包括一些其他格言，它給我們一個原則，不可能想到要列入另外重要的種類。

保此道者不欲盈。（十五章）

道沖，而用之或不盈。（第四章）

LaFargue 指出，〈第十五章〉之「此道」為老子學派的「道」，但也是內心具體化特質的名稱所激勵的「道」。人能「保有」此一內心的特質就不會渴望要得到實在的力量，「盈」呈現在世界上。〈第四章〉的格言可能是最初的見解，這裡的「道」很明顯的是指我們可以使用之具體化的心理特質。「沖」的名稱是描述相同的特質，當我們使用「用」老子學派的「道」時有已有一存在的方法那是其他人沒有感覺到確實存在的「盈」。

反者道之動；弱者道之用。（四十章）

「弱」是另一個老子學派所要培養的心理特質，第二句之「道之用」是指接受存在的方法所產生的「弱」，而「反」也是在描述老子學派所培養之內部的運作。如果我們了解這裡的「道」是老子學派所要培養，那第一句是和第二句互相對應平行。「道之動」是指老子學派自我修養之一種內部運作的操作。

能知古始，是為道紀。（十四章）

LaFague 提出以下的論證，「知古始」可能指獲得世界情況的真正了解。所以，這裡的「道」又符合老子學派所要培養的計畫本身。這種心理狀態的培養帶給我們一種從了解事實之「真正」觀點的洞察力，而這也是自我修養的主要目標之一。

大道氾兮，其可左右。（三十四章）

LaFague 指出，「道」在這裡是指具體化的心理特質所激勵的老子學派統治者的管理。其所描述的非常有彈性的領導風格，富有自我引導和存在的統治方式之意義。在老子學派生活的文本，這種類型的格言觀點似乎在闡明老子學派的「正當作法」；真正老子學派之「道」可以從個人的生活方式和自我引導的風格上得知。假若一個人的生活方式和行為迥異於格言中的描述，那是種他尚未內化於正統老子學派之「道」的徵兆。顯示這裡沒有邏輯的居間協調「道」和行為，缺乏與有關「道」的定義及我們的學術所「作出結論」，到底

如何做才是正確的。就像《孟子》的「仁」，「道」堅定的稱之爲特殊的心理
狀態直接地表示其爲某種型式的行爲。

十九、安樂哲：〈無爲〉〔註33〕

　　本文係安氏所撰《主術：古代中國政治思想研究》一書之第二章。繼上
篇〈《淮南子·主術篇》的無爲〉之後，安氏在本文中指出傳統上競爭的不同
學派，在使用相同的詞彙時卻各有不同的主張，而且很明顯的，這些常用的
語言隱藏著不同定義的觀點。安氏提出其中有一個很重要的問題，就是爲何
那些早期的思想家寧願選擇重新定義許多人使用過的專門名詞而不用新的字
詞來表達他們的批評（思想）呢！

（一）《老子》和道家的歷史觀念

　　安氏指出，在我們傳統的詮釋上有一個特別重要的問題，就是邦國政治
的理念特性，是因爲在《老子》的推薦之下而受到歡迎才能實現「道」的普
及；或是道家只是透過啓迪統治者而實現「道」的普及呢？《老子》的書是
在於使人民無知而達到政治操控的目的，或是其對象是「道家聖王」，就像「儒
家」的翻版，是在於領導他的人民趨於成就呢？

　　安氏認爲，《老子》的多義文句造成兩種譯注都頗爲適用，然而，在概念上，
《老子》的政治哲學是「有意而爲」的說法較廣爲接受。其中之一的譯注爲，「聖
王」之於人民的關係就等同於「道」之於萬物的關係；在文本中的形上哲學和
政治哲學之間確立了一致性的正面特性。在〈第十章〉和〈五十一章〉中有相
同的一段文字（生而不有，爲而不恃，長而不宰，是謂玄德）是用來依次地描
述「聖人」和「道」都無意於操控、擁有或爲了達到某些自私的目的。反而，
他們的「目標」是提供人民和萬物一個適合自我實現的生活環境。

　　安氏提到，《老子》經常用隱喻來形容人類之不被污染的本性，各種的比
喻如「樸木」、純眞之嬰兒和看似愚人的隔閡。此一原始本性爲「常」，雖然
他的原始的質樸已爲層層的「知」和「欲」所朦蔽而產生機巧和不自然的社
會習性。但是透過道家之「道」的修養可以去除被社會規範、價值和傳統學
問所覆蓋，而回歸到原始。《老子·四十八章》：

〔註33〕Ames, Roger T., "Wu-wei", in *The Art of Rulership: A Study in Ancient Chinese Political Thought*（Albany: State University of New York Press, 1994）, pp. 28-64.

為學日益，為道日損。

損之又損，以至於無為。

無為而無不為。

取天下常以無事，及其有事，不足以取天下。

在安氏的論述中認為，我們都有能力摒除曲解文明的影響，恢復我們的本性。當此質樸和純潔的人性為不變的，因此，他們仍然存在而且可以復原，此為文化的傳統其處於實際存在性和可能性之間的理想人格。與《論語》相反，在《老子》的文獻裡將「古代」理想化並不是因為它的文明發展，反而是缺少文明的結果。對孔子而言，古文明之變遷使其具體展現人類道德的成就，也成為其教學著重的根源。安氏又指出，在此對照之下，老子的蔑視此一相同文化的結果，卻導致其堅持在我們恢復自然和未污染的本性的狀況之前，不需學習傳統的知識而且拒絕所有矯飾創立的價值。數百年來，文化的急速累積而增加其表達固有人性的道德可能性，對儒家而言是極其欣喜驕傲的來源。然而對《老子》的理論而言，文化的累積加諸於一個人的本性上，就如同不自然的雕刻於「樸木」之上，實在意謂著人類身分的貶低。歷史上孔子的注解，文化的累積既是有益而進步的，然而，《老子》卻認為是有害和退步。再者，儒家傳統相信歷史之文化發展的積極環境；《老子》的傳統則只看見來自一個過去的烏托邦生活方式的一個權力轉移之變動。

（二）先秦儒家文本中的無為

安氏以為，雖然「無為」已被確認是道家的觀念，但卻也的確在儒家的政治理論中扮演一個重要的角色。討論儒家的無為註解時或許應從現存最早出現在「論語」的「無為」為解釋範例，即『子曰：「無為而治者，其舜也與！夫何為哉？恭己正南面而已矣。」』

為政以德，譬如北辰，居其所，而眾星共之。

季康子問政於孔子。孔子對曰：「政者正也，子帥以正，孰敢不正？」

安氏指出，儒家的為政者，經常地調控自己的行為，以致他對德行的表達與承諾反映在他的行動可以影響他的臣屬和人民的教化。這是以道德範例來引導和教化人民的政治主張。為政者的「無為」，因為他個人的修養，能透過與人民的良好互動，而不需以不合理的計畫要求他的臣屬。他與臣屬關係的特點就是完全沒有強迫。這些臣屬的特別體會剛好與為政者的理解一致，是

由於他們平常參與建立道德秩序的工作。必須註明的是老子和孔子之間的「無為」概念有其基本的差異，道家不願意以人性道德的範疇注解宇宙的活動，而儒家則堅持人性道德的成就和宇宙和諧的一致性。

（三）先秦道家文本中的「無為」

安氏提到，探究道家無為觀念的兩部代表典籍為《老子》與《莊子》，而「無為」在《老子》一書共出現 12 次，且顯然是「老子」的核心觀念之一。此外，還有其他的專用術語，如，「無勢」（wu-shih）、「無行」（wu-hsing）也出現不少。安氏認為要想給道家哲學一個一致性的解釋，最大的困難就是其所使用多義的文字，且傾向於使用同一措辭來暗喻各種不同的觀念。

安氏接著陳述道家也有些在整合人性與天性之間的例證，像是有人喜歡用天體的自然來作為自然行為（無為）的雛型及濾除不自然的行為方式，人性的形成創造過程並不像樹木成長般的自然競爭，但人們從其中的自然現象的發展過程，例如，樹木和它的環境的生態依存關係中得到自然的真理以及對萬物的終極認同。當人們有了這些認知之後，即可明白人之本性。道家中的至人由達到天人合一的境界，促進宇宙的和諧。我們可看到，莊子經常使用的名詞「人」和「天」來建立不同的觀念。當時老子有時也使用相同的術語來做區分，偶而使用「道」來代替「天」，卻產生許多混亂。所以安氏認為把「道」當成「天」使用是其第二層的意義。在《老子》裡所說的「天」和「天地」經常是用來表示「自然」（nature）：

> 天之道，損有餘而補不足；
>
> 人之道，則不然，損不足以奉有餘。
>
> 孰能有餘以奉天下？唯有道者。

安氏以為，由「天之道」反映出老子察覺到自然規律與順序的變化；返的原則、自然的平衡、隱含的對立、公正不偏等。但現在這規則同時也是常道的特徵，因為，天道也是它的觀點的一部分，但它並非常道的特徵，因此，「常道」也必須解釋人性的獨特是有能力生存在不同的「天之道」。也就是說「常道」和「天之道」的區分是必須為了調和人類行為，這是與「天之道」不符合的，但卻沒有凌駕於「常道」的標準。因此，安氏認為道家把「天之道」的競爭策略當作達到與「常道」合一的媒介《老子‧二十五章》：

> 人法地，地法天，天法道，道法自然。

安氏認為，雖然在此有關推論何謂達到與常道合一，是遠超過我們的目標。

但在《老子》和《莊子》中的某些章節中提到，察覺到這一整體的存在是己他二分法的調和。兩文本都描述人的目標與「常道」的本身是相容的。這引導我們達到第三層「道」的意義，因為對自然的例外來說，我們可用自然的基本原則，努力與環境一致地達成某種程度上的和諧；或是可追求生命與自然的條件不和諧的方式。安氏提到這兩種都是可能發生的結果。至人的「道」是模仿「常道」且與之和諧的生命模範形式。因此，安氏認為此種「道」的標示在《老子·三十八章》中：

> 故失道而後德，
> 失德而後仁，
> 失仁而後義，
> 失義而後禮。

安氏的推論認為，只有當自然在表達人與人的關係失去控制和不自然的行動變成陳腔濫調時，需要連接行為的標準。道家構想的至人計畫是為了使人民效法天之道，為達到統合和終極認同常道的重要意義。此一特質在老子文中可得到證明，如此可推論出天之道和道的至人（指方法）與常道和至人（指成就）之間的相互關係。以下這些特徵是「天之道」和「道」的原則，及「常道」和至人原則兩組的共相：

（1）無　為

> 道常無為而無不為。——道
> 為無為，則無不治。——原則
> 無為而無不為。

（2）希　言

> 希言自然——道
> 飄風不終朝，驟雨不終日。
> 天地尚不能久，而況於人乎？（二十三章）
> 太上，不知有之，……悠兮，其貴言。（十七章）——原則

（3）蠹與虛靜

> 天地之間，其由橐籥乎！
> 虛而不屈，動而愈出。
> 多言數窮，不如守中。——道

致虛極，守敬篤。（十六章）──原則

（4）柔　弱

反者到之動，弱者道之用。──道

弱之盛強，柔之勝剛，天下莫不知，莫能行。（七十八章）──原則

（5）不　爭

天之道：

（6）處下、後

上善若水，處眾人之所惡，故幾於道。（八章）──道

是以聖人後其身而身先。（七章）──原則

（7）自然樸實

道常無名樸。（三十二章）──道

為天下谷，常德乃足，復歸於樸。（二十八章）──原則

（8）不　有

道生之，生而不有，為而不恃，長而不宰。是謂玄德。（五十一章）
──道

「天之道」與「道」的原則，其相同之處為「至人」仍一直在努力向上，由文本中句子的平行對比可得知，例如：

天地不仁；

以萬物為芻狗。

聖人不仁；以百姓為芻狗。

天之道，利而不害；

聖人之道，為而不爭。

安氏認為，這些特性是屬於天之道與現象世界的關係或是聖人之道和人民的關係，大部分是在演繹「無為」的觀念，以不同替換的說法「追求唯有自然的活動」。就如天之道不強加任何不自然於萬物的現象，聖人也避免以使人民屈從於社會和道德的規定，禁止人民的自由發展。「無為」是老子特有的無政府主義裡的主要規範：結合環境的力量對個人最少的外部干擾，有助於個人的自我實踐。在儒家的政治理論，為政者的社會立場是順其自然的狀況，其功能在於促進社會井然有序的操作及維持生存的需要，他對人民的關係遠

不如獨裁主義的權威。他在國家地位所扮演的腳色就如同父親之於家庭。他深知為政者所扮演之自然的角色，塑造出使自己居於次要的位子。《老子·第三章》所勾勒的道家思想的形狀，或許是文本裡最能被充分理解的章節。

> 不尚賢，使民不爭；不貴難得之貨，使民不為盜；不見可欲，使民心不亂。是以聖人之治，虛其心、實其腹、弱其志、彊其骨；常使民無知無欲，使夫智者不敢為也，為無為，則無不治。

有些學者以老子第三章的「無為」思想來突出其近乎法家的心態勝過道家統治者，而且可看出故意變成道家的政治理論的強烈意識。其主要表達有道明君堅持無為的政策，開創一個人民可以自由表達他們不受束縛的潛能，以及自然地發展、完全不受污染的情境，外界賦予「有意」之名。或許最找早敘述到有道明君的態度是在《老子·五十七章》：

> 我無為而民自化，
>
> 我好靜而民自正，
>
> 我無事而民自富，
>
> 我無欲而民自樸。

因此，安氏認為道家之無政府主義是最理想的政治形態，如果是因聖人的教導啟迪之用心而硬是把政治管理的責任重擔推給他，而「無為」是唯一的政策，當進行保護自然和社會的環境時，可以避免人為的扭曲。

簡述老子所提出無為的概念，有幾個重點必須提到。第一：「為無為，則無不治。」是天之道應用於人與社會的基本功能，也就是說與政治有關的文本內容，「無為」的貢獻並沒有超越整個自然的情況。第二：文本所描述的哲學系統裡，處於個人的生長環境和自然的發展而產生濃厚的鄉音腔調。包括自我修養的基本概念，當其用於政治邏輯的決定時所提出的無政府主義。因此這些個人活動的概念在那些文本裡是根本的有機組織，個人理解的終極結果主宰其自我協調的秩序。基於此原因，政治的管理是次要的考量。故道家無為思想之無政府主義的政治理論，無法為精英的社會機制所支持而成為實際有效的執行。此意謂著當「無為」是政治行動的原則時，被摒除於「排斥政府的統治」之過於的理想化之概念的，雖是很吸引人的理論，但實際上是無法做到的狀況。

（四）先秦法家文本中的「無為」（Wu-wei in pre-Ch'in Legal Text）

安氏指出，「無為」的觀念在簡樸的法家政治理論中是一條線索，在韓非子的法家視野，認為理想的政府建立在自我管理的行政「系統」的構想，為

一種達到統治者目的之最有效的方法。此系統之首要機制爲治國目標與通用法規所編成的法典。從統治者的觀察，排除人性的成分和減少訴訟，像機器般地運轉以確保境內的秩序。此機制一旦設立和啓動，即行取締社會上不正當之活動和行爲，且發揮自動功能以確保能迅速地懲罰各種足以動搖此一系統的狂野冒險之徒。另一重要之機制爲建制專責機構及官員，而以「刑、名」的政治應用理論保持對社會的檢查，此一機構代表整個社會，其管理指揮是持續性地對其執掌無條件地負責。

　　正如道家和儒家的「無爲」註解，韓非子企圖將宇宙的操作和邦國政治的正常運作產生關聯。儒家、道家、法家對於「無爲」的詮釋是完全不同的，當三家各自使用同一個措辭來表達爲政者的理念心態時，卻在他們個別系統的文本中有基本不同的詮釋。無爲在道家的首要理論是無政府主義，相反的在法家的理論是極其嚴峻的法制用以扶持專制的獨裁主義。無爲的概念在《統治的藝術》中是前瞻性的作法，但基本上不可能是儒、道、法三家的綜合，因爲譯注上極其明顯的差異，爲了顧及不自相矛盾及實用的折衷處理方式是難以想像的。這點我們可以在著名的漢代折衷主義中討論無爲的文章得窺其全貌。

二十、史華茲：〈道德經的思想〉〔註34〕

　　繼其專書《中國古代的思想世界》出版之三年後，史氏又發表了本篇論文，除了篇幅較短之外，其內容大致上與其專書相近。或許之間有些許的變化，在兩者對照之下，或許吾人可略窺其間作者之看法是否有所改變。茲略述如下：

（一）「神秘主義」和「有機體」的秩序

　　史氏認爲，中國古代文本資料宣稱以作者《老子》爲其書名，之後又有所謂的《道德經》爲其書名，是目前被翻譯成各種文字最多的文本之一，也是所有的中國哲學中最具困難和最有疑義的一本書。它描述各種現象，如，遠謀深慮的世俗人生哲學、政治策略的論文、奧妙的軍事策略論文、烏托邦的勸世小冊或是一本主張「科學的自然論」趨向宇宙之觀點的書。而它的確提出了各種譯注的許多元素。

　　《道德經》的神秘主義並不依賴有神論的隱喻，字面上的「道」在當時的

〔註34〕見 Benjamin Schwartz, "The Thought of the Tao Te Ching," in Livia Khon and Michael LaFargue ed., *Lao-tzu and the Tao-te-ching*, pp.189-210.

其他形式的中國思想中，是一個打擊背離以「天」爲中心的代表名詞。在此的「天」常帶有某種謹慎的感覺、引導的力量；甚至在孔子的《論語》裡依然是個重要的名詞。「天」可能已經含有自然的過程，他在自然的存在可以顯現其本身的無爲，迄今「天」與人類世界的關係似乎仍然存在著和有意之天命的關連。因此，一般較喜歡用「道」而不喜歡用「天」來表示最高的境界。《道德經》可能完全知道愼思熟慮行爲（有爲），圍繞著此「天」之名詞的關連。在很特別的第一章裡，我們發現「無名天地之始」，在〈第四章〉我們發現同樣是和「道」有關的「吾不知誰之子，象帝之先。」在此之天和地不是最終極的，縱使有人可以明確的陳述它們，而所有的陳述之物都是有限的，或許他們是無始無終的。事實上，有一種明確地暗示整個確切的宇宙起源之時，亦終將有結束之時。此一難以理解之理論的最後眞相呈現在《道德經》和《莊子》文字中的基本論題，而我們在此一再強調是早期出現的中國「文字」的問題。雖然《道德經》在描述自然秩序方面沒有造成疑惑（雖然它在接受人類秩序的語言描述時，的確造成疑惑），卻發覺此一形成確定的「道」可能凌駕所有的文字。

（二）「道」

史氏認爲，《道德經》所詳論的「道」是永恆的、我們可以言明之所有確定實相的有限自然。因此文本裡著名的頭一句聲明：

> 道可道，非常道。
>
> 名可名，非常名。

除了「道」的不可名範圍外，也有它的「可名」方面和有「萬物」可以命名，影像世界中可以用來命名在《道德經》中是很「合乎常識」。然而，這世界的主要特性無論如何眞實，它的非永恆關係到它的明確極限。「道」在其難以言喻的永恆方面是不確定和無名的，它很難辨認任何可名的事物，因此，可以說它是「無」。「無」是一個實體，它回應相關過程中可命名的所有一切不確定的有限存在之物。在中立的信條之下，這種實體將無法構成神秘主義，然而《道德經》的確不是中立的。在書中的八十一章節中約有三十章節涉及神秘的範圍，而且在整個文本中是屬於最富詩意的狂野詩文。如，其他地方的神祕文學，這裡我們發現經常性地似非而是地努力在談有關不可言的部份。

> 先天地生，
>
> 寂兮寥兮，
>
> 獨立而不改，

周行而不怠。——（二十五章）

視之不見名約夷，

聽之不聞名曰希，

搏之不得名曰微，

是謂無狀之狀，無物之象。——（十四章）

大道氾兮，其可左右。

萬物恃之而生而不辭，功成而不有。——（三十四章）

《道德經》的另一主要論題是「母」之暗喻的使用，也引起我們的注意。它把「牝」提升爲「無爲」和「自然」原則的象徵，連接自然的世界到「無」的來源。

谷神不死，是爲玄牝。

玄牝之門，是爲天地根。

緜緜若存，用之不勤。

在此，谷的自然象徵是整個取決於它的空間和它的被動接納而至充滿，似乎與母性角色的性和生育有關。於是「牝」代表不武斷的、不算計的、不深思熟慮的和不是刻意獲得的聲譽和成長的過程。這些過程由「虛」而引起滿，由「靜」而引起動和由「一」而引起多。此「牝」是典型的「無爲」。然而「無」是其本身的「不可名」，被動、虛、襲常和自然的不武斷方面，到處仍然有「一」的印象，而且是象徵性的指向「無」的領域。在《道德經》裡之非關人的秩序或甚至人類生活的自然觀點，在這「自然」和「無爲」方式下運作。因此，我們可說「自然」遵守「道」，而在「自然」裡的「無」和「有」並沒有決裂。「無爲」方面的自然是「道」在「無」方面的彰顯，而「自然」於是遵守「道」。

（三）「自然」與「科學的」自然主義

史氏指出，在《道德經》裡「自然」的進行不是有目的和有意識的，雖爲表徵之母，其悲憫讓人聯想到她的關愛，但「道」是沒有天命的意識。天地是不會仁慈的，他們視萬物爲芻狗，天地是不會關心人民和萬物的幸福或痛苦。吾人的確可說《老子》的「自然」爲一種自然運作而無深思熟慮的預先安排的秩序。這確實是牠的榮耀和她的神秘。

因此，自然出現在《道德經》，就只是我們平常所經驗的自然而已。在書裡有些觀察自然的進行過程，有一特別地先佔的二元對立的自然，如，陰和

陽、光和暗、強和弱、柔和剛、動和靜，這些使我們想起對此有同樣關心的希臘（Anaximander）和（Heraclitus）兩位哲學家。一位已經發現陰陽的概念在它的抽象意義之二元互補或相反的一般原則。這些觀察和主張可能屬於目前學術界的自然觀點。檢查這些章節裡所涉及的意涵，並未曾清楚地成為「科學的觀察」。沒有任何證據證明《道德經》作者的任何的慾望以求知道個別的事物和事件或運用科學知識為目的。

（四）文本裡的二重對立之處理（The treatment of dyadic opposites in the text）

文本裡的二重對立，當無必要與「科學問題」有關時，必定會從書裡的神祕核心思考的觀點產生一個問題，那就是各種成對的名詞常被視為一致的，又有時給予不同的重要性，表示有一種不可期待之道德力量的存在。此將引起一個疑問即可能是「無價值的科學」和「神祕的」觀點。劉殿爵曾經指出，《道德經》裡的明顯「不對稱」的觀點，如，母對公、弱對強、柔對剛和被動對主動等。所有例子中，成對的第一個名詞是絕對的「優先」。它喜歡較高的「存有論」的狀況，就像水是優先於石頭，而水往低處流，再引入更深奧的感覺，比石頭堅硬。當他們發展硬、晶潔和清楚的辨別，他們就更與「有」的來源隔絕和阻斷。自然的觀察不能迥異於正確的觀察「合理數據」。

（五）結　論

《道德經》是一部複雜和不易解決的文本，它的譯注詮釋方面引起許多的爭議的討論和翻譯。它是否有整體的一致性？或者僅是一些諺語的組合而鬆散的貫連起來，使每一個人都可組合成他想要的。假若我們使用傳統和常見的分類來分析文本，可能輕易地發現許多節錄摘要裡充滿矛盾的傾向。最廣泛的見解使它出現神祕的文本集中於空想的實體，然而，不像其他的神祕主義，它是以文字呈現，而其最終的精神想像實體是比不上自然的和有機的和諧世界的本身。它似乎在抨擊所有的價值判斷，但另一方面又清楚地偏好陰陽的反與合。似乎是主張自然的或「未開化的」，甚至是原始社會之無政府主義中的完全無意的行為。然而思考到這樣的社會需要回到以往帝王時代之最「不自然」的不文明制度。

綜合上述，《道德經》可能是原始材料，然而對現代的重新註解與研究而言，要重明顯新注入整體觀點與註解於古典文本，卻因其許多內部的矛盾減

弱了他們的聲望。然而，在史氏的研究裡他反而敢在相反的方向發掘許多單一性的價值。而且仍然提出許多單一性及它的挑戰傳統分門別類的方法，因此明顯地形成《道德經》與眾不同的矛盾。

二十一、Mark Csikszentmihalyi：〈《老子》的神祕主義和「神化論」的論域〉〔註35〕

Csikszentmihalyi 指出，根據一些判準，探究這被歸類為神祕之文本的《老子》，和特別聚焦在它的神化或自我否定。他希望顯現文本的可讀性而減少傳統上神祕文本的分類，並且主張此本文之神祕經驗存在之理論的可能性，而不是那種只憑經驗所描述之神祕的類型。不只是任何依賴於整體神秘經驗辯論的定義，他還暗示了東方和西方神秘主義的二分法，而此神秘的經驗已逐漸地被明確的信念和觀點所調和。

（一）神秘主義的定義

Csikszentmihalyi 指出一些不同學者的定義：

最早嘗試為神祕主義定義的是以 Wiliam James（1842～1910）所提出最有影響力的解釋為準則，這些標準主要是「難以言喻的、純粹知性的作用」，其次是「短暫無常和被動的」。「道」已經被提出的論點是兩者都是的無法形容的，也就是說它不能在言辭中表示或傳達，而且它的知識是理性的，也就是說，不是理論上而是一種洞察力的形式，因此它滿足 James 這二種最重要的神祕標準。

Csikszentmihalyi 指出，John Koller 認為，這一個融合「道」的目標為其特性以定義文本的神祕特徵：藉由放棄欲望而讓自己進入「道」的境界，讓生命將超越於善與惡之區別上。所有的行動將從所有存在來源的「道」循序發生，而人將和宇宙合而為一。這是《老子》給生命中的惡，和不快樂問題帶來的解決方案。隨著實體內部主要原則的解決，必然達到終極的和諧。因此，基本上是神祕的。Arthur C. Danto. 將神祕經驗區分為兩種類型：西方神秘文學是一種忘我和信奉教義的文學。聖德瑞沙（Santa Teresa）在被黃金之箭射穿時是屬於一種寂然獨處之冥想的個人短暫的和諧境界。

〔註35〕見 Mark Csikszentmihalyi, "Mysticism and Apophatic Discourse in the Laozi" in Essay on *Religious and Philosophical Aspect of the Laozi*, ed. Mark Csikszentmihalyi and Philip J. Ivanhope（Albany : Sunny Press,1998）, pp. 33-58.

（二）神秘主義的不同看法

Csikszentmihalyi 指出，Rudolf Otto 在其所描寫之神秘主義三個階段的「統一視野」（unifying vision）中，其第二階段為東方神秘主義的類型：關於「多」成為主體，就統一的程度而言，就隱含承擔「多」的範圍。事實上是它存在的本質。而此時的「一」已經汲取「多」的價值真義而凝聚於本身之內，並默默地成為並保持在「多」之後的真正價值。使用這樣的定義，可能在描寫《老子》的聖人是在尋求與「道」的和合諧——以「一」圍繞著「多」的探求是神祕經驗的基礎。同樣的方式，學者已能解釋神秘主義的典型範例，和《老子》之間的相似之處，當作一個統一之神祕經驗表徵的基本認同。然而，再進一步的探究，很明顯的，其中有特定方面的「道」可用於區分其他的個體。「道」和「從」、「執」或「有」都有一致的意義，但不是互相融合。雖然已經有人認為「道」是「天命神意」，但它的確不是神人同形同性論的「智力」。「道」和「一」的關係未必是等同的，而是「道」在「一」之前：「道生一，一生二，二生三，三生萬物」。考量到個別傳統的獨特性，像是首先導致的各種神秘主義的經驗關注的，而最近更常跨越不同的傳統之神秘主義的個體問題之比較。

（三）神祕的經驗和神祕的文本

Csikszentmihalyi 指出，最近羅浩已提出假定《老子》含有「直接從神秘的操作經驗獲得的哲理」。考量第五章的「橐籥」和〈第十章〉的「專氣」致柔，和之前提到重要的「塞其兌，閉其門」等，都似乎與冥思的技巧有關。至於史華茲認為在《老子》中使用之似非而是的用法，是一種傳達不可言喻之「道」的手段，而視此為神祕文學的通用準則：「道」的外觀是永遠無法形容、不確定和無名的，它不能等同於任何可命名的事物。在這裡，就如其他所有的神祕文學一樣，我們發現其不變的矛盾之處，就是都在努力嘗試要說明這種無法說明的。Livia Kohn 認為，《老子》明顯地缺乏有形或其它神祕方法的具體描述，也不顯示其在心智的強調，對於後來各別發展的神祕文學也完全不知道。換句話說，《道德經》就如它的主張，是不明顯的一部神祕的文本。它或許可能被認為是一部理想政治或人類道德與文化衰落的作品——在另一方面，後來的傳統宣稱《道德經》是一部最重要的神祕文本。

（四）不同型態的矛盾

Csikszentmihalyi 認為，第一個矛盾型態是「知覺和實在的矛盾」

（contradiction of perception and reality），在《老子》裡有一無所不在（同時存在）的主題，就是不正確知覺所導致的假象，其措詞的形式如「某些事物似乎就是相反的某些事物」。聖人能避開陷阱，因為他不以平常的方式來感覺「道」：

　　　是以聖人不行而知，不見而名，不為而成。

Csikszentmihalyi 認為，聖人所從事的「見」，沒有明確的定義，但此定義出現在其靜止、盲目和被動所感知的影像的世界，保證比平常的知覺較為可靠。在文本中有許多假象的例子，如「道隱無名」。然而，外觀的要求可能排除二個對立元件之間的真正矛盾。這些二分法可能輕易地進入到「形式上的」與「真實的」之間，對於那些視野、行動或知識的決定。

　　第二個矛盾型態是「行動和結果的矛盾」（Contradiction of Action and Effect）「為（某事）導致（相反的某事）」的文句，這類型的矛盾通常是聖人的一個特性：

　　　是以聖人後其身而身先，

　　　外其身而身存。

　　　非以其無私耶！

　　　故能成其私

第三個矛盾型態是「自我的矛盾」（Self-Contradiction），其共同的的公式，就是「某物非某物」。在《老子》裡有直接和間接的這種公式的例子。例如第二章之「是以聖人處無為之事，行不言之教」，之前我們看到的是聖人「為無為」的方式，此模式與六十四章之不可或缺的「學不學」一定有關係。這種探討處理方式卻是很適合「無為」的主題，因此「道」是「無狀之狀」。

二十二、羅浩：〈早期中國神秘實踐脈絡中的《老子》〉〔註36〕

　　羅氏一開始即指出，漢學家和比較宗教學者之間的少數領域協議之一，就是把老子當作神秘主義的重要工作。學者從陳榮捷到史華茲是屬於前者（漢學家），而從 Walter Stace 到 Wayne Proudfoot 是屬於後者，然而，他們都廣泛地參與一般文本的了解，且應用於各種學術的貢獻。雖然這還不是全體同意的看法，但的確是絕大多數學者所同意。僅管此令人意外的一致觀點，當我

〔註36〕 見 Roth, Harold, "The Laozi in the Context of Early Chinese Mystical Praxis." in Mark Csikszentmihalyi and Philip J Ivanhope ed., *Religious and Philosophical Aspects of the Laozi*（N.Y.:State University of New York Press,1999）, pp. 59-96.

們更精密地檢視那些學者的觀念，發現他們的共同特點，即對於爲何要把神祕主義擺在《老子》文本的首要位置，缺乏廣泛的討論。

有些學者使用較不被批評的「神祕主義」名詞，就如陳漢生描述的「詩的組合、哲學的推論和神祕主義的反省」等皆爲正確但卻顯得太過於普通的觀察。還有其他的學者使用《老子》文章裡有關神祕主義的段落，再加入他們一般的理論，例如，Stace 在使用〈第四章〉和〈十四章〉神祕經驗之知識論的探討上加入神祕經驗之「目標的指示對象」的重要特質，換言之，就是真空實有之似非而是的言論。Proudfoot 用老子的第一章加入如何推測難以言喻的神祕經驗事實上是置於宗教教義之下文法規則的特性。

羅氏認爲，在 Livia Kohn 和史華茲的著作中，我們發現兩個更完整的進路。在 Kohn 所開拓的道家神祕主義研究中，她明確地認爲老子和莊子的神祕哲學是來自神祕主義的實踐經驗，且有效地闡明這種哲學爲「理論的、神祕世界觀的概念敘述、學術架構所提供的解釋及逐漸複雜之精神經驗的有系統詮釋。」然而，她想要整合幾種神祕主義理論之矛盾的進路，成爲她自己的闡述，但卻沒有成功。此外，根據她的定義，老子神祕主義的討論只是簡單的哲學分析，沒有明確地嘗試努力證明這是神祕的哲學。

羅氏認爲，史華茲所提供的幾乎不是熟練的文本分析，而是更始終如一的努力嘗試要證明老子神祕主義哲學的存在。從跨文化的基礎之爭辯，在漢學領域裡是罕見的，史華茲了解在老子的宇宙論之神祕哲學，其已知和未知之似是而非之「道」，只能透過「更高層次知識」的靈知（gnosis）能得知所有人類意義之根源。

（二）在《老子》文本中的神祕實踐

羅氏接下來提到，他的文章想要證明的是神祕的慣例爲《老子》的核心。首先他將簡述最近從《老子》中出現的歷史和宗教背景的研究。接著，將呈現我所發現的能使早期道家神祕主義的釋義更完善之重要的神祕主義元素。最後，將循序進行研究老子章節中的神祕的慣例和神祕的經驗，藉著比對早期道家神祕主義裡其他重要的文本原始資料之類似的段落，來嘗試解釋它們所具有的意義和旨趣。

羅氏提出，在與傳統觀念對照之下，他不認爲《老子》和《莊子》是道家唯一的基礎資料，也不認爲道家思想有「老莊」的學派，直到溯及到西元三世紀的「玄學」思潮，他的確對於司馬談所解釋的「哲學學派」之學派有

很大的懷疑。以現代的角度來看，清楚的自我定位和適當的組織和章程的定義，更不用說「學派」的主要存在的理由是哲學思考。

（三）《老子》中的神祕技巧

討論老子的神祕技巧應該從〈第十章〉的第二行開始，其所談到的純淨生命的呼吸和「內業」篇有相似的題材。第一個「神學」（apophatic）的觀點，應用在早期道家的實行，經常呈現在我們的資料來源，是要將我們的感官知覺減至最小或整個去除。我們有實踐和忠告諸如此類的證據，所關連到老子的一些章節，例如〈五十二章〉：

> 塞其兌，閉其門，終身不勤。
>
> 開其兌，濟其事，終身不救。

這在〈五十六章〉裡有相似的迴響：

> 知者不言，言者不知，
>
> 塞其兌，閉其門，
>
> 挫其銳，解其紛，
>
> 和其光，同其塵。
>
> 是謂玄同。
>
> 故不可得而親，不可得而疏，
>
> 不可得而利，不可得而害，
>
> 不可得而貴，不可得而賤，
>
> 故為天下貴！

上述兩段文字意味著限制有用的結果或去除在《老子》中之概念的範疇，如，感官的知覺、欲望、情緒、自私的執著等。

二十三、羅浩：《原道：內業及道家神祕主義的基礎》〔註37〕

羅氏指出，本書所代表的意義除了「文本的考古學」上的研究之外，更有進一步揭示這些失去或忽略已久的文本，和它們的重要性之詮釋。這是一種以現代比較研究的立場進行文本中之「神祕經驗」的研究調查。羅氏認為清楚的理解這些神祕的性質將有助於幫助文本的詮釋。除此之外，羅氏比較

〔註37〕見 Roth, Harold, *Original Tao: Inward Training（Nei Yeh）and the Foundations of Taoist Mysticism,*（NY: Columbia University Press, 1999）.

〈內業篇〉與《老子》皆為早期道家的作品，但其編纂之內容及方式呈現出
〈內業篇〉有早於《老子》的現象，茲略述如下：

　　羅氏認為，因為沒有可靠的歷史根據，證明我們現在知道老子是純屬傳說
的人物。有關他的《老子》仍為作者真偽不明之著述，他完整的寫作日期不早
於公元前三世紀初，一部不完整的版本最近被發現於湖北郭店楚墓，年代約為
公元前三世紀。我們也知道這文本的可能假定，是老子的學生列子和文子於公
元四世紀時所仿冒。羅氏想要呈現他如何處理在「老莊」缺席之下的道家問題。
藉由傳統的參考書目和最近的一項調查研究成果，認為整個戰國時期和漢初經
常以為是道家的文本，都在文本鑑別的意見之下屈從於三種大概的分類如下：

　　1、宇宙論：以道的優勢力量統一有秩序的宇宙

　　2、心靈的修養：達到道的過程中，心與知的空無直到深奧經驗的寧靜境
　　　　界。

　　3、政治思想：應用宇宙論及其方法之自我修養的統治問題

　　在此分類的基礎下，吾人可組織早期道家文本的來源成為三種大概的哲
學型態或定位，那就是個人主義道家、原始道家和融合道家。

　　第一類型是以莊周的《莊子》內篇和《管子・內業篇》為主，記載的年
代約為公元前四世紀的中期，獨特的屬於宇宙論和個人主義的內在轉化引導
至神秘的經驗，達到統一的方法。史華茲稱之為「神秘的靈知」。此一類型被
稱為「個人主義」，因其關注在個人修養而實際上缺乏社會和政治的關懷。

　　第二類型包括《老子》和《莊子》第八到第十篇及內篇中〈齊物論〉等
的原始主張。它別包含宇宙論和個人修養的個人主義類型，但加上政治和社
會的哲學，建議回歸到簡單的生活方式並與一些主張均分公地主義結合。此
早期道家文本類型依史華茲和葛瑞漢之說稱之為原始道家。

　　第三類型為一般哲學定位的道家早期文本，稱為融合道家。此為完全代
表倖存的文本，例如，從馬王堆出土的《黃帝四經》，幾篇出自《管子》的文
章，在《莊子》和《淮南子》的融合道家的主張。此類型的標誌為存在相同
的宇宙論和自我轉化的哲學，除了前面所提以外，在此建議統治之術，強調
政治和宇宙秩序的和諧之指導原則，以及融合社會和政治的哲學，借用早期
法家和儒家相關的想法，而保留在道家宇宙論的文本。此一類型之道家文本
提供了道家影響性的定義基礎，根據著名的史學家司馬談的講法，一些學者
慣之以黃老的稱呼。

（二）早期道家神祕主義之文本中的〈內業篇〉

　　羅氏提到早期道家三種哲學的定位由共同的脈絡連結，以和早期的學術傳統共用宇宙論和神祕的自我轉換的辭彙有所區別，這種共用詞彙的區分有助於認清早期道家的分類。此外這種共用詞彙的線索，起源於一個一般的冥想操作訓練，首次在「內業篇」（Inward Training）有明確地敘述，羅氏稱之為「內在的修養」（inner cultivation）。這個內在的修養的練習和富含宇宙哲學的意義，使它成為後來道教的神祕操作。因此，「內業篇」是最能被充分理解為早期三類道家所共有神祕練習之現存的最早陳述，包括，迄今仍被視為傳統本文的唯一基礎——《老子》和《莊子》。此外，還有更重要的理由去相信它比那兩部比較著名文本的完成時間更早，如，我們在第五章所顯示，可做為現存最早之一般神祕操作的敘述，並且是道家最早成書的文本，〈內業篇〉可以說是真正呈現的「原道」。

　　羅氏指出，「內業篇」中提倡的自我修行的操作，其本質上是神學的方式，就是透過「無」、「忘」、「虛」等系統性處理一般自我經驗基礎之知覺的內容（知覺力、情緒、欲望、思考等），此有系統的虛空過程導致一種極深的寧靜狀態，直到經歷一個完全集中的整個內在意識充滿光明而不羈絆於自我存在的感覺。因此，聖人至此已是轉化為無私、公正、堅定和絕無僅有的，能夠自然地和睦地回應任何出現的狀況，而能發揮其神聖的影響力。難怪這些訓練成果為統治者所喜愛，能成為賢明君王，幾乎是明顯神授的，其伴隨的智慧不只能有效地統治，還能達成個人的成就。

（三）何謂「神祕主義」

　　羅氏指出，雖然「神祕主義」一詞已經不再嚴苛地被用來指稱各式各樣的從神靈的視野到心靈念力的不尋常人類經驗等，而且已經被視為理性與譴責的對立。但是宗教學者已經發展出一種比較明確的定義。隨著 William James 的《宗教經驗之種種》*The Varieties of Religious Experience.*一書於 1902 年出版之後，現代的西方開始了這種跨文化研究的現象。神祕經驗成為宗教經驗的附屬，可呈現出不同特性的分類：1、神聖不可言的：他們是難以言喻的；2、純理智的：他們傳授對基本的事實可靠的了解；3、變化無常的：他們稍縱即逝；4、靜止不動的：雖然採取行動研究，當人有實際的神祕經驗時就像其意志力被中斷，而覺得能掌握並且「擁有較強的力量」（grasped and held a superior power）。隨著 James 的引導，學者從 Evelyn Underhill 到 Robert Forman 都從事

於「神秘主義」的研究，而後來又循著 Peter Moore 所勾勒出明顯的說法：

> 神祕哲學的分析包含質詢的二條交疊處理線：一方面確認和分類這神祕經驗的現象學特性，另一方面調查經驗之認識論和存在本體論的狀態。第一條線的質詢通常把重心集中在疑問此神祕經驗的報告，基本上是否有相同類型的文化和宗教性的傳統，或者，是否他們是明顯的不同類型。在第二條線上的質詢重點在，疑問是否神祕的經驗是純粹主觀的現象，或者是神祕主義者和其人所宣稱之客觀有效的和明顯的形而上學。

沿用 Morre 所勾勒出第二條線的質詢，能從統一的神祕經驗裡面區分為二種神祕主義的基本形式或類別，Stace 的客觀指涉（objective referent）：第一類「有神論」（theistic），是一種統一的一神論或上帝存在論。第二類「一元論」，是一種單一的抽象力量或原則。大體上，有神論的神祕主義以基督教、猶太教、伊斯蘭教和印度教的許多門派為主，而一元的（monistic）神祕主義則以佛教，印度教的一些門派和早期的道教的〈內業篇〉、《老子》及其他相關本文為主。因此有可能出現這些現象學和存有論的四個不同類型的組合：「外觀的」（extrovertive）和「內觀的」（introvertive）一元的神祕主義」（monistic mysticism）；「外觀的」和「內觀的」有神論的神祕主義」（theistic mysticism）。除了神祕經驗和神祕哲學以外，〈內業篇〉的研究還牽涉到有關各種其他方面的神祕主義。Carl Keller 為「神秘的作品」提供一個合理的定義，如〈內業篇〉：

> 「神祕的書寫」是處理終極的知識的本文：藉由它的本質、它的樣式、它的情況，它的方法……等，……如此的「神祕的書寫」是討論每一特別的宗教，必須提供對於終極知識的理解路徑、而且文本必須是包含知識的性質有關的陳述。

羅氏指出，Keller 進一步區分九種文學類的「神秘的書寫」：格言、自傳、所見紀錄、詮釋、對白、訓令、祈禱、宗教詩和小說等。雖然 Keller 主要從西方的資料著手，但仍有些類別是呈現於〈內業篇〉和早期道家資料，如，《老子》。的確，這兩部詩句諺語式的文本可歸類為宗教詩的格式。〈內業篇〉的「內在修行」訓練部份當然也包含在「訓令」的範疇。如果我們延伸資料的範圍擴及《莊子》，則可發現其中有格言、詮釋和對白的呈現。

基於《淮南子》所稱之「神化」（numinous transformation）也出現在〈內業篇〉的章節中。這種轉化可發生於聖人不經深思熟慮的有意行為，因為，

他們已直接地經歷「道」是如何引導他們自己的所有原則和現象。保持「道」的經驗足以成爲外觀的神秘主義經驗。它的確很適合用在出自《老子》之知名的成語：(聖人)「無爲而無不爲」。然而，羅氏總是以爲這是指缺乏企圖和自我爲基礎的活動，不過，經過這個神秘的共鳴，它的意義也可以包括聖人「神化」事物的能力此一觀念。

（四）〈內業篇〉與《老子》的關係

羅氏提到，從那許多的討論之中浮現一個問題出來，就是〈內業篇〉如何與《老子》產生關聯。其實兩者的關係很接近。根據 William Baxter 的說法，兩者都是屬於早期道家文學特性相同類別的部份，而目前分析兩文本之間呈現之共同的神祕的操作、神祕的經驗和神祕的哲學。至於此兩文本之間的主要不同之處，除了《老子》有較長篇幅的形上傾向外，就是〈內業篇〉裡沒有展現其政治題材的興趣，這是比其他著名文本出色的地方。

羅氏指出，Mair 曾經提出，因爲文本裡主要是詩的格式，所以，《老子》在成書之前可能經過一段時間的口頭的傳遞，因此，押韻與不押韻之詩律與詩句較之散文格式更容易朗誦與記憶。LaFargue 也同意這個看法，並且分析這些作者如何書寫爲文本，將每一獨立的單篇詩句組合成我們現在所知的作品。LaFargue 宣稱，那些歷經創作和傳遞過程的單篇詩句，後來被組合成爲完整的作品，而這些參與的人可能是團體的成員，繼葛瑞漢之後他較喜歡稱之爲「老子學派」（Laoists）。

羅氏最後提出，儘管〈內業篇〉與《老子》同爲作者眞僞不明之道家哲學詩的作品，但《老子》明顯地呈現較爲複雜的編纂，相對的〈內業篇〉的內容主要是簡單的詩句。如 LaFargue 所發現，《老子》文本中有許多額外追加的組合線索，就是將獨立的詩句和格言編造在一起。由此可見，〈內業篇〉的編纂方式呈現出比《老子》更早期的口頭傳統之獨立詩句所重新彙編作品。

二十四、萬白安：〈瘋狂而理性的《老子》〉 [註38]

萬氏的這篇論文之詮釋文本是以 Mair 之馬王堆《老子》文本譯本和參考劉殿爵的《道德經》譯本爲主，但章節則以王弼注本爲依據。在文中萬氏分

〔註38〕Bryan W. Van Norden, "Method in the Madness of the Laozi," In *Eassays on* Mark Csikszentmihalyi and Philip J. Ivanhope, eds., *Religious and Philosophical Aspects of the Laozi*,（1999），pp.187-210.

別討論《老子》的方法論、社會的視野、宇宙論和神秘主義等主題，茲略述
要如下：

（一）前　言
《老子・四十一章》：

　　大方無隅，大器晚（免）成，

　　大音希聲，大象無形

萬氏認為，《老子》成為有影響力的文本，甚至遠超過它在本土的文化的影響
程度。雖然《老子》常被借為不相干的使用，但萬氏認為它是一部義理前後
非常一致的文本。其中前後一致的理由，是其許多生動活潑之革新的理想社
會觀點，已超出文本所關注在神秘主義、宇宙論以及萬氏所稱之為「道德原
則的反論」（the ethics of paradox）。換言之，此一神秘的文本內容不僅是一
致的，而且其許多義理還自然地緊跟著一個核心觀點。以下將為作者之核心
觀點的注釋作一綱要之概述：

（二）三種方法學的異議
　　萬氏指出，有些人反對（提出異議），認為《老子》文本的一致性是不合
邏輯的說法。因為，即使採取重要的「著作者的意圖」（authorial intent）的觀
念，還是沒有一個作家可為《老子》的根源做出負責的解釋。然而，除了單
一的原始作品來源之外尚有其他方法可給予文本的一致性。萬氏提到，剛開
始要書寫那些《老子》諺語的紀錄，必定被隸屬於該計畫的某些觀念所引導。
此外，它一旦成書之後，逐漸發展成本國的注釋之傳統，成為後代保存和譯
注《老子》的文本資料。而那些本國的傳統知道《老子》為一致性的作品，
於是，至少有明顯的理由相信文本有某種的一致性。還有其他的人反對，認
為必須假定我們可以了解文本，才能努力找出《老子》中的一致性，而且必
須假定這一定要忽視《老子》為神秘之作品的特徵，甚而將我們西方之強求
一致的合理性強加於《老子》文本之上。不可否認的，我們是以某些假定的
探討方式來處理文本的一致性的問題。然而，我認為這其中之區分「無效」
（disabling）和「有效」（enabling）之間的假定是很重要的。但是處理文本的
問題不可能沒有某些假設，如果缺少各種假設，我們的經驗將只不過是憑空
散佈、徒增困擾而已。如果假定是「有效」的，終就能幫助我們與他人溝通，
以及了解和處理我們週遭的世界。

　　到底什麼樣的假定對《老子》是合理的？萬氏認為只有當我們在使之合理化的過度狹隘的觀念出發，且即使不適合文本卻仍僵直地維持這樣的觀念的情況之下，這種假定才是無效。假定文本是合理的，萬氏提到他認為極少是基於人性的動機和價值之下，才施予同情的理解它是一致性的作品。而且通常我們這種初步的（可作廢的）詮釋假設可能是處理文本的方法。然而，在此並不允許我去做辯護，因此如果有讀者不同意這種一般的詮釋原則，我建議她去看陳漢生的著作——《中國古代的語言和邏輯》（*Language and Logic in Ancient China*）當成參考的策略。

　　萬氏表示，他同時還掌握有更爭議性的問題，就是我們可以在鬆散地論文裡正確地呈現《老子》是具有一致性的觀點及其含有非矛盾的世界觀。這與之前所談到的一致性是不一樣的，（例如，我可以有一致性的意圖造成你的混淆，在此情況下我的言論可能有理論上的不一致）。再怎麼說，希望他的《老子》文本的詮釋理論的各種主張皆能配合得宜。此外，我承認避免以鬆散的格式寫些有關鬆散的短篇論文是矛盾的說法。我們必須謹記，雖然文本可以容許推論的解釋，即使它的作者誤解理論的價值。

　　萬氏最後指出，有些反對他似乎假定有一正確的文本譯注的方法學。事實上，他沒有做這樣的假設。首先不同領域的讀者可以從不同方法成功地了解文本。語言學者、社會歷史學者和哲學學者確定能彼此學習，但因為他們從不同角度提出問題，所以會從不同的文本得到不同的答案。甚至從同一種學術的原則，我們可選擇焦距在許多複雜的文本上的各種不同觀點。我在此提出的譯注並非想要為《老子》下定論，或許最重要的是記得任何假定是容易成為無效的。於是，我們必須為《老子》缺乏各種一致性或不合理的可能性作好準備。除此之外，我們還可以從《老子》的其他各方面哲學觀點的討論中獲益。然而，我將證明的是在某些方面，我的譯注是比其他競爭者更為成功。

（三）核心的社會視野

　　萬氏以為，根據《老子》的敘述，社會充滿了許多缺失：

　　　朝甚除，田甚蕪，倉甚虛，

　　　服文采，帶利劍，厭飲食，貨財有餘，

　　　是謂盜夸，非道也哉！」（五十三章）

萬氏認為，一個社會問題的普遍反應（亦可見於我們現在的時代）是需要一個溫和仁慈、不分貴賤的時代，是一種在道德墮落的影響之前的新主張和選

擇。我認爲那是一種精確的社會洞見所賦予《老子》活潑的生命力：

> 天下多忌諱，而民彌貧；
>
> 人多利器，國家滋昏；
>
> 人多伎巧，奇物滋起；
>
> 法令滋彰，盜賊多有；（五十七章）

萬氏指出，《老子》對於失去存眞之當代社會所提出的批評。部分的矯揉做作是由於知道太多的區別。有了區別之後就會有價值的比較，有了價值比較就會有嫉妒、不滿足和競爭，因爲事物有了好的區別，自然就會有壞的區分：

> 天下皆知美之爲美，斯惡已。
>
> 皆知善之爲善，斯不善已。
>
> 是以聖人處無爲之事，行不言之教，萬物作焉而不辭；
>
> 生而不有，爲而不恃，功成而弗居；
>
> 夫唯弗居，是以不去。（第二章）

換句話說，我們不會覺得不美麗除非我冠以社會共同的「美麗」標籤，去和其他人作比較。同樣的道理，說謊也不會發生在我們身上，除非「誠實」被冠以德行的標籤。而社會不會被分化成「有」和「沒有」，除非有人擁有被視爲奢華的物品。在人們傾向於做出區分的其中含有語言學的區分，「只要我們開始對事物作出區分，就有了名相。」然而，完全消除語言和名相是不切實際的：

> 名亦既有，夫亦將知止；
>
> 知止，可以不殆。（三十二章）

萬氏以爲，根據《老子》的描述，造成社會墮落的狀態之原因可能是不自然或無可避免。不像基督教傳統之亞當的墮落（descendants of Adam），我們可以回到原來的狀態（antelapsarian state）。其關鍵是要統治者他允許人民自然地和無自我意識的行爲。

> 我無爲而民自化，
>
> 我好靜而民自正，
>
> 我無事而民自富，
>
> 我無欲而民自樸！（五十七章）

萬氏認爲，終極目標是回復到「原始的農業烏托邦」。在這些烏托邦的特徵是沒有好奇、忌妒、譴責、「較高文化」和自我意識。人民過著純樸但卻優質與滿足地生活：

小國寡民，使有什伯之器而不用，

使民重死而不遠徙，

雖有舟輿，無所乘之；

雖有甲兵，無所陳之；

使人復結繩而用之，

甘其食、美其服、安其居、樂其俗，

鄰國相望，雞犬之聲相聞，民至老死不相往來。（八十章）

萬氏認為，《老子》的原始主義是像這樣的「柔和」之變化。柔和的原始主義描繪著『「一個黃金時代」與繼起時期的比較』，只不過是希臘之亞當與夏娃之墮落的連續狀態之延伸。相對的，「嚴苛的原始主義」是想像「原始的存在形式為一真正地野蠻狀態，而隨著科技和知識的進步使人類幸運地跳脫那樣的生活模式」。那些相信嚴苛的原始主義（如在早期中國傳統之《墨子》、《荀子》）強調人類心智的力量和文明的利益。然而，此一暗示，為《老子》之柔和的原始烏托邦無法容納知識和更高的文化：

絕聖棄智，民利百倍；

絕仁棄義，民復孝慈；

絕巧棄利，盜賊無有。

此三者以為文不足，

故令有所屬。

見素抱樸，

少私寡欲。（十九章）

（四）宇宙論

萬氏之論述，任何政治的洞見，像這種主張放棄聰明巧智，即使教育社會的行政管理組織沒有告訴我們宇宙如何形成，但在沒有干預之下，仍將造成一個秩序井然的社會。例如，社會「進化論」的「適者生存」說法，對於沒有政府的干預，社會終將更美好，而有了一個合理的解釋。此外，「放任主義」的主張，信賴於供應與需求之「看不見的手」的機制。而《老子》裡的「道」扮演相同的腳色：

有物混成，先天地生。

寂兮寥兮，獨立而不改，

周行而不殆，可以為天下母。

> 吾不知其名，字之曰道。（二十五章）

「道」是不用人類的干預，卻可引導人類的社會至最佳的狀態：

> 昔之得一者：
>
> 天得一以清，地得一以寧，
>
> 神得一以靈，谷得一以盈，
>
> 萬物得一以生，侯王得一以爲天下正。（三十九章）

萬氏認爲，有兩種方式用以形容「道」的「卓越性」。它的卓越是無心地，因爲它創造、給予生命、維持天地和萬物之間的合諧運作：

> 故道生之，德蓄之，長之育之，亭之毒之，養之覆之。（五十一章）

「道」是卓越的規範，因爲它是人類聖人的模範。聖人是以「道」作爲自己行爲的標準。

> 人法地，地法天，天法道，道法自然。（二十五章）

（五）神秘主義（Myticism）

萬氏認爲，聖人本身爲了模仿「道」的作爲，他們必須有某種相關的「知識」。但「道」不是一般知識的對象或一般的語言：

> 視之不見名曰夷，
>
> 聽之不聞名曰希，
>
> 搏之不得名曰微。（十四章）

萬氏指出，因爲「道」不是一般語言的對象，如果它是完全不可知的，它必定是神祕知識的對象。在哲學和宗教的研究領域裡，「神祕主義」是一個一詞多義和爭論的名詞。在此萬氏認爲「神祕主義」的定義是一種宇宙自然的重要行爲指標的「知識」，無法以語言文字作適當的表達。《老子》明顯地透露了某種「不言之教」：

> 知者不言，言者不知。（五十六章）
>
> 道可道，非常道，
>
> 名可名，非常名。（第一章）

萬氏認爲，現代西方神祕主義很明顯地從典型之社會和政治的議題化分開來。然而，它是一種不能成立的預設，去假定它和中國的傳統是一樣的眞實，這對《老子》而言暨是政治又是神祕的。的確，因爲《老子》的理想是無深思熟慮和無知無識的社會，而文本裡必須掌握最重要的各種知識以訴之於文

字。如果，最重要的各種知識以訴之於文字，那麼在社會上就會有人扮演著那些保存、教育和譯注那些文字的角色。但這樣的知識（主要是儒家）已從《老子》的烏托邦裡排除了。此外，雖然《老子》的烏托邦（utopia）裡容不下知識，裡面卻有聖人的腳色。使得文本必須握有某些個人擁有的，某種特殊（非口語）的知識以符合常例。於是，我們有了神秘主義的最基本的特質，我稱之為：某種無法訴之於文字的，某種特別重要的知識。

　　萬氏指出，其他有些人在譯注者《老子》的「神秘主義」時，有比他更精確的意義，不僅牽涉到上述詳細說明的特徵，而且還達到「神秘與終極的基礎實體聯合」（mystic union with the ultimate ground of reality）的目標。然而，「聯合」（union）與「統一」（unity）在各種神秘主義扮演不同的重要腳色。例如，在印度文化的神祕者可宣稱進入到死後的未知世界所幻覺看到「萬物合一」（all is one）或「與神同在」（that are thou）。在猶太教、基督教或伊斯蘭文化的神祕者可能宣稱已達到（至少暫時）「與上帝合諧」（union with God）。在另一文化之神祕者可能宣稱認識有機整體的所有部份（潛在的合諧）。那些不同之神祕的視野分配了重要的不同腳色和「統一」（unity）的重要意義。《老子》主張此一獨特的整體所提出的建議如下：

　　　　道生一，一生二，二生三，三生萬物；

　　　　萬物負陰而抱陽，沖氣以為和。

　　　　人之所惡，唯孤寡不穀，而王公以為稱。（四十二章）

第一部分的段落認可有一真正多數的事物之存在；換言之，基本上每個事物不可能是完全相同的。然而（第二段的解釋），我們可以達到某種程度的整體——整體的合諧。選擇此合諧的整體（如第三段的綱要）是成為「孤兒」、「寡婦」的部件，都是從我們大家庭切斷。因為暫時的規則（本身無法模仿「道」）是以此方式切斷和它們的目標承所擔痛苦的後果。

（六）道德原則的反論

　　萬氏認為，這神秘之整體的結果是矛盾的，這與在古代的觀點和一般的看法是相反的：

　　　　大直若屈，

　　　　大盈若沖，

　　　　大成若缺。（四十五章）

在反論的強調與上述所描述之文本的政治視野恰好密切吻合。根據《老子》

的描述，當時的社會是混亂的，人民無法確認眞正的德行：「上德不德，是以有德。下德不失德，是以無德。（三十八章）」。當人民找出當時所有的社會問題時，其結果只不過是愈加衰落。此外每一個有爲的努力都助長從社會消除無爲的目標。於是，眞理變得徹底的荒謬：

> 下士聞道，大笑之，
>
> 不笑不足以爲道。（四十一章）

萬氏認爲，一般而言，《老子》的道德原則可描述爲一種「道德的反論」。「道德的反論」有三方面：

第一是它的「無爲」。如眾所周知，「無爲」不是寂靜主義，而是「無事先預謀、無深思熟慮、無精打細算、無刻意的行爲」。因此理想的社會沒有批評的言行和知識的詭辯，最高尙性質的行爲必定是「無爲」。

第二方面的「道德原則」的反論是「陰」剋「陽」的偏好：

> 天下莫柔弱於水，
>
> 而攻堅強者莫之能勝，其無以易之。
>
> 弱之勝強，柔之勝剛，
>
> 天下莫不知、莫能行。（七十八章）

爲了分類的便利，我將指定「陰」剋、「陽」的偏好爲「抱陰」的主義。在一對，抱「陰」是與「相反的」強調互相結合：

> 反者，道之動，
>
> 弱者，道之用。（四十章）

第三方面的「道德原則」反論是「反」（顚倒），其事實是事物改變至它的對立面的傾向。因此：《老子》曰：

> 故物或損之而益，
>
> 或益之而損。（四十二章）

萬氏指出，劉殿爵曾經提出，有一張力介於「反」和「抱陰」之間（通常之譯注爲）：

「反的定義」是經常譯注爲「道」是造成所有事物經歷循環的改變過程。是一種無可避免地由「弱」發展成爲某種的「強」的過程，但當此一過程進展至其極限時，轉換到相反的衰弱過程，由「強」再變得「弱」。《老子》裡的箴言是要我們應該「支持柔順」，但如果循環的注解是正確則這箴言是站得住立場的。假若因爲剛強與柔順之間的牴觸而要我們激勵支持柔順而後出現

的獲勝，如果柔順成爲剛強在它的獲勝的時候，此獲勝不是曇花一現。如果這是眞實的，則此一箴言就無法付之實現。

萬氏指出，劉氏以其不凡的見識，提出「反」（reversal）爲一種不對稱之行進過程：衰弱——是無可避免。發展是必然的對稱是無根據的——事實上，不僅發展不是必然的，是緩慢、逐漸的進展過程，必須審愼的努力以維持所有的步驟。

萬氏指出，當劉氏覺得強迫放棄對於「循環」的「反」之理解時，陳漢生卻認爲，《老子》實際上喜愛「陰」甚於「陽」。《老子》無法一致地純粹主張另一期望的系統，是完全相反於傳統的系統。它的批判哲學理論暗示我們終究必須放棄所有的系統（智慧），包括相反的系統（智慧）。

萬氏指出，陳氏認爲文本是有療效的（therapeutically），就如同對讀者之闡明：

> 就「道」而言，其評價是相反的。此有助於我們瞭解傳統的「道」不是恆定不變的。我們的方向是傾向於期望或嫌惡某種事物與某種傳統的描述或名相的關連。典型的評價伴隨著我們的名相而無法使之「反」（顛倒）；在某些情形我們可以給予較低的評價，和貶低財富或美麗。

萬氏認爲，困難的是陳氏的譯注無法作出公平的評判，因爲《老子》裡有許多的段落明確地支持「負陰」。事實是《老子》不只提出「我們可以想像系統的價值完全與傳統的價值觀相反」。他更精確的提倡這樣的理論：

> 曲則全，枉則直，
> 窪則盈，敝則新，
> 少則得，多則惑。（二十二章）

（七）結論（Conclusion）

萬氏指出，他的《老子》詮釋是，從一個可能的假定開始，時間和文化的鴻溝使我們爭論不已，但我們可以理解《老子》爲一部前後一致的文本。萬氏特別地根據它的社會視野的核心，認爲人類是在一個無知、無自我意識之烏托邦的原始狀態，而繁榮起源的，因而呈現出其文本的可讀性。雖然這烏托邦被理想統治者所使之重現和繼續維持，與其說是那些統治者不是高度修養之澈悟豁達的君王；不如說是那種神祕的洞察力所賦予「道」的能力。就是這種「道」使一切萬物趨向合諧，提供人類行爲效法的對象。效法「道」

涉及到「抱陰」和「無爲」的形成。

《老子》是一部優良的文本，只有無情的人才會對八十章之理想社會的描寫無動於衷。就像「天地之間瀰漫著甘露」，所以「不用命令人民，平等將是自然的產生」（三十二章）。但我們不要忘記，《老子》並沒有強調原始社會的觀點。在烏托邦裡的大部分的兒童在他們長大成人之前將會死於疾病。成人將從黎明即辛勞地在田野工作到黃昏，很少有休閒的時間，在年頭不好時將有大飢荒。除非有人接受《老子》的宇宙論，否則沒有理由相信，那將是一個無威迫、盜賊、謀殺，甚至偶而的政治迫害發生在原始的社會。

萬氏引述葛瑞漢所提出，《老子》「像哲學詩人一樣，其結構有助於闡明效法並通過人生許多的分岔點……」。此一陳述含有許多眞理，並且有助於解釋此作品之永久的價值和廣受推崇的原因。此文本同時也能扮演價值的角色，在鼓勵我們懷疑此平靜普通的假定——「陽」總是「陰」最合意的選擇。而我們同時應該也知道我們可能會輕率地使用任何《老子》所表達之概要的觀念。

二十五、劉笑敢：〈《老子》的哲學核心價值探究〉〔註39〕

劉氏於本文所提出的觀點爲「自然」是老子思想的核心價值。對於這一點，國內學者袁保新曾提出看法，回應劉氏的觀點。劉氏於本文中針對「自然」的議題有深入的探討，茲略述如下：

（一）前 言

劉氏認爲，此篇關於《老子》的哲學的核心價值，其目的在於提供一個視野——那個最基本的訊息和《老子》五千言的書，將指出存在著主張「自然而然」的理想，進而在所有的人事中自然而然地發展（自然地行動或者讓事物獨自發展）。「自然」是老子思想的核心價值，而「無爲」是了解這行動價值的原則或方法。

劉氏指出，觀察那些經常使用不同的觀念，我們知道，在《老子》文本中時常討論到「無爲」和「道」，從那裡我們似乎能歸結這些觀念，是書中的主要論點。然而，事實上此一論點的核心價值是「自然」。老子的哲學的主要論點是價值的問題：「《老子》的價值視野中滲入了自然、認識論、方法學和

〔註39〕見 Liu Xiaogan, "An Inquiry into the Core Value of Laozi's Philosophy," in Mark Csikszentmihalyi & Philip J. Ivanhoe ed., *Religious Philosophical Aspects of the Laozi*（Stae Uniniversity of New York Press, 1999）,pp. 211-236.

編年史上的論點，並且實際應用在政治、軍事策略、社會關係、個人行為和自我修養的領域上。」因此，視《老子》為政治、軍事策略或者氣功的一本手冊，也不算是多大的扭曲。但通常這種解釋無法更深入地發現文本裡所賦予之既真實又一致的《老子》哲學。對「自然」的敬畏是最能從散播於儒家歌功頌德的學說中，區分出道家體系的價值特性。

有必要釐清《老子》所說的「自然」和本文所探討的「自然」是指「自然地行為」或「讓事物自我發展」而不是在自然世界或環境觀點的「自然」。從《老子》尊敬「自然」的價值，有人可能推論他會支持環保和生態平衡的保護；然而，老子他自己從不直接地主張環保主義的立場。

（二）自然和無為

劉氏認為，「自然」和「無為」這二項觀點，在頗具特色的《老子》哲學中，是有相當顯著的特性，並且明顯地扮演相當重要的角色。甚至有人可能懷疑說，一個思想者是否是一道家或者已經被道家想法影響，可從其是否從事並且主張自然的理想看出，而無為可以視為決定的一個標準。有人甚至說，一個思想者是否從事並且主張「自然」和「無為」的理想，可從一個思想者是否已經被道家想法影響，以視為決定的標準。然而，這二項觀念很難以傳統的哲學架構去做任何精確的認定，我們也無法在存有論、認識論、方法學或編年史的範圍上找到一個適當的位置。如〈二十五章〉中的「道法自然」，和〈三十七章〉的「道常無為而無不為」，「自然」和「無為」顯然地被用於深奧難懂的「道」，因此似乎是宇宙論和存在本體論論的觀念。如〈四十八章〉中「為學日益，為道日損」，和〈四十七章〉之「不窺牖，見天道」和〈五十六章〉「知者不言，言者不知」，皆指出「自然」和「無為」的原則和認識論有一些關係。在某些句子，例如〈六十三章〉，「為無為，事無事，──是以聖人終不為大，故能成其大。」所以他們看來似乎有相反、相成的辯證哲學的關聯。如〈五十七章〉中「我無為而民自化，我好靜而民自正」或〈六十四章〉「以輔萬物之自然，而不敢為。」指出他們的可能提出之政治理論的境界或者統治的藝術。在〈六十九章〉中有一敘述：「吾不敢為主而為客，不敢進寸而退尺」，似乎是屬於軍事策略的領域。〈七十五章〉之觀察，「夫唯無以生為者，是賢於貴生。」是一自我修行的原則。如此，發現自然和無為似乎跨越了政治的範圍，軍事科學的應用，和個人的自我修行等所有各種不同的哲學區分。因此在傳統哲學的現代分類裡面很難為他們找到一個適當的定

位，更難以為它做任何精密描述或分析。因為傳統的西方哲學的思想和觀念裡沒有符合「自然」和「無為」的理想和範圍，所以在研究中國哲學歷史之學科的這一個主題上已經是相當天真和表面的。當有人重視這些觀念的重要性時，此一情形在道家而言是很不適當的觀念。但是當現代哲學理論的架構被當作一個工具，來分析傳統的中國哲學的時，必會遇到的基本的困難。而這個基本的問題在研究道教時也是常有的。

劉氏指出，「自然」和「無為」的初步研究結果，是這二項很少被彼此區別的觀念或很少有做過任何的深度調查，通常這二項觀念可彼此交換地被合併使用。例如，一位學者說：「《老子》提供「自然」用以解釋不用人類的努力，讓事物獨自地自我發展，而且沒有人知道這是如何發生的」；這只是一個簡單地描繪，無為是《老子》整個文本的中心觀念。」「無為」在《老子》中被當成核心的觀念，可見「自然」只是這種狀態的描述。陳鼓應也說：「自然」與「無為」是老子的哲學的一個最重要的觀念。當老子提到「自然」的想法時，是指陳述一種不需要稍微的努力，而讓事物在自我協調中得到自由發展，而「無為」指的是主張遵循事物自然進行的方式而不加入絲毫的人為努力。這一說法在於強調「自然」和「無為」之間的類似性，然而。劉氏仍繼續注意兩種概念的區分：自然指的是事物在自我協調中得到發展的這種狀態。勞思光（1927～）也認為「無為」應是《老子》的核心價值；他說：『此一「無為」的觀念是《道德經》的核心思想』。

劉氏指出，為何，即使有人說與其說「無為」，倒不如說「自然」是老子的核心的觀念。畢竟這是《老子》五千個言所嘗試傳達的主要的訊息。在回答這一個疑問之前，我們首先要仔細思考這二項觀念如何地關聯。大多數的學者已經視「自然」和「無為」是同一個想法。然而，在最後的分析之下，這二項觀念雖不至於互相矛盾，但卻也不是完全相同的。「自然」是一個肯定的名詞用來描述某些事件或事物發展的狀態，而「無為」是一個否定的名詞針對人類的行為上的限制。「自然」是描述生命的存在和特定事情或事物發展狀態之最普通的方法。而無疑地它能被用於人類社會的參考，不過它的使用沒有被限制在這個範圍。在另一方面，「無為」是一個描述的類型，或針對人類活動的規定。它也能被用於參考非生命的世界（例如，對「道」），不過如此的參考不可避免傳達了某種的神人同形同性論的感覺。當「自然」被用於參考人類的社會生活的時候，它是描述和贊成所有自然的行動。而另一方面，當「無為」仍然保存自然

上的強調，把限制強加於特定類型的自然行動的時，例如，刺激那些追求名利的欲望。總而言之，「自然」和「無爲」屬於相同的整體系統的思考方向，但他們仍然是不全然相同，而且也不能夠任意互換地被用於所有的情形。

　　劉氏因此，認爲「自然」和「無爲」的觀念能用於存在本體論、認識論，人類學之參考，甚至，如，政治的紀律或者軍事策略等，但它不是單獨地屬於任何一領域。在此情況下，他們是哪一類的觀念，適用於什麼範圍的問題。作者認爲，「自然」和「無爲」的觀念提供有價值的問題。「自然」是《老子》追求和尊崇的最高價值，因此可視爲老子哲學系統的核心價值，而「無爲」是他所推薦的基本方法或行爲原則，用以了解或追求此一價值。這二項觀念是針對《老子》的強調和他的哲學所傳達之最重要的成分。「價值」的概念最足以完全地反映和滿足「自然」思想的獨特性質，而且當此價值或許是上述提到的各種不同領域的想法之最有趣、最重要的元素。它不會完全合適地應用於各種不同領域的「自然」概念，如哲學、政治科學、社會學，人類學和甚至軍事科學。同樣地，「無爲」的觀念是了解或實現「自然」的理想方法，同樣含有廣泛的意義，而且也能應用在各種不同領域的嘗試。以這種方法來審察價值理論觀點的「自然」和方法論觀點的「無爲」，使我們能避免遇到困難，就是現代哲學已經以工具和分析方法當成他們主要的目標。雖然價值理論和方法學也是現代的西方哲學觀念的起源，然而他們仍然是接近「自然」和「無爲」主題的比較適當的方法。

（三）《老子》中的「自然」

　　劉氏指出，「自然」的觀念很清楚地是起源於《老子》。在任何較早的文本中都沒有發現提到「自然」的用詞，例如詩經、周文或論語。在《老子》五千言中卻有五個章節直接提到「自然」一詞，全都在清楚地反映作者所尊崇和鑑賞的這個觀念。間接形容「自然」觀念的章節則遍及整個文本。「自然」爲《老子》哲學的核心觀念而且滲入各方面的人類生活。例如，《老子‧十七章》，統治者與人民關係之間的觀點來提倡「自然」：

> 太上，不知有之；
> 其次，親而譽之；
> 其次，畏之；
> 其次，侮之；
> 信不足焉，有不信焉。

　　悠兮其貴言。

　　功成、事遂，

　　百姓皆謂：我自然。

劉氏提到，此章的翻譯有明顯的問題，就是歷史上大部分的譯注者，對於這裏的「自然」的看法，並不指統治者的「無爲」，而是指統治者的行爲不露出任何痕跡。因爲，沒有人知道他們的德政，或百姓們已經得到自我的發展。這類型的譯注引發了重要的爭論：是否「自然」的價値能考慮到外部力量的效果。然而，根據傳統的詮釋只要人民不直接地知道它的存在，外部力量的應用應還算是「自然」。如果有人接受這種詮釋，那麼理想的「自然」是不排除外部力量的努力，或是默許這種力量的影響，僅以強制的方法排除外部力量的使用。

　　劉氏指出，〈十七章〉強調統治者應該以「自然」的方式治理天下，讓人民完全享受一個無外力干擾的生活。這種應用在社會關係的「自然」原則，特別是統治者和人民之間的關係。在〈五十一章〉持續爲「自然」理論賦予玄妙的基礎：

　　道生之，德蓄之，物形之，勢成之。是以萬物莫不遵道而貴德。

　　道之生，德之貴，夫莫之命而常自然。

　　故道生之，德蓄之，長之育之，亭之毒之，養之覆之。

　　生而弗有，爲而弗恃，長而弗宰，是謂玄德。

劉氏以爲，當「道」和「德」與「自然」一致而且是「無爲」；他們不對萬物發號施令，而寧可消極地遮蔽或附和他們。《老子》在此是在強調「道」以「自然」的方式成爲極致的榮耀，而不是某些事情或其他人所給予的。「自然」的「道」是萬物的典範，重點是此一榮耀置，不應該是某種刻意去追求。在〈六十四章〉有以聖人與萬物之間關係的觀點進而討論「自然」：

　　是以聖人欲不欲，不貴難得之貨；

　　學不學，復衆人之所過，以輔萬物之自然而不敢爲。

劉氏指出，道家聖人的價値是相當迥異於那些儒家聖人或平民百姓。道家追求的是常人最不想的追求，那些世人視爲珍寶之物在道家聖人眼裡則視若浮雲。當這些價値觀念實際用於表明他的「輔萬物之自然而不敢爲」。即簡單地表示順其「自然」的合諧，萬物的「自然」是終極的狀態；聖人指示培養和保存這種形式的「自然」狀態，而不會有改進或破壞的行動方案。

　　劉氏以爲，「自然」觀念是《老子》思想體系的核心價値，在〈二十五章〉

裡有對於人民、天和地、「道」和「自然」之間的關係，有清楚地說明：

故道大、天大、地大、人亦大。

域中有四大，而王居其一焉！

人法地，地法天，天法道，道法自然。

人法地，地法天，天法道，道法自然。因此，當「道」是最高的實體，自然是最高的價值或最高實體的具體表現之原則。如果我們把那五個項目排成一系列則為：人→地→天→道→自然。所以即使「地」、「天」和「道」都是《老子》很重要的哲學觀念，但是根據這樣的呈現可知，他們只是轉變或居間的概念。但是，重點強調在「人」和「自然」二者真正互動的結果和二者之間的關係。這顯示了人民，特別是統治者應該效法「自然」。「道」是宇宙的來源，是當然的最高象徵，但「道」的原則是根源於「自然」。這就是為什麼說「自然」是《老子》哲學體系的核心價值。

（四）「自然」的其他表達方式

劉氏認為既然「自然」是《老子》思想的核心價值，很明顯的它不只有一個觀念。有些用和「自然」很相近的措辭，包括「自化」的觀念。例如，〈三十七章〉：

道常無為而無不為，

侯王若能守之，萬物將自化；

化而欲作，吾將鎮之以無名之樸。

夫亦將無欲，無欲以靜，天下將自定。

若是侯王能尊敬和保持「道」的原則，即「自然」和「無為」。那麼萬物就能自我合諧的變化。這種變化的自然過程最值得擁有，不應去妨礙它。只能「鎮之以無名之樸」。《老子》裡用「自然」去定義何謂「正常」或「適當」？因此，「正」也可代表「自然」之意，例如，〈五十七章〉：

我無為而民自化，

我好靜而民自正，

我無事而民自富，

我無欲而民自樸！

劉氏指出，句中的「自化」、「自正」和「自樸」都在形容沒有外力干預之自發性的發展過程。他們表達平民的渴望和自然的讚賞及滿足的人生。這種完美的描述「無為而治」的原則，「自化」的自然過程、有機的變化、學習、發

展，是《老子》主張之理想的社會生活模式。

在《老子》中的「常」也是有「自然」的含義，例如，〈十六章〉：

> 復命曰常，知常容，不知常，妄作凶。

劉氏又指出，「自然」的思想遍及整個《老子》的文本，甚至在「自然」的字眼或之前我們提到的相近用語等，許多地方或多或少表露了《老子》對於「自然」價值的尊崇。例如，〈三十八章〉不曾提到「自然」，然而卻仍注入了尊崇這種理想的價值：

> 上德，無爲而無以爲。
>
> 上仁爲之而無以爲。
>
> 上義爲之而有以爲。
>
> 上禮爲之而莫之應，則攘臂而扔之。

劉氏認爲，這四句的內容都在形容進程之衰弱，而每句有兩項是用以表示這種衰弱。其中一項是外部的行爲，在《老子》的思想系統中「無爲」是明顯的高過「爲之」。另一項牽涉到內部的動機，「有以爲」的動機或「無以爲」的動機。很明顯地，《老子》覺得「無以爲」的動機高過「有以爲」的動機。《老子》崇敬每一個體中眞實的超越和自然的安逸，而反對強加諸價值和行爲模式於他人的身上。所以《老子・三十八章》又加上補充：

> 故失道而後德，失德而後仁，失仁而後義，失義而後禮；
>
> 夫禮者，忠信之薄，而亂之首。

劉氏認爲，《老子》的批評的焦點並非在於禮的本身，而是禮儀的盛行所伴隨而至的社會問題。《老子》的目標傾向於評價禮的外在形式和督促在「禮」的內涵中應賦予實在的「德」。他抨擊傳統和世俗的標準與價值，並且提倡出自於人之內在「本性」的自發和自然的標準價值和社會風範。

（五）「自然」價值的重要性

劉氏認爲推崇《老子》的「自然」價值核心觀念，可解決有關其各種思想的某些困難和爭辯。例如有人批判《老子》之「使民無知」的政策。實際上，《老子》的文本裡沒有這樣的政策，至少當時的上流社會所追求不是現代觀念中的「使民無知」政策。在《老子・六十五章》：

> 古之善爲道者，非以明民，將以愚之。
>
> 民之難治，以其智多，
>
> 故以智治國，國之賊！

不以智治國，國之福。

知此兩者，亦稽式；

玄德深矣遠矣！與物反矣，然後乃至大順。

劉氏指出，這裡的「愚」，不是聰明利用愚者，而是指單存的主張誠實、純樸和正直。這種「使民無知」的政策與後來的極權主義的政策是完全不同。《老子》主張統治者和平民百姓都信奉「無知無識」的精神。例如〈二十章〉所言：

眾人皆有餘，而我獨若遺。

我愚人之心也哉，沌沌兮！

俗人昭昭，我獨昏昏。

俗人察察，我獨悶悶。

劉氏認為，這裏明顯地指出當時的社會的管理方針是不分老幼貴賤都懷著純樸的本性，而且平民百姓都過著平靜的生活。這種思想與後來的認真執行的「使民無知」的政策是完全無關。同時也有人批評《老子‧八十章》中的「小國寡民」思想是一種退步的歷史狀態，然而，這也是一種不得已的詮釋：

小國寡民，使有什伯之器而不用，

使民重死而不遠徙，

雖有舟輿，無所乘之；

雖有甲兵，無所陳之；

使人復結繩而用之，

甘其食、美其服、安其居、樂其俗，

鄰國相望，雞犬之聲相聞，民至老死不相往來。

劉氏指出，《老子》在此是表達一種渴望一種生活在一切都順其自我的自然發生，和批評那種愚蠢的社會爭奪表現。這種觀念只是一種表達方式的不同發現，即使在今日也不代表是一種歷史的倒退。而《老子》之反戰思想在〈三十一章〉有更明顯的表示：

兵者，不祥之器，非君子之器。

不得已而用之，恬淡為上。

夫樂殺人者，不可得志於天下。

殺人眾多，以悲哀泣之。戰勝以喪禮處之。

劉氏認為，《老子》是反對戰爭和提倡一個自然、和平的生活方式，即使在現代的今天仍是很有價值的觀念。在現今的社會裡有人心懷不軌的要消滅整個

人類，反對戰爭和用暴力方式解決問題至今似乎仍是很重要的課題。縱使「自然」在高度現代化的社會裡仍爲一個有用的價值，然而是有某種過時的味道。因此有必要予以重新定義和詮釋這種觀念的明確內容。

第四節　《老子》研究在美國述要（四）

二十六、Philip J. Ivanhoe：〈《老子》中「德」的觀念〉〔註40〕

　　Ivanhoe 指出，在一般研究《道德經》的著作中，大部分的學者往往偏重於「道」的闡述，而 Ivanhoe 在本文中中主張，「德」之觀念的理解是極爲重要的，因爲若無法對「德」作出理想的詮釋，便無法完整的賞析整部《道德經》的精華所在，茲略術予略述如下：

　　Ivanhoe 認爲，關於神話般的《老子》本文所歸諸的二個基本觀念——道和德。從馬王堆本文，我們知道使用這雙重區分的日期，應早於首次以道德經爲名稱的時期。一般而言，「道」的意義，已經是重要的專用名詞。但是「德」在道家經典立場的觀念，也已經稍受到應有的關注。在介紹道德經的優雅、簡潔文體的翻譯方面，劉殿爵目前仍同樣地主張，在文本專用名詞「德」，不是特別地重要的。然而，「德」字在本文的八十一個短章節中的十六章中出現之總數爲四十三次。這和實際上「最早出現老子名稱的版本中」之原始面目，證明其爲文本的核心想法是難以理解的訊息。

　　Ivanhoe 主張，「德」之觀念的理解是不可或缺的，因爲我們發現，老子本文之哲學的完整賞析所呈現出的「德」的觀點，與同時期較早的論語文本中發現的共通的一些重要的特徵。Ivanhoe 從較早呈現儒家觀念的「德」之簡短紀錄開始，把重點集中在三個特性。第一個是「德」之於人之魅力；其次是當「德」進入其內在之特徵效果；第三是「德」和「無爲」之間在政治上的關係。在介紹完儒家的先例之後，Ivanhoe 將描述老子之「德」的概念並且與之比對。我們將發現，道家的觀念和先前儒家的例子的特性是相似的。然後 Ivanhoe 將提出有關莊子對於「德」之觀念的一些討論，並且說明他在分析之後所提出一些對於不同「德」的看法，而這些呈現，可能引起當代倫理學家的興趣。

〔註40〕見 Ivanhoe, Philip J., "The Concept of de（'virture'） in the Laozi," in Mark Csikszentmihalyi & Philip J. Ivanhoe, ed., *Religious Philosophical Aspects Laozi*（NY: State University of New York Press, 1999）,pp. 239-257.

（一）「德」之於人的魅力

Ivanhoe 指出，在他的一些中早期的儒家傳統上的作品，已經發展一條討論的路線，首先被大衛（S. Nivison）所提到，關於「德」的先進觀念在儒家的道德規範的角色。Ivanhoe 對儒家早期「德」的觀念特別感到興趣的，是其自我修養已經在道德規範的發展擔任重要角色。在摘要中，Ivanhoe 的觀點，是那早期的儒家作品裡，「德」已真正有倫理的觀感了。在它的一般使用中，它保有了給予事物特性功能和力量的原始意義。但是在倫理修養個體的特定情形中，它開始標示 Ivanhoe 所稱的「道德非凡的領導力」，是一種對個人品德的自然提升，且擁有吸引他人支持的一種心理力量。如此的力量對統治者是特別地重要的，爲使他們能夠吸引忠誠者和有價值的追隨者；它給予政府一個合理化而非強迫形式的方法。當在論語提到「治人以德」的統治者就像北極星斗一樣，留在原地接受所有的繁星都向它表達敬意的時。此種「有磁性的個性」的倫理至人，是我們首先想要探究的特性，就是「德」的特徵：它吸引人的魅力。

在《老子》中，我們看到的是相關但觀念卻明顯不同的「德」。有三個彼此關聯的特性（和其他類似之外），但是每一個都有它自己的表達特色。例如老子和孔子都有相同的信念，認爲有「德」之人會吸引群眾的支持。但是老子聖人的吸引力量不同於儒家之特性。儒家的風範是透過其卓越的倫理力量所形成一種高不可攀之「威」德，引發群眾的服從並產生相似的行爲和態度。老子之聖人也吸引眾人前來追隨，和影響他們的某些行爲，但是以處於眾人之下，而讓人們隨遇而安。這就是其中爲何《老子》以山谷主要隱喻的方式：

> 知其雄，守其雌，爲天下谿；爲天下谿，常德不離，復歸於嬰兒。
>
> 知其榮，守其辱，爲天下谷。爲天下谷，常德乃足……。（三十八章）

Ivanhoe 以爲，處眾人之下以增益其「德」，甚至「抱怨以德」。「母」和「雌」以其勝「靜」而處下，「被動」和「憐憫」是其他重要的隱喻，是典型的道家觀念。只有卑下、隨和才是滋長「德性」的真正方法。

> 江海所以能爲百谷王者，以其善下之，故能爲百谷王。
>
> 是以欲上民必以言下之，欲先民必以身後之。
>
> 是以聖人處上而民不重，處前而民不害。
>
> 是以天下樂推而不厭，

以其不爭，故天下莫能與之爭。（六十六章）

若是統治者能「執道」而培養和維持如此的「德」，他的力量將可參贊天地。

侯王若能守之，萬物將自賓。

天地相合，以降甘露，民莫之令而自均。（三十二章）

（二）「德」之內在之特徵效果

Ivanhoe 認為，老子之「神秘的德行」影響所有的萬物和甚至非生命的自然現象。老子相信，人類之所以犯錯，是因為他們變得太過聰明和太多的巧思熟慮。這使得他們想出各種矯飾的方法，而偏離其自然的趨勢和欲望。轉而追求名利、財富和美麗之物，贏得無謂的社會追求。卻漠視這些儉樸物品和基本自然的欲望是生命滿足的真正來源。老子的目標是消除此一方法而回到一個小國寡民的原始烏托邦。在如此的邦國，是由裡面的小村莊組成，人民將追求簡單快樂的生活。他們：

使人復結繩而用之，

甘其食、美其服、安其居、樂其俗。（八十章）

Ivanhoe 指出，為了要達成這個理想，道家聖王努力消除社會化的損害。他排除並勸阻那些科技改革或者任何的智識的追求，而實行必要基本的鄉間生活。道家思想途徑的精神提昇是削減或減輕不自然觀念所產生的扭曲影響，進行修復成為最初始狀態的活力和健康。

是以聖人之治，虛其心、實其腹、弱其志、強其骨。

常使民無知無欲，使夫智者不敢為也。（第三章）

Ivanhoe 以為，老子尋找一個方法，用以清空、釋放而且安頓他們。這是治好他們虛假與不適的的唯一方法。因此，老子的「德」有 Ivanhoe 所稱之為「療效」。它幫助人民得到安毅而且使他們能夠知道他們的不真實行為和態度。像進入到一個平靜的意識裡，而可覺察到一個壓抑的憤怒或未察覺的自欺，這種察覺有助於去除因為社會化和過度的從事於知識之追求，所造成有害的影響。道家相信，這種知覺不僅消除人們錯誤的社會意識，甚至是除了自然的過程和自發性的形式之外的任何自我強烈意識。老子相信，靜默無聲的「自然」擁有其「德」（力量）去安頓和治理那些激動和不安靜。例如：「躁勝寒，靜勝熱，清靜為天下正。」任何人達到和維持這樣的和平和純淨狀態所產生特別的「德」（力量）也可以安頓其他人。

（三）德」和「無為」在政治上密切關係

Ivanhoe 指出，「德」的第三個特性：在政治上的「德」和「無為」之間的密切關係。理想的道家聖王培養樸靜的心態，產生的「德」能使他既能吸引他人也能感動他們向「道」。然而這只是簡單的要放棄干擾他們本性的自然運作，及所有的錯誤信念和矯飾的操作，如此而已：

> 道常無為而無不為，
>
> 侯王若能守之，萬物將自化；
>
> 化而欲作，吾將鎮之以無名之樸。
>
> 夫亦將無欲，無欲以靜，天下將自定。（三十七章）

Ivanhoe 以為，老子相信什麼是人民的真正需要，為了要過快樂而滿足的生活而有小國寡民的烏托邦方式。因為，矯飾的社會目標，不僅無法提供任何的真正滿足，還會破壞他們任何快樂和滿足的生活機會。儒家珍貴的社會「德」行，卻代表「道」的衰微。因為能察覺和自我意識的人更能構成「德性」，但也更可能成為欺騙的偽善。老子要求真正有品德的人，不會有意識地努力成為「有品德的」。德行和聖人的行動都是自任自發的，像是水的流動或雨水的降落。任何自我意識的設計或努力的暗示都是人類聰明和矯飾的一種徵兆。這些各種不同的相關信念也解釋老子為什麼把增強自我意識的道德理解，視為真正仁慈衰微的軌跡：

> 上德不德，是以有德。
>
> 下德不失德，是以無德。
>
> 上德，無為而無以為；
>
> 下德，為之而有以為；
>
> 上仁為之而無以為。
>
> 上義為之而有以為。
>
> 上禮為之而莫之應，則攘臂而扔之。
>
> 故失道而後德，失德而後仁，失仁而後義，失義而後禮；
>
> 夫禮者，忠信之薄，而亂之首。（三十八章）

Ivanhoe 最後提到，我們已經知道老子所說的「德」是增益那些達到虛靜境界的「力量」或者「德行」。相對的，儒家自我修養的過程，是由延長學習和發展得來的，而要達到道家的理想是由消除社會化和唯識主義的影響，而回歸到簡單地農業生活方式。

二十七、韓祿伯〈「道」與「田野」類比法再探〉〔註41〕

韓氏指出，這篇文章，旨在解釋「道」的原本意涵，因此發展了一套「道」與「田野」之間的類比方法。讓讀者更容易從抽象的概念發展成具體的觀念；他們可看見腦海中的「道」，知道它是如何的運作，如何與萬物產生關聯。茲予略述如下：

（一）前 言

韓氏認為，我們從基本的問題開始著手：《老子》的「道」其意義是什麼？我們可以很多方式來回答。（一）宇宙的實體。（二）個人的實體。（三）一種生活的方式；或需要的生活方式；或可說是道家團體所認知的事物傾向發生某種的方式。

韓氏提到，「道」是「宇宙實體」的說法，在此是指《老子》的「道」是實體或實體的層次，是一種天地萬物創生之前就已存在。自然的宇宙和天地之間的事物，即中國所稱之「萬物」，此措詞泛指集體的各種生物類屬，包括所有的蟲魚鳥獸、植物花卉等，而人類只是萬物的其中之一。所有的這些萬物都是從「道」出現，就像嬰兒從母體子宮產生。「道」是「個人的實體」的說法，是指萬物的產生，是由「道」持續不斷賦予每一個別事物的一種力量或能源，或許是生命的力量。而此種並非靜止的能量，不斷地促使每一事物的生長與發展，是在一種特殊的方式與它的「本性」合諧而得到生長與發展的方式。道家最重要的事就是知道你的本性。然而，我們必須銘記在心的是「天賦本性」的這個「性」字是從不曾出現在《老子》的文本裡。

韓氏指出，「德」在《老子》裡有兩種不同的使用方式。以〈五十五章〉的開頭為例，是用在能量或生命力的觀念。然而好幾個地方的用法是使用儒家的「德」，指的是好的道德行為。《老子·三十八章》以「上德不德是以有德」為開頭，也就是說真正的德是在於道德上地良好行為而別無動機；事實上是無關於別人所謂的品行良好之道德。我們必須從文本裡許多章節中了解《老子》的「道」之本意。特別重要的章節是〈第一〉、〈四〉、〈六〉、〈十四〉、〈二十五〉、〈三十四〉、〈五十一〉和第〈五十二章〉。假若從那些章節裡把「道」的特性彙編成一個表單，我們可以摘記成下列事項：

〔註41〕 見 Henricks, Robert G , "Re-exploring in the Analogy of the Dao and the Field," in Mark Csikszentmihalyi and Philip J. Ivanhope, ed., *Religious and Philosophical Aspect of the Laozi*,（Albany : Sunny Press,1999）, pp. 161-173.

1、「道」是單一的，「無區分」的實體。故「一」的實體是世上所有區別
　　的來源，其自己本身是無法區分的（無形無狀的）。是不可捉摸，無論
　　如何是看不到、聽不到、檢查不到。

2、再者，「道」是靜默和虛空的。但「道」的虛空恰是像子宮的虛空。

3、自從它有了「種子」或「起源」的萬物之本質。作為物質實體的來源。

4、它是無窮無盡的資源：它被比喻為風箱（橐籥）的理由；風箱是中空
　　的，但當你使用它時，它開始動作，使用的是用不完的空氣。（在第四
　　章的開頭：「道沖而用之，或不盈。」）

「道」的陰柔本性在整個文本裡是很明顯，在不同的五個章節裡明，「道」
明確地被《老子》稱之為「母」。然而實際上，「道」的母性不僅可從其創生
所有現象事物看出之外，她還持續地滋養萬物；完全是無所偏私，即使做了
也不敢居功，只有協助萬物的發展而不曾想要擁有或控制它們。牢記這些事
情，何謂「道」和田野的類比法？類比法裡的田野是一個荒廢之天然的田野，
任其自生自長；它不是一片農人的莊稼用以栽植生產特定的作物。在類比中
之田野和其溫柔的土壤是「道」，而「萬物」相當於春夏之間充滿於田野裡之
各種不同的野花小草。

（二）類比法的過程

韓氏提出，類比法的作用方式是，假若你在冬天去到這樣的田野看到是
到處寂靜，和「無區分」之冬天的田野，看到的盡是一律地白雪或褐色土壤，
視情況而定是否覆蓋白雪。你無法進一步知道，而可能斷下田也是「空曠」
之不毛之地的結論。然而，要是你在五月或六月回到那片田野，你將會發現
有神奇的變化出現，田野上已經長滿了各式各樣的花朵。宛如有千萬種不同
樣式的花朵一樣，各個品種和每一個別品種的獨特花形和顏色。然而你知道
在冬天時期的了無生機的現象其實就好像是肥沃的孕育之處，以一致地態度
涵養所有各類種子作為各種不同萬物的根源。

此外，田野的作用不止於春天的創生，其土壤持續整個春天地滋養那些
植物，供給他們礦物質和水，因此它們才能生長和發展。在供給的過程中，
土地是無差別待遇地對待那些花草，不分彼此大小而有所偏私。它並沒有要
控制每一花朵的成熟，而且從不歸功於自己的所作所為，也不曾大肆吹噓「看
呀！我把這麼漂亮地花朵帶到世上來」。田野的背景本身是冷漠的褐色、毫無
生氣的土壤，看不到藏在它底下的花朵；每當我們看著田野時，引起我們注

意的是花朵的顏色、形狀和其香味，而忽略了「隱形」的土壤是負責所有的事情，因為我們未曾看過它做過任何事情。在此將以田野作為來闡釋道家的「無為」觀念，田野的無為，全部是自然的發生。而田野的行為功績和「道」一樣，不認為有所榮耀。相同的方法用在道家的理想統治者，讓其人民安居在他的境內就像花朵生長在田野裡，就如同「道」之於萬物。他的目標是看到生長得到滋養，長大成人且自然地終其到老，創造有助於每一個體與生俱來的條件。背地裡謹慎地行為，但盡可能地不去干擾他們的生活，一旦達成他的目標，也不敢居功。故「百姓皆謂我自然。」

　　韓氏認為，類比法並不是完美的，而「道」與田野之類比，當生存經過完整的期限階段（如四季），似乎暗示世上生物之出生與死亡週期的世界觀。因為道家的觀念認為每一新事物的產生皆來自於「道」。撇開此問題不談，對於促進了解很多道家的觀念而言，類比法實在不失為一好方法。我提出其他更似為類比法，《老子》提到有關「道」的許多事物在其他宗教傳統的「地母」（Mother Earth）。相關性的討論如「莊子」所說的「大塊」（Great Clod），「夫大塊載我以形，勞我以生，佚我以老，息我以死。」此處和別處，人之生命的階段，被「莊子」比喻為四季。開始我就聲明過「道」為一宇宙的實體和個體的實體。「道」和田野的類比，有助於我們了解那一種聲明是真實的。然而「道」的觀點是什麼？是世上某些事情傾向發生特定方式的觀點，是繼承生命的方式？

　　在《老子·第七章》的結尾所用的詞句，對我們而言有很重要的意義：

　　　是以聖人後其身而身先，

　　　外其身而身存。

　　　非以其無私耶！

　　　故能成其私。

其中有一件事似乎是遵循著「道」和田野的語言類推法就是每一個別的花株，（a）是它會是什麼——就像向日葵知道它是「向日葵」，它的基因構造；和（b）度過它的自然一生，唯一的需求就是要有適合條件——必須保持它的根牢牢地種在土壤上。

（三）結　論

　　韓氏最後提到，他的最後結論是，此類比法可以是傳播知識的途徑之一。其中有一件事情明顯的是從類比而來的，就是每一個別的花株，（a）是它會是什麼——就像向日葵知道它是「向日葵」，它的基因構造；和（b）度過它的

自然一生，唯一的需求就是要有適合條件──必須保持它的根牢牢地種在土壤上。在道家對事物的看法，這正是我們人類未能達成的地方，每一個發生在我們身上的事情，如成長茁壯到長大成人，我們一直都偏離正「道」，如《老子・五十三章》所言：

> 使我介然有知，行於大道，唯施是畏。
>
> 大道甚夷，而民好徑。

這裡我們可改述為，世上最簡單的事情，就是應該是做與生俱來之本性的你，然而我們似乎喜歡嘗試某些不是我們的我。結果，若是我們人能找到本性的我而安然度過天年，將會改變原來的我們，如同成人之回歸於「道」。我們必須重新依附來自「道」的能源和力量。在某種意義上，我們必須重新再獲得「道」的滋養，如同花成長在田野上，如同嬰兒吸取母親的奶水。令人遺憾的是，從《老子》的評價裡，很少有人能這樣做到。在文本的〈第二十章〉裡，《老子》為他自己保留的整個主體，他說：「我獨異於人，而貴食母。」

二十八、劉殿爵：《道德經》〔註42〕

劉氏所完成《道德經》的翻譯，已成為英語世界的《老子》研究者不可或缺的重要參考範本之一。由於其漢學的淵源背景加上國際視野的治學平台，使他在《道德經》的觀點和詮釋及其所翻譯的內容頗受西方學者的重視，因此在英語世界中只要是與道家有關的研究，幾乎很少人會忽略劉氏的著作。由於本文的重點不在於《道德經》的翻譯方面，故僅就其前言（Introduction）部分作一簡要的敘述如下：

（一）「道」的本質

劉氏指出，從《老子》首章的「道可道，非常道。」即開宗明義的指出「道」是老子的中心思想。意即，道如果可形容、引證和讚許的，就不是常道。〈三十二章〉「道常無名」，沒有名字可冠之於「道」之上，因為語言文字完全不足以表達這種宗旨。但「道」若是可以說得明白，即使再怎樣的不足以形容，也要提供一個接近的事物概念。因此，〈四十一章〉又重複地說「道隱無名」。因為要以文字來恰當形容「道」是很困難的事實，雖然「道」被想

〔註42〕見 Lau, D. C., trans, *Tao Te Ching*（Hong Kong: The Chinese University Press, 2001）,pp. I-XL.

像爲負責創造和宇宙的支撐，然而道家以明確特性的方法，給予具體的描述彷彿其爲一實體之物。在〈四十二章〉中：

> 道生一，一生二，二生三，三生萬物。

劉氏認爲，這裡的「道生一」、「一」，實際上經常是「道」的其他用法的名字。瞭解此一方法之後我們便可知道「一」或「道」也是負責創造和宇宙的支撐。

〈三十九章〉：

> 昔之得一者：
>
> 天得一以清，地得一以寧，
>
> 神得一以靈，谷得一以盈，
>
> 萬物得一以生，侯王得一以爲天下正，
>
> 其致之也。（三十九章）

此一觀點在（三十九章）隨後即被強調：

> 謂天無以清將恐裂，地無以寧將恐廢，
>
> 神無以靈將恐歇，谷無以盈將恐竭，
>
> 萬物無以生將恐滅，侯王無以貴高將恐蹶。

如果「道」是在宇宙之後以被形容爲有形之名，其結果爲：

> 其上不皦，其下不昧，
>
> 繩繩不可名，復歸於無物。
>
> 謂無狀之狀，無物之象，是謂惚恍。
>
> 迎之不見其首，隨之不見其後。（十四章）

和

> 道之爲物，唯恍唯惚，
>
> 惚兮恍兮，其中有象；
>
> 恍兮惚兮，其中有物。
>
> 窈兮冥兮，其中有精，
>
> 其精甚眞，其中有信。（二十一章）

和

> 有物混成，先天地生。
>
> 寂兮寥兮，獨立而不改，周行而不殆。（二十五章）

劉氏認爲，從上述我們可知道此一實體爲「道」，爲宇宙之前即存在。對作者而言是一種完全無爭論之餘地的事實。它有眞正的本質，而且是擔保此已產

生且繼續維持之宇宙的存在。但藉由指其為「惚兮恍兮」、「無形之形」是一種沒有物質的想像是很困難的。實際上，甚至要說它創造宇宙也是一種誤導。它創造宇宙和父親得到孩子是不一樣的方式。

> 天下萬物生於無，無生於有。（四十章）

若僅是在《老子》的宣告中去做想要的詮釋是否有值得懷疑的地方，但是在《老子》中對於不足以描述「道」的那些相反名詞卻不會被懷疑。例如「有」和「無」、「高」和「低」、「長」和「短」等。很明顯地在《老子》中之較貶抑的名詞被認為較有用的，在「道」的描述至少是較少誤導的情形。如：

> 返者道之動。（四十章）

劉氏指出，「返」是回到其根本，人的根本當然是柔和弱。沒有提到人返回根本的發展是不可避免的。換句話說，它從不說改變的程序是循環的。事實上，不只是發展是不可避免，它是一個慢而逐漸的程序，每一步驟都須要謹慎努力的維持。保持柔順是避免成為剛強，以致衰敗。在那慌亂的戰國時代至少能保住他們的生命、財富或權勢。基於此一理由的主張，人應該「知足」和「知其所止」。如〈四十四章〉：

> 知足不辱，知止不殆，可以長久！

又〈三十三章〉之「知足者富」。甚至在〈四十六章〉有更有力的觀點：

> 禍莫大於不知足，咎莫大於欲得；故知足之足，常足矣。

（二）《老子》之聖人觀

劉氏認為，幾乎所有古代之中國哲者所關切的是人應該過什麼樣的生活，個人所能決定的因素有限，而是政治謀略所主導的成分居多。因此有關政治和道德規範，包括古代中國和希臘都是相同的情形，而在中國則稱之為「道」。在莊子的〈天下篇〉的內容是凡有「道」者皆是「內聖外王」，這是當時的共同趨勢，而老子也不例外。此可由一些簡單的事實看出，例如「聖人」一詞出現在《老子》不下二十次，除了少數之外，都指的是有「道」的君王。除了「聖人」之外，還有其他的名詞用來指有「道」君王，例如王侯和王公。由此可見，《老子》從頭至尾地都在表達一種「統治的藝術」。

（三）「無」與「無為」

劉氏指出，我們發現「無」的名詞有時還是需要「道」，因為如果我們必須以一對相反的名詞描述「道」的特性時，否定的名詞則較為適合，因為，

它較少有「誤導」情形。「有」是其相反的對立,它遵循「無」比「有」爲更有選擇的價值,所以是對肯定之相反的否定名詞。這兩個否定名詞是道家核心理論的功能之主宰。第一個是「無爲」;第二個是「無名」。那些名詞開始可能是杜撰,因爲他們是片語「無」中所形成第一種元素。但這並不意指「無」和「無名」之間的連結方面,和在另一個「無」純粹地是一個語言學用法的「無」。像「無」是否定的名詞,是什使得「無」成爲形容「道」的適當名詞,使得那些名詞也是適合的。提到「道」是限制它的行動效力,因爲只有藉由這樣的行動的意義,才能讓其他事物鬆開。至於那行動至少不造成它的約束:在「道」和其他排除的特定事件之間沒有特別的關係存在。

> 道常無爲而無不爲。

接著又說:侯王若能守之,萬物將自化;

這是明顯的陳述統治者本身應該仿效「道」和遵循訴諸「無爲」的政策。這政策的理由不曾清楚的說明,但有給一些指示:

> 將欲取天下而爲之,吾見其不得已。
>
> 天下神器,不可爲也,不可執也。
>
> 爲者敗之,執者失之。

又說:治大國,若烹小鮮;

劉氏指出,在上述兩段文章中,我們知道國家是一件需要愼重處理的的事,稍微的舉動就可使之毀於一旦。或是一個不可妄加干涉,任意改變的神器。國家很像是無生命物體的自然秩序之一部分,是自然秩序的一部分,只要個人遵循她的本性就會很順暢的進行。

二十九、Steve Coutinho:〈含混的誘拐:譯注《老子》〉〔註43〕

Coutinho 指出早期的道家的作品明顯的滲入了含混的風格。尤以《老子》的文本在傳達具高度隱喻性和簡潔的意象主義,可能間或鼓勵詮釋者在過於急躁的閱讀與理解而模糊了暗示性與似非而是之間語言的界線。但含混不只是一個道家寫作的特殊筆法,同時也是一個重要地哲學主題。它有時是被明確地提出,成爲討論的主題,但一直都沒有足夠的篇幅加以闡釋。因此,有一疑問產生,就是「在《老子》文本中有何揭示含混之重要的線索」。以下就以(一)含

〔註43〕Coutinho, Steve, "The Abduction of Vagueness: Interpreting the Laozi" *Philosophy East and West*. volum52/4(October 2002):409-425.

混的誘拐 The Vagueness of Abduction、（二）含混的軌跡 Trace of Vagueness、（三）含混和模糊不清、（四）對立與轉化、（五）生長與消退的轉化、（六）矛盾與牴觸 Paradox and contradiction、（七）無邊無際和持續性 Boundarilessness and Continuity、（八）、結論等分別爲此論文之述要如下：

（一）含混（vagueness）的誘拐（abduction）The Vagueness of Abduction

Coutinho 指出《老子》的高度地隱喻性、意簡言賅和意象主義的文本，似乎有好有壞。如同現在已經被合理的證明，早期道家的想法也表現出對於程序的明顯偏好。道家思想的基本名詞是最具哲學意義的——我們可以看出道家直覺地避免眞實事物之「範疇」，如「道」、「陰」、「陽」及「氣」的隱喻與西方範疇的「要旨」、「特質」甚至是「相互之關係」形成強烈的對比，因此，前者有一個明確世俗的感覺，而那是後者所缺乏的。

Coutinho 認爲，《老子》如同一般的古典的中國文本一樣，留下尚未解決的問題。文本中以暗示性和間接使用修辭手法中的意像和隱喻而呈現在一種既隱藏又傳達的寓意暗示的文字。古典的中國哲學作品通常像是詩的作品一樣，都是一種觀念的探險和作詩技巧的運用，包括修辭的開發，像是意義的分岐、多義和隱喻。這在道家的本文尤其眞實，像是《老子》。的確，它經過那些意象和隱喻的探索，我們將揭示的線索、暗示和痕跡我認爲是更能普遍形成含混意義的趨勢。我們的日常語言、詩和文學有允許不明確、曖昧和隱喻的功能，但絕不允許我們成爲放縱的相對主義。含糊、曖昧、和隱喻性的語言之所以如此，只能在可能的詮釋上堅持在某些形式和程度的限制。的確，它是不可能意謂缺乏所有的判準，因爲無論如何這將等於無意義。第二個因素支持比較開放的詮釋的方式，是揭示我們訴諸早期中國哲學文本的理論不足和缺少適當的證據。當一個本文是不確定的時候，它的背景知識能幫助界定可能和不可能的意義，和判斷去掉特定閱讀的不可信部份。考慮到許多閱讀周朝文本的問題是由於這種極爲不確定的上下文關係使它的不確定的範圍擴大。

（二）含混的軌跡 Trace of Vagueness

Coutinho 認爲《老子》和《莊子》是最早呈現表達自然方向的哲學本文。對道家而言，「道」比人爲構思的文化規則更直接地關係到自然的複雜性、自發性、和混亂的規則性。在《老子》描寫中的世界是歷經不斷地改變，是一種生長與衰微輪流交替且相互影響的週期，包括，擴張與縮短、勒緊與放鬆、

銳利與磨耗、膨脹與消退等。《老子》所強調運動的方向，被葛瑞漢視爲一個
「無建設性的」的動作，是我們可能描述爲「衰微」的階段的。的確，這種
偏愛弱者、柔軟、黑暗、退卻的中國傳統是道家思想的特色之一，類似在西
方的否定。道家觀察衰微的階段是回到根源、起源、能量的來源的過程，能
夠使生長和成熟的發生的程序。

　　因此，許多文本的主題提供許多可辨識的道家風格，如，回歸本源；自
然和純樸；陰柔的強調；黑暗和退返，而且相互依賴和對立的轉化。我現在
進行搜尋文本中之含混的軌跡，並將以下列的標題分類：1、曖昧和模糊不清
的；2、對立和轉化；3、生長和衰退 4、似非而是的詭辯法和矛盾；5、無界
限和連續性。

（三）含混和模糊不清

　　　道之爲物，唯恍唯惚，

　　　惚兮恍兮，其中有象；

　　　恍兮惚兮，其中有物，

　　　窈兮冥兮，其中有精。

Coutinho 認爲，《老子》裡的許多方式是一個含混曖昧的詩歌，是既明確又
含蓄之含混暗示。然而在西方傳統裡語言學之含混意義已經概念化了。那
麼，在《老子》中被稱讚的含混，不是來自合乎正式的純語言學或邏輯現象
的觀念，而是某些出現在我們與世界的關聯的重要性。《道》的微妙、神秘
性和無法感知，的確是它的含混之處；那些圍繞著我們且可以觀察得到的自
然過程和賦予我們形體的自然方式。此含混在《老子》裡的重要性是它活躍
的角色促成我們觀察、模仿和遵循，而並非反對我們植入有機的自然程序。
現在，跳脫我們粗糙的分類，可能想到如此的含混是源自於豐富的自然和出
自於它的希（subtlety）、微（minuteness）、玄妙（indescribability）等轉化過
程。它的奧妙是如此精細地瀕於不能感知的邊緣，而《老子》告訴我們後退
的方式。

（四）對立與轉化

　　　有無相生，難易相成，

　　　長短相形，高下相傾，

　　　音聲相和，前後相隨。

Coutinho 提到值得注意的是，在《老子》中強調的對立類型並非單純的相反言論，而我則稱之爲實用主義的「對比」；無論文化上地定義或自然地呈現，給他們一個有實用功能和直覺可辨識關係的一組相反的事物名詞。重要的是這些對立，是否差別或者正反對立，仰賴而且，透過逐漸的程序，轉換成彼此。這些相對事物，是否有對比的差別或是互相牴觸，依賴和透過漸進的過程，彼此相互轉化。

（五）生長與消退的轉化

Coutinho 指出生長，在《老子·六十四章》所謂「合抱之木，生於毫末。」在這裡我們見到強調自然的過程，對立之間是從最微量增加到最大的轉化，就是我們之前提過的「連鎖過程」（sorites process）。因爲微細的改變無法發覺，累積較大的變化變成可辨別，而其最後結果爲根本的轉化。我們首先發現其在自然世界上的描述，後來就立刻發現對人類的成就的延伸：

> 九層之臺，起於累土。
>
> 千里之行，始於足下。

這裡的連鎖轉化的意義完全地侷限於累積或重複的過程。因此無論多麼瑣碎的細節或多遠和多麼地困難之可能出現的任務，藉著專注於唯一即將完成的任務，即時超越可能達到的限制，最後超越沒有疆界的極限包含。

消退：我們也在《老子》中發現顛倒（相反）或返歸運動的描述，損耗之後的「陽」返歸到「陰」，這反轉是累積的，從極小的消蝕漸進至大量的消散到最後歸於無。從《老子》對於自然世界的觀察之描述，我們得知這不是單方面而是一種循環的發展過程：

> 萬物並作，吾以觀復。
>
> 夫物芸芸，各復歸其根。（十六章）
>
> 挫其銳、解其紛、和其光、同其塵。（第四章）

Coutinho 認爲這些沿著個體的界線經過有機構造之永久實體的邊界，只是帶領它們從逐漸消失的盡頭，回到一條發展路徑的階段。我們曾經提到在道家傳統中，黑暗又難捉摸之階段的「陰」，是被認爲較接近起源的地方。的確，道家世界的視野認爲保持沉思是反回到返老還童力量的源頭。而我們通常想到的衰弱、退化和衰亡是被視爲有害和威脅的，但若由另一個觀點來說，卻是作爲滋養生命的需要。它是循環的返回，有限的允許其持續沒有疲憊，沒有

限制、無窮盡的。黑暗是如此的重要，那退返和女性者爲自然的週期，而且尤其爲恢復活力的自然程序，那是值得效法的。

（六）矛盾與牴觸 Paradox and contradiction

Coutinho 指出《老子》最典型的特徵，也許就是它的似非而是的說法和矛盾的風格。此文本是充滿著對立的確認或相反地對立的同化。一般皆以爲邊界的兩對立面是無法相容的，當兩者緊臨在一起時，在其差異性中形成更重要的相似性，邊界在每一次如幻覺般地漸漸消逝的動作中，顯示其無法超越彼此的對立：

> 大成若缺，其用不弊；
> 大盈若沖，其用不窮；
> 大直若屈，大巧若辯。（四十五章）

> 唯之與阿，相去幾何？
> 善之與惡，相去若何？（二十章）

> 明道若昧，進道若退，
> 上德若谷，大白若辱。（四十一章）

Coutinho 指出，在此對立的方法的思想推論出，特別是彼此類似的對立事物中這種我稱之爲對比，倒不如說是他們不同的範圍。我們並非要彰顯其矛盾，而是要陳述這種大盈若沖和大直若屈的意涵。藉著此一混合對立和軟化之不同作用的同化的過程。因爲他們的相互依賴和連續性，因此，這裡的似非而是的說法之功能，將使明顯不能和解的相對事物之間的邊界模糊，變成可能。往往這些似非而是的說法，是道家所關注之力量，抑止及隱退蟄伏的直接結果，力量的恢復是循環的，循環的過程是一持續的對立相互連接逐漸形成。而且，藉由了解對立如何轉化，而且對於模糊地帶的動力趨勢給予密切的注意，我們能夠利用轉化的程序，直接而改變循環的發展。

（七）無邊無際和持續性 Boundarilessness and Continuity

Coutinho 認爲討論到無邊無際和持續性，它們與對立之間的特殊關聯沒有明顯的描述。在《老子》的無邊無際之設定爲沒有外部的限制，所以邊界，「徼」是一無邊界的封閉系統。但往返的極限是不完全的。連續的「一」，好像，它是無窮盡的使世界能夠持續不中斷。任何的連接對立的轉化及分開對立的邊界，也沒有明顯的陳述。然而，這二個無界限的重要性之間的沒有矛

盾。相反的，兩者適當地融合，毫無疑問的融合在持續的概念。因此，即使我所提出的強力誘拐並非無懈可擊，但卻也沒有顯的錯失。

（八）結 論

Coutinho 在總結時提出，我們已發現對立、轉化、奧妙和無法想像以及生長和消退過程的充分證據。甚至在奧妙和無法想像的自然過程中，就其自己顯示的範圍已有直接明顯的牽涉到含混的部份。我們所遭遇的困難是，其無邊際和持續性。對於最強烈的誘拐，在文本裡以適當的方法可明顯地分辨出其所關連到其它含混的特質。現在我已經能夠識別無邊際和連續性與含混的特質。但它本身不足以形成不可置信之含混的誘拐。

只要以懷疑的目光來看本文，含混的氣氛是明顯的。但是當有人試著精確地找到它的存在的時候，卻很容易會錯意。《老子》不只頌揚含混的德行和它本身以例說明的這些德行，而且是以最名符其實的方法來例證其所頌揚的對象。因此，《老子》在含混上暗示並留下線索和痕跡，我們感知的不是直接的含混而是它的影像，而且總是在出現的邊緣上，但是從不完全的明白。

三十、Edward Slingerland：〈在老子中的自然無爲〉 〔註44〕

本文係 Slingerland 所撰《無須努力的行爲：在先秦中國「無爲」作爲概念隱喻和精神理想》一書中之第三章，他在本文中，應用最近發展的認知分析的研究成果，顯示出其獨特觀點及創新的能力。這將有助於西方學者更深入地了解中國文化和歷史的內涵。尤其 Slingerland 在探究中國的隱喻如何形成決定性的觀念，並進而分析這最具代表隱喻的「無爲」概念。Slingerland 認爲，此一「無爲」觀念曾經是古代中國儒家與道家共同的理想。茲予略述如下：

（一）前 言

Slingerland 指出，本書的目的在於標示「無爲」的成就，儘管它尚未符合本體論的每一個標準次序，然而卻凸顯了先秦特定族群之宗教思想核心精神和難以決定的哲學問題，如他稱之爲中國思想的主流的孔子、老子、孟子、莊子等。我亦將嘗試介紹由 Billter 所建立精確的內在張力，我稱之爲「無爲的矛盾」，及其如何激發出影響戰國時期的歷史發展的脈絡。繼本書完成之

〔註44〕見 Edward Slingerland, "So-of-Itsalf: Wu-wei in the Laozi", in *Effortless Action*（New York: Oxford University Press, Inc., 2003），pp.77-117.

後，至少有一本專著其主題也是討論「無為」的內容，即安樂哲的《統治的藝術》*The Art of Rulership.*》。其旨在仔細地探討儒家、道家、法家和融合的《淮南子》文本中，「無為」是一統治理論發展的情形。無為的概念在中國的宗教一直扮演著非常重要的角色，但卻也為中國和西方的學者所忽略。

（二）自然而然中的「自然」

Slingerland 指出，自從人獲得「知常」也就是一種知道「反」的原則，藉此達到闡明那是一個人能到達狀態的那種特性，在《道德經・十六章》的幾組隱喻提到：

> 致虛極，守靜篤。
>
> 萬物並作，吾以觀復。
>
> 夫物芸芸，各復歸其根，
>
> 歸根曰靜，是謂復命。
>
> 復命曰常，不知常，妄作凶。
>
> 知常容、容乃公，
>
> 公乃全，全乃天，
>
> 天乃道，道乃久，
>
> 沒身不殆。

在此主要的隱喻和陳述可概略分成三組：1、「虛」和「靜」；2、「觀其復」和「歸其根」和「復命」；3、「常」和「久」。這三組很明顯地在《道德經》作者的安排下彼此之間互為關聯。這在〈二十五章〉裡我們碰到的理論和〈十六章〉所圍繞著的許多特性，可提供為世界萬物的模範，很明顯地甚至比「道」還重要：

> 有物混成，先天地生。
>
> 寂兮寥兮，獨立而不改，周行而不殆，可以為天下母。
>
> 吾不知其名，字之曰道，強為之名曰大。
>
> 大曰逝，逝曰遠，遠曰反。
>
> 故道大、天大、地大、人亦大。
>
> 域中有四大，而王居其一焉！
>
> 人法地，地法天，天法道，道法自然。（二十五章）

Slingerland 指出，自然是自我本質和自我包容概念的結合，文義上為「自己如此」的意思，自然是指，事物從內在本質產生運作的途徑。無為和自然釋放

作動，因為他們是「本來如此」。回到之前對「返」的討論，那就是「低」是「高」的來源和原則，以形而上學言之，在宇宙論的邏輯上無為是建立在有和無的基礎。

在我這本書提到的學者們觀察到，在《老子》思想中的「自然」具有多元的意義。例如已經提到的兩種觀念；「本來如此」（originally so），為一種事物的本來狀態；以及「非強迫」（uncoerced）或「無肇因」（uncaused），是一種已然發生的事態沒有外面力量的任何價值指導的行為（例如，「不須努力的行為」（effortless behavior）。在加上劉笑敢的「內在的」（internal）和「恆久的」（enduring），即事務的發生是傾向在其自己內在的發展狀態。此為其第三種意義。有爭議的是，第二和第三種的「自然」（「非強迫」或「無肇因」和內在的」、「恆久的」）觀念，所呈現出其直接繼承基本概念，如同事物從容器之內自然地出現，而第一個「自然」的概念（original so）則附著於其他相關隱喻的觀念所包含，像是「嬰孩」或「樸木」。

（三）「沉思」對「有意」的道家和「無為」的矛盾

Slingerland 認為，當一個人達到無為境界時的好處是無窮的，諸如長壽、增進心智能力、遠離傷害等。很顯然地，老子非常關心而且他應允給有心向道的人某些主要的利益，即有能力在個人的生存、保全生命和避開危險而安適地生活。老子像孔子一樣地看到得到個人的救贖只是促成天下得到救贖的媒介。於是他的計劃使得他的視野更寬廣而不僅限於追求生命的長度而已，他的救世目標雖不及《論語》的明確，但卻也是《老子》思想的重要元素：

> 老子重複地強調，要求聖人拯救人民和萬物，以致他可透過「無為」
> 之治而擁有天下。從「吾言甚易知，吾言甚易行。」可看出其實是
> 一種真摯的利他主義，和強烈而懇切的規諫。

Slingerland 認為，透過自身的修養達到無為的境界，累積真正的德性，穩固地創立救世的根本。根基穩固之後逐漸成長而涵蓋了整個世界。然而，道家聖人的德性對於世界所發揮的影響力與儒家聖人的方式有所不同。不畏懼來自上天的星斗或風吹草偃的能力，老子提供一個看不見模式的「天」持續和處身於萬物之下。利用處下的位置轉化世界對其德性的巧妙影響，老子的聖德引導世界回歸到自然。以無為或不干涉自己而能培養玄德，滌除人們不自然的行為和欲望。

Slingerland 認為，有些學者帶來一些情勢的張力，主要是密切地關係到老

子「無為」之反論（矛盾）。呈現其中的一個進路，是顧立雅，他在他著名的論文《何謂道家》，〔註45〕以英文漢學的方式介紹「沉思」道家與「有意」道家之間的區別。他以自己獨特的「無為」版本方式來描述道家的兩種形式：沉思的「無為」呈現的是「真正無為的態度，以無欲的動機參與競爭的人類事務」。而有意的「無為」代表的「只不過是一個為了控制人類事務的聰明技巧」。如，Slingerland 在第一章的評注，「無為」的觀念只是一種作為工具或手段，已經明白包含在法家思想者的著作，如，韓非或申不害。但顧氏的看法不諦是一種老子的特性和「無為」的標記，顧氏覺得《老子》是較少關係到「道」的整體見解，而是更多關於「道」依為控制的技術。具有相同看法的學者有馮友蘭、Waley、Duyvendak、Kanaya Osamu 和 LaFargue 等。顧氏認為，老子為一本倡導亂世生存技巧、獲得長生及統治效率的實用手冊。而 Duyvendak 對老子的聖人的看法：

> 保持弱和低，避免任何意識的努力和追求任何設定目標的。在某種
> 意義上，他可能被認為有目的。他的「無為」是熟練的和有意識的
> 設計；他以堅定的態度，認為只有讓事物自然發展將對他有幫助。

（四）老子的聖人觀

Slingerland 提到，老子的聖人看起來是無辜的，但 Duyvendak 的評注，認為老子實際上是和法家的嚴肅一樣地「超道德」和「憤世嫉俗」。持相同看法但較不嚴厲的 Kanaya Osamu，像顧氏一樣，他區分為較偏向為沉思和宗教的《莊子》與較為憤世嫉俗和世故傾向的《老子》。Kanaya 回顧那些解釋「反」之原則的章節，他認為，《老子》聖人只不過是利用這個原則而得到他想要的。照這麼說，老子和一般人並沒什麼不同。他參與世俗的價值且渴望成功，而且只不過是較聰明和成功地知道他們的目的。Kanaya 覺得《老子》不若《莊子》擁有真正地宗教的理想——《老子》的最後分析並無真正超越存在的「世俗」價值。有些持類似看法的學者（特別是中國），認為《老子》的見解在現代的科學理論而言是屬於「無神論」和「唯物主義」。談到《老子》強調「反」的原則之重要性，楊達榮認為《老子》的「無為」「涉及的只是符合目標原則」。而劉學智相信《老子》的「自然」有「唯物論者主張之遵循萬物中固有的獨立的定律」。

Slingerland 指出，自己引用了許多《老子》的章節，當然只適用於那些工

〔註45〕Herrlee G. Creel, *What is Taoism?*（Chicago: University of Chicago Press, 1974）.

具主義者之譯注。或許可能地最不理想的的段落是〈六十五章〉裡「使民無知」的討論，還有分裂爲「有意的」（purpose）和「無意的」（unpurpose）之間的譯注，是經常讓出譯注者失敗於此一特別的段落。安樂哲的評註「使民無知」的定義可分成兩種方式：一、獨裁主義的技倆，爲了愚弄人民而且只有統治者能擁有「道」。二、引導人民得到自我的成就，也幫助他們找到「道」。Ames 注意到，即使兩種譯注完全地爲文本所排除（老子的內容富含多義言詞，可以很容易地迎合兩種譯注），而第二種「有建立文本中的形上哲學和政治哲學之間一致的正面特性」。那就是，聖王是爲塑造他的行爲於「道」的本身之上，而在〈第十章〉和第〈五十一章〉中我們發現「道」被描述爲只有透過滋養和繁榮萬物的貢獻方能達到自己的目的。在〈第三章〉的評註中（虛其心……強其骨等），Ames 的看法顯示與法家譯注相反的結論：

> 在道家哲學的文本裡，在譯注「虛其心」、「弱其志」和「常使民無知」是一種荒謬的政治操作策略，爲的是忽視這效法「常道」之道家思想所帶來的整個衝擊。第三章呈現的主要觀念是聖人堅守於「無爲」的政策，創造一個場合讓人民自由表現不受拘束而自然地發展的本質及完全沒有遭受外在所賦予的汙染。

Slingerland 指出，與安氏的觀點相符的其他學者，如劉孝敢注意到「使民無知」的政策，寧願是指「誠實、質樸、正直」，而不是指聰明利用愚笨。相關問題在〈第七章〉（不是因爲他沒有自己的思想，而是他能夠成就自己個人的目標。）和〈六十六章〉（因此，如果聖人想要在人民之上，他必須訓悔自己處於人民之下。劉殿爵評註「處下」的定義，旨在說明居上的人可能有呈現詭計的暗示：

> 我們僅只有預先形成老子主張使用「陰謀鬼計」的概念，但如果我們以開放的心胸探討此章節之處理方式，我們開始發現那裡不需要任何所謂的詭計，這是莫過於此。就算統治者有志於達成他的目標，他的成功只能寄望於追求人民的目標。如果他愛惜自己的羽毛，他只能無私地奉獻出最大利益。這裡所謂統治者的個人目標之實現，就是暗示時常談到的追求幸福。一個人只能謀求他人的幸福，他才能得到自己的幸福，因爲只有忘記自己的幸福，才是眞正的幸福。
> 由此未曾看出有任何詭計的理論，更何況老子的整個理論。

Slingerland 最後指出，因此我們可以結論，老子裡含有相當明顯的工具主義的成分，吸引了法家思想者的興趣，但若認爲文本爲一系統性計劃作爲有效的

政治控制則是一種誤解。綜觀任何老子的工具主義之譯注的重要元素，是文本裡含有基本的宗教成分。這是劉孝敢在觀察各種工具主義之《老子》譯注的某些精彩部份，可惜，最後他並沒有掌握到它的主要理論：

> 而視老子爲一政治學、軍事策略或氣功也不是很大的曲解，但這種文本的解釋只是皮表，無法深入老子所賦予的哲學本質和一致性的原則。對「自然」的敬畏是最能代表道家體系的價值，而且是最能與歌功頌德之儒家理論做一明顯地區隔。

Slingerland 認爲，許多讀者都偏離老子的觀念，以爲他的教導是某種似是而非的觀念，這種矛盾闡明是經常出現在文本的一部分。但是《老子》思想的矛盾主要是在「反」的理論，因此，我們首先必需去掉所有太普通的概念。《老子》主張持「弱」而「強」，初看時，好像是極爲矛盾，因爲這種一旦獲得「強」卻終究會回復到「弱」。然而，依上述我們知道「反」不是一個強到弱的循環，反之亦然。而是一種「返」的定律，即「有」（傳統的強、硬等）返回到「無」（弱、柔等）。如劉殿爵的評註：

> 「返」是「返回其根本」，而我們的根本當然是順從和柔弱。所有的據說（被說）的那一件事物，一旦已經到達它的發展的限制，將回到它的根。例如「下傾」，這是必然的，一旦我們已經返回到根本，沒聽過關於發展成一致的必然性。

Slingerland 進一步說明，「持」弱是眞實又持「強」的關鍵。同樣地，此明顯的矛盾在於寧願爲「弱」，是可能爲了我們堅決的「強」，當我們了解只有在傳統觀念的「弱」是寧願爲「弱」。老子的語詞矛盾只有在我們不知道區分慣用反語或非慣用反語之間的語詞使用，如「弱」和「知」。「反」的理論是一種「直接教導似非而是的」，但它是憑依表面而定。此種深層的矛盾是那些好像瘟疫的內部的狀況。首先，有「神義論」的問題；假若我們「自然地」與「道」合諧，世界又怎麼會從完美墮落，而爲何需要這麼努力才能把我們救回。在〈三十七章〉有特別的詭辯：

> 道常無爲而無不爲，
> 侯王若能守之，萬物將自化；
> 化而欲作，吾將鎮之以無名之樸。
> 夫亦將無欲。（三十七章）

Slingerland 指出，設若欲望是不自然的，爲什麼又不斷產生？「鎮壓」是一種

最糟糕的不自然力量之例子。以另一種方式的言詞表示，如果我們的本質本身是真正的與「道」合諧，而且將引導我們自我協調，他們又怎麼會掩飾呢？老子聖人誇言，「眾人皆有以，而我獨頑且鄙。我獨異於人，而貴食母（二十章）。」如果聖人真的是與眾不同，那麼怎麼可以說他的「道」是我們「自然的」全部。或許相反是真的：我們有一個自然的目標，是聰明的而且不顧「母」。在第〈十八章〉和〈十九章〉的段落中愛原始的母親隱含著忠告，像是譴責一個嚴重地強迫孝順的例子。

　　Slingerland 提到相關「神義論」的問題，是更為概念化之如何能「努力嘗試地不去努力」的問題。老子慫恿我們規矩地「為無為」和認知「道」的「執一」或「執象」，當然在此同時他自然也在有系統地譴責「為」和「執」。他極力主張我們減低個人的欲望和政治上減小國家的規模，而同時警告我們人性是一件樸木不應被任予改變，而國家就像一艘「幽靈船」不需有人去駕駛。〈二十九章〉：

　　　　將欲取天下而為之，吾見其不得已。

　　　　天下神器，不可為也，不可執也。

　　　　為者敗之，執者失之。

或許認同顧立雅之「沉思」和「有意」道家的說法，更可看出一種回應那些深層的壓力在內部地方。顧氏描述的兩種的道家不只「類型」不同，而且在邏輯和本質上是不能相存並容的。

三十一、安樂哲、郝大維：〈哲學導論：有關宇宙論解釋的文本〉

〔註46〕

　　本文係安樂哲、郝大維合著《道德經》的哲學譯注》一書之哲學導論部分。他們提出幾個與宙論有關的幾個哲學觀點加以詮釋和討論之後，再由這些觀點的角度譯注《道德經》的內容，茲分別述要如下：

（一）道家之宇宙論之釋義（Daoist Cosmology: An Interpretive context）

　　安氏提出，《道德經》之解釋為「道家宇宙論賦予生命重要的意義」。依其命題而言，「德」是其「首要焦點」，而「道」是它的「領域」。所謂其「首

〔註46〕 見 Ames, Roger T. and Hall, David L., "Philosophical Introduction：Correlative Cosmology-An interpretive Context", in Dao De Jing: Making This Life Significant-A philosophical Translation（NY:A Ballantine Book, 2003）, pp.11-71.

要焦點」即與道家關聯性的宇宙論是從這樣一種預設開始的：我們所遇到常新而又連續的各種境遇的無盡之流是真實不虛的，因此，在構成我們生活的那些事物和事件之中，存在著本體論的平等與對稱。

安氏認為，道家的宇宙論是從這樣一種預設開始的：我們所遇到的常新而又連續的各種境遇的無盡之流是真實不虛的，因此在構成我們生活的那些事物和事件之中，存在著本體論的平等與對稱。這種本質之定義，是認為所存在的只不過是永不停止的和經常高低起伏的循環經驗。事實上，缺乏「一支持多」的形上學，使得我們不加批判的使用"宇宙論"這一哲學名詞來形容道家是非常有問題的。道家將宇宙（cosmos）理解為「萬物」，這意味著在宇宙（cosmos）這個觀念所包含的一種連貫、單一秩序的、在任何意義上都是有限度的存在世界這種意義範圍內，而道家沒有這種宇宙（cosmos）的概念。因此，道家基本上是「非宇宙論式的」（acosmotic）的思想。

安氏指出金耀基〔註47〕（Ambrose King）論證說：傳統中國宇宙論之內的各種關係，是廣泛地根據家族特有的名詞來被理解的。我們可以進一步指出：對於思考中國的宇宙論，較之李約瑟〔註48〕（Needham）之「有機體主義」的觀念，家族是一個更為充分的比喻，並且，這個世界之中所有的各種關係都是家族性的。這一比喻當然也適用于《道德經》，在《道德經》中，治理權是採用家庭模式的一種制度，並且，人類生產的明確形象——母親與嬰兒——也被投射到了宇宙之上。事實上，處處滲透彌漫在《道德經》中之主導性的比喻是這樣的：道之于世界，正如統治者之于百姓。當開展的「道」環繞著我們時，是一個清晰可辨的世界之節奏與規律。道是非強制性的，所謂「道常無為」。這種態度被運用到了人世間。在有成效的管理過程中，強迫被認為是導致困窘枯竭和喪失人性的。因此，在道家思想中，相應于圓滿的經驗本身，圓滿的政治典範被描述為「無為」和「自然」。《道德經‧十七章》所謂「太上，不知有之；其次親而譽之；其次畏之；其次侮之；……功成事遂，百姓皆謂我自然」。

自發的行為是一種鏡象式的回應，這種行為本身是對它所回應的容納。它根據對方的要求來對待對方。這種自發性（spontaneity）涉及到對自我與其

〔註47〕筆者按，金耀基（Ambrose King , 1935～）香港中文大學社會學教授。
〔註48〕筆者按，Joseph. Needham（1900～），漢名李約瑟，為英國註明科學史家，因其巨著《中國科學技術史》享譽西方漢學界。

他事物之間連續性的承認，並且以特定的方式做出回應。這種方式就是：一個人自身的行為會增進自我與他人雙方的利益。這種行為所導致的不是制約性的模仿，而是彼此之間的互補和協調。

（二）「無」的形式

安氏指出，道家透過「無」的形式來表示其不同的行為。有三個最熟悉，充滿敏感性的觀念是：無為、無知、無欲。那些是各自地與事物之「德」的特定焦點（this particular focus）一致；無強迫的行為；一種不需依賴規定或原則的知識；不用追求擁有或控制它的對象之欲望。那些行為是「自然」、自動、自發，而本身是不武斷的。但是「無」的形式不僅是「無為」、「無知」和「無欲」，實際上《道德經》裡充滿著「無」。還有其它「無」的形式，如「無名」、「無心」、「無情」、「無事」、「無爭」等。「無」是一種「習慣養成」，若是要以更具體的方式來表達《道德經》所主張之「無」的培養，我們可以說成「生活即藝術」。道家心理的習性和習俗中的發展是一種可支配的資源、影響和嘗試去善用具體可能的範圍。

三十二、成中英：〈「本體倫理學」角度的《道德經》「道」的範疇〉

〔註49〕

成氏指出，在西方過去一百年來的《老子》翻譯熱潮，顯示道家已引發西方人新的興趣和想像。鑒於 1973 年馬王堆發現的兩個《道德經》版本的章節和 1993 年郭店竹簡的《老子》文本，使得近來《道德經》的英語翻譯爆增，更加引人注目。因此，有人可能說《道德經》的原始文本呈現「道」的概念，而引起了西方學術界的注意，茲予略述如下：

（一）「道」的語言和超越語言的「道」

成氏認為，老子使用的名詞「道」是指某些有限或無限的獨立物體或事件，反應他所要證明有某些事物是超乎我們感官可得知的現象世界。這同時也揭露他所預先洞察這一假定終極的事實，但是並不以語言表示，以避免語言可能造成一般所了解之普通觀念的作用。什麼樣地預先假設的語言，無法以語言來表達，其簡單的理由，是因為它總是使用預設的復歸語言來指定它

〔註49〕見 Cheng, Chung-Ying, "Dimensions of the Dao and Onto-ethics in Light of the DDJ", *Journal of Chinese Philosophy* 31/2（June 2004）:143-182.

所預設的本身。我們知道「道」是一種隱喻，像所有的隱喻一樣，它是對如何構成此意象世界的洞察。我們知道平常的事物如何組織和構成，而我們也知道如何處理它們。以此方法，《老子》開始談到以「有」爲肯定的語言爲那些事物命名，當他說到「無」則以否定的語言來命名。也就是說，那個無法命名的名字，即某些沒有名字的命名。顯然地，給了名字之後我們還是看不見它，而即使我們開始了解它，我們也無法以確切的名字來形容，只有用語言來強調其存在和可以察覺的經驗。因此《老子》說：「故常無，欲以觀其妙；常有，欲以觀其徼。」

（二）道家觀點之整體論的自然

成氏指出，我們應該知道無論是在道家或在儒家（新儒家_），其中國形而上學和道德的觀念的整體性質。這種整體的觀念是與世界上所有的事物和情況有關，且由此可適合他們的主要方式。我們能盡力做好的是支持邁向以新經驗的譯注觀點，作出最好的概念詮釋，以有機實體的方式整合各種已知的意義和符合眞相的範疇。

（三）自然本體觀的「道」或「道」的自然本體觀

成氏指出，「道」的本體（根本實體）爲自然的概念，是理解「道」的形成和發展的自然結果的重要方法。此一發展對於了解「道」或「道家」的哲學尤爲重要。特別重要的是消除時下許多在研究和譯注《道德經》時，對於「無爲」學說的誤解。值得疑問的是，如何理解「無爲」是道家理論實施的關鍵觀念，而不是可單獨理解之更基本的「無爲」觀念。首先我們需要指出「自然」和「無爲」是同爲重要地位的二項觀念，他們達成終點的目標和方法也是不相關。

（四）無為和為無為順著自然本體

成氏指出「無爲」的觀念在《老子》是最重要，因此它被引述爲《老子》智慧的代表。但它像許多重要的觀念，時常被誤解。「無爲」它時常被理解爲什麼也不做。然而「無爲」，也不見得將會導致事情未完成的結果。但是我們也考慮到「無爲」爲何需要接著「爲無爲」的安排。像 Slingerland 所提出的「嘗試不去努力」（trying not to try）不是互相矛盾了嗎？Slingerland 已經努力地嘗試解決這一個似非而是的說法，而沒有澄清爲什麼《老子》必須這麼說，而且這如何不同於「無爲」。沒有澄清這一個被他引導翻譯「無爲」爲「不須

努力的行動」（effortless action），但是「無爲」其實只是單純的「無爲」或「無所爲」。在此觀念之下「無爲」的重點只是單純地任其自然，或「道」的「自然而然」，沒有條件的要求行動，而且也因此沒有行動，更談不上需要「不努力」（effortless）或「努力的」（effortful）。這顯然地是不同的情況，當「無爲」是有條件地擔負著達到「無爲」的行動，包括牽涉到一個人的態度和行爲的調整行動時的情況。相同的道理，當安樂哲和 David Hall 翻譯「無爲」爲「無強制的行動」，我們可以理解「無爲」多少有點「無強制的行動」的意義。

（五）結　論

成氏認爲，主張在《道德經》之「道」的「自然」觀念，的確是理解「道」的必要和決定性的關鍵，而且那是與「道」息息相關的觀念。不進行調查「自然」的內容，即（暗示）毫不保留地預先假定「道」的活動，會有不理解的用詞產生，例如「自在」（self-existing）、「自生」（natural happening）、「自發」（spontaneous）、「自行」（free action）甚至「自由」（free going）。在「道法自然」的明確地宣示之下，「自然」是「道」之「無爲」（爲無爲）的來源。而且沒有「自然」就沒有「無爲」，沒有「無爲」就沒有「爲無爲」，反之亦然。藉由此種理解，主張「無爲」是道教的本質是一種被誤導的認知。事實上，我們一定要認清，「自然」是實體的根本，而且「無爲」是來自實體進行的功能或結果。

因此，成氏提出，以「本體」（root-reality）的概念的角度來解釋「自然」的觀念，那是中國形而上學之最重要的概念，一項爲許多漢學家和學者所忽略的概念。成氏在本文提出，「本體」爲「自然」的概念的解釋，不僅是標示來自道家背景之「本體」概念的開端，而且也是使「自然」的觀念更容易理解。另一種含意是「本體」有許多的功能。因此，我們可能依照它的許多功能辨別加以解釋「道」的「本體」，而這將會解釋「道」如何以及爲什麼從古代就已經被廣泛地使用。就以「無爲」的觀念而論，我在「無爲」和「爲無爲」之間的作出一種區別。我不同的「爲無爲」詮釋和解釋應該可揭示和據以判斷，當時《老子》之所以反對「仁」、「禮」、「義」、「智」及「聖」基本理由。「爲無爲」所達到的境界將引導「無爲」拒絕無意義形式的政治控制。

成氏最後指出，我們介紹道家的「本體倫理學」爲「道」的「本體宇宙論」的自然發展，在人類社會形成有這一致的系統功能的「道」，是其最直接和自然的具體表現。我更進一步指出，道家如何以其「本體倫理學」的「吝」和「慈」

調和純粹儒家之「本體倫理學」的人類德行。如眾所知，1993 年出土的帛書文本可爲道家的經驗和發展提供合理的證據。我指出黃老思想和法家（馮友蘭稱之爲秦法家）如何利用道家之「本體宇宙論」的整個「自然」「無爲」系統，分歧成爲兩個分別的系統。而非建立「無爲」在「自然」的「本體」的基礎。他們移植「無爲」的觀念到法家的系統，是一種不是「自然本體」的強權系統。

　　成氏總結，道家可分類五種。本體宇宙論道家（老子 1）、本體倫理學道家（老子 2）、本體詮釋學道家（莊子）、功能的道家（日常生活的）、方法論的道家（政治統治之術）。如「道」的各個歷史發展之跡象和各種不同古典本文所見的道家。在當代訊息中，哲學道家和宗教道家中的「道」，其中「本體倫理學」道家和它的發展的古典階段其數量最多，而且是最重要的。至少說，這應該要有更多道家文本的「本體詮釋學」之譯注及更多的道家哲學之「本體詮釋學」的研究有待完成。

三十三、Cline M. Erin：〈《道德經》中之「德」的兩種詮釋〉〔註50〕

　　Erin 指出，在 Ivanhoe 所撰〈在《老子》中「德」的觀念〉一文中，回應劉殿爵所宣稱的「在《道德經》中德的觀念並不是特別的重要」，並且主張「德」的理解對於整個文本呈現的哲學評價是不可或缺的。在安樂哲所撰〈把「德」還給《道德經》〉一文中也提出反對劉氏的主張。他表示道家觀念的「德」，無論是在後來的詮釋或是目前對道家的理解，都已經被「嚴重地漠視」。然而，在 Ivanhoe 和安氏之間的類似分析，而他們的意見結果都傾向於「德」的理解對於了解《道德經》是必要的，因爲他們在「德」的詮釋達到了戲劇性之不同之結論。本文以比較的方法和針對他們所詮釋的「德」，檢查他們所宣稱的一致性或暗示遵循著方法學。而我認爲 Ivanhoe 和安氏的比較哲學方法，詮釋「德」的結果產生明顯的對比。

（一）安氏認爲「德」是特殊性

　　Erin 認爲，安氏在〈把「德」還給《道德經》〉的文章中描述「德」爲道家觀念中的特殊性。藉由結合幾種成分的語言學資料，安氏的結論是「德」爲事物之起源或存在的重要定義，轉化內容和存在的支配：一種自動生產的、

〔註50〕見 Cline M. Erin, "Two Interpretations of De in the Daodejing," *Journal of Chinese Philosophy* 31/2（June 2004）:.219-233.

自我圓融的。整個文章中，安氏使用西方歷程哲學（process philosophy）的詞彙描述「德」的觀念。他認爲「德」是個體的存在開始（come into being），是一種活動有機體的形上學特徵。「存在」（presencing），指的是懷德海的「共生」（concrescence）觀念。

（二）Ivanhoe 認為「德」是「德性」

Erin 指出，在 Ivanhoe 翻譯的《老子的道德經》中的詮釋，「德」爲「德性」，他形容道家是一個不尋常類型的倫理現實主義者。他宣稱，指導道家聖人的是前反射的傾向，而非自我意識的政策或者原則，因此對所謂的倫理或自然之間是沒有衝突的產生。

在〈《老子》中之「德」的觀念〉文章中，Ivanhoe 認爲，在《道德經》之「德」的觀念，與早期的儒家之「德」的觀念有三個重要的相同特性。第一個特性，是「德」的吸引人的魅力。第二個特性，是「德」對其他的人和自然本身的效果。在《道德經》之「德」的第三個特性，是「德」和「無爲」之間在統治人民的密切關係。

（三）結 論

Ivanhoe 以爲。在比較了 Ivanhoe 和安樂哲 Ames 對於詮釋道家之「德」的觀念之後，可發現他們兩者對於「德」的理解之間有明顯的差異，就是 Ivanhoe 的理解是「德性」，而安氏的理解爲「特殊性」。

第四章 《老子》之「道」之「體」研究在美國述論

　　根據第三章美國學界有關《老子》的研究，我們根據其中的資料，加以整理分析之後，發現其中在某些議題上之觀點極為分歧，以下試就《老子》之「自然」、「道與德」、「有、無」等幾個相關議題，分成三小節加以述論。其中老子所言之「德」其實就是指「道」的作用而言，因為老子曰：「孔德之容，惟道是從。」老子又言：「生而不有，為而不恃，長而不宰，是謂玄德。」然而，美國學者，對《老子》之「德」的看法，頗為分歧，故本章第二節試針對《老子》之「道」與「德」之間關係作進一步之探討。

第一節　《老子》之「自然」研究述論

一、「自然」的意義與詮釋

　　Callahan 認為，《老子》的「自然」為理性的認知，他對「自然」譯注為：「從特殊觀點的行為洞察力」。史華慈指出在《道德經》裡「自然」的進行不是有目的和有意識的，他認為，《老子》的「自然」為一種自然運作而無深思熟慮和預先安排的秩序。劉笑敢認為，「自然」為《老子》哲學的核心觀念且滲入各方面的人類生活。成中英則提出，「本體」為「自然」之概念的解釋。以下為學者們對於「自然」的看法：

（一）理性認知的自然〔註1〕

Callahan 指出，《老子》的「自然」是作爲理性的行爲決定的基礎，但它應同時包含理性和非理性的行爲。Callahan 以爲，「自然」是萬物的一部分，而且首次的出現是在混合編纂而成的道德經。因此，「自然」似乎成爲道家獨特的用法。Callahan 認爲，《老子》使用源自語言學概念的「自然」，作爲有效的對抗其競爭對手的常規禮儀。道家拋棄階級組織的制度和慣例，呈現一個相對主義的世界觀。依此理論，他對「自然」譯注爲：「從特殊觀點的行爲洞察力」。此種意義和其他學派的「從習俗（禮、法）觀點的行爲洞察力」形成強烈的對比。Callahan 指出，最常看到的「自然」之釋義是「自發性的」（spontaneous）、天然的（natural）或自己如此（self-so）。他認爲，這些「自然」的詮釋沒有表達這種創造力，反而是顯現其寂靜主義、被動的、聽天由命的詮釋。

（二）非天命意識的自然〔註2〕

史華慈指出，在《道德經》中的「自然」，其進行不是有目的和有意識的，雖爲表徵之母其悲憫讓人聯想到她的關愛，但「道」是沒有儒家的天命意識。天地是不會仁慈的，他們視萬物爲芻狗，天地是不會關心人民和萬物的幸福或痛苦。吾人的確可說《老子》的「自然」是一種自然運作而無深思熟慮和預先安排的秩序。

（三）自然為《老子》的核心價值〔註3〕

劉笑敢指出，在古典文學中，「自然」的觀念很清楚地是起源於《老子》。在任何較早的文本中都沒有「自然」的用詞，例如詩經、周禮或論語。在《老子》五千言中卻有五個章節直接提到「自然」一詞，都是在清楚地反映作者所尊崇和鑑賞的這個觀念。而其中間接形容「自然」觀念的章節則遍及整個文本。因此，「自然」爲《老子》哲學的核心觀念而且滲入各方面的人類生活。

〔註1〕　見 Callahan, W. A. "Discourse and perspective in Taoism : A linguistic interpretation of Ziran," *Philosophy East and West*,39/2（1989:Apr.）:171-189.見 Loy, David, "Wei-wu-wei: Nondual Action," *Philosophy East and West*, 35/1（1985:Jan.）: 73-86.

〔註2〕　見 Benjamin Schwartz, "The Thought of the Tao Te Ching," in Livia Khon and Michael LaFargue ed., *Lao-tzu and the Tao-te-ching*（NY: State University of New York Press,1998）,pp. 189-210.

〔註3〕　見 Liu Xiaogan, "An Inquiry into the Core Value of Laozi's Philosophy,".in Mark Csikszentmihalyi & Philip J. Ivanhoe ed., *Religious Philosophical Aspects of the Laozi,*（NY: State University of New York Press,1999）, pp. 211-236.

例如，在《老子・第十七章》，從統治者與人民關係之間的觀點來提倡「自然」。

（四）「本體」為「自然」的概念〔註4〕

成中英認為，在《道德經》之「道」的「自然」觀念，的確是理解「道」的必要和決定性的關鍵，而且那是與「道」息息相關的觀念。成氏認為不進行調查「自然」的內容，即（暗示）毫不保留地預先假定「道」的活動，常會有不理解的用詞產生，例如「自在」（self-existing）、「自生」（natural happening）、「自發」（spontaneous）、「自行」（free action）甚至「自由」（free going）。事實上，一定要認清，「自然」是實體的根本，而且「無為」是來自實體進行的功能或結果。因此，成氏提出以「本體」（root-reality）概念的角度來解釋「自然」的觀念，那是中國形而上學之最重要的概念之一，卻為許多漢學家和學者所忽略的概念。

根據上述的觀點，我們可以對美國學者有關《老子》之「自然」的意義與詮釋作出進一步的歸納。「自然」是從特殊觀點之行為洞察力的一種理性認知，此一「自然」是實體之根本，其進行及運作是沒有目的和意識，而且無深思熟慮的預先安排的秩序。整體而言，這些詮釋大致符合自然的本義。唯其中某些論述的過程或觀點似有略欠周詳之處。首先，Callahan 引述《老子・第二章》：

> 天下皆知美之為美，斯惡已。皆知善之為善，斯不善已。
>
> 故有無相生，難易相成，長短相形，高下相傾，音聲相和，前後相
>
> 隨。

Callahan 提到，這裡的「自然」當作理性的行為決定的基礎，從上文中我們可看出美醜、善惡、有無、難易、長短、高下、前後等這些相對的觀念，都是由對待關係而產生的區分。這種區分是經過理性行為認知而作出的決定。但這些詮釋都應屬人為的階段，和《老子》所謂的「自然」觀念還不是很接近。重點應該是在之後的「是以聖人處無為之事，行不言之教，萬物作焉而不辭；」而且這裡的句子，可和〈六十四章〉的「是以聖人欲不欲，不貴難得之貨；學不學，復眾人之所過。以輔萬物之自然而不敢為。」因為有了「自然」道理的認知，「無為」的行為才可以有依據之標準。

劉笑敢所提出的「自然」為《老子》的核心價值之說，他引述《老子・十七章》「功成、事遂，百姓皆謂：我自然。」和〈二十五章〉的「人法地，地法

〔註4〕 Cheng, Chung-Ying, "Dimensions of the Dao and Onto-ethics in Light of the DDJ", *Journal of Chinese Philosophy* 31/2（June 2004）:143-182.

天，天法道，道法自然。」從統治者與人民之間的關係和「人」與「自然」二者真正互動結果的關係來強調「自然」的重要。「道」是宇宙的來源，是當然的最高象徵，但「道」的原則是根源於「自然」。然而，根據劉笑敢的釋義裡，「道」之上似乎還有一層更高的價值意義存在。再者，「百姓皆謂：我自然。」此處之「自然」並不是指統治者的「無爲」，而是指百姓們已得到充分的自我發展。此係因爲聖人（統治者）的無爲在先，才使人民得到充分的自我發展。因此並無劉氏所謂之學者們的翻譯錯誤，此乃先後順序之問題而已。

有關成氏，提到「本體」一詞於魏晉時期即已爲中國哲學文本上大量使用的重要名詞，但是以「本體」爲單獨名詞，並正式應用在自然和道德的價值則首推嚴君平的《道德指歸》。成氏指出，「道」的本體（根本實有）爲自然的概念，是理解「道」的形成和發展的自然結果之重要方法。此一發展對於了解「道家」哲學及《老子》的研究和譯注或許會有所幫助，尤其是對於「無爲」的了解。成氏並指出，「自然」和「無爲」是重要的二個觀念，但他們達成的目標和方法卻是不相干。

根據王弼注：「自然已足，爲則敗也。」〔註5〕因爲，只有聖人能體合天道，順應自然，不會妄加作爲。依此，筆者以爲，Callahan 提到，「自然」是「闡述從洞察而來的行爲」，並可當作理性行爲決定的基礎。這固然有其個人洞見，值得肯定。然而，從其引述《老子》文本內容及其論述的義涵中，我們發現其對《老子》的「自然」之意義似乎仍有誤解之處。他指出，道家拋棄階級組織的制度和慣例，呈現一個相對主義的世界觀。然而，吾人從王弼之注得知，老子根據「道」是「自然」的認知，遂提出「無爲」的思想與原則，以供吾人行爲的參考依據。依此，筆者以爲，Callahan 將「自然」詮譯爲：「從特殊觀點的行爲洞察力」，應較偏屬於「無爲」，而非「自然」的概念。

至於劉氏認爲在「道」之上另有一層更高的價值意義。關於這一觀點，國內學者如余培林〔註6〕、陳鼓應〔註7〕、魏元珪〔註8〕及袁保新〔註9〕等都不以爲然。他們大致都認爲「道法自然」的「自然」是指「道」的自然規律、

〔註5〕 見〔晉〕王弼：《老子註》（台北：藝文印書館，2001年），頁2。
〔註6〕 見余培林：《新譯老子讀本》（台北：三民書局，2006年），頁20～21。
〔註7〕 見陳鼓應：《老子註譯及評介》（北京：中華書局，2003年），頁29～30，163～170。
〔註8〕 見魏元珪：《老子思想體系探索》（上）（台北：新文豐出版，1997），頁279。
〔註9〕 見袁保新：《老子哲學之詮釋與重建》（台北：文津出版社，1991），頁95～96。

特性而言，並非在道之外，別有一個自然。而安樂哲則指出，道即自然。依此，筆者以爲，劉氏的此一觀點似乎有值得商榷之處。

二、「自然」與「無爲」的關係

劉笑敢認爲，「自然」的「道」是萬物的典範，且與「無爲」有密切關聯。成中英提到，「道」常「無爲」，而且認爲「道之於世界，正如統治者之於百姓。」David Loy 指出，「無爲」之最普通的詮釋是「自然」，他引述顧立雅：「自然已足，爲者敗之。」安樂哲則指出，「道」爲「自然」。以下爲學者們對於「自然」與「無爲」的觀點及論述：

（一）「自然」與「無爲」之區分

劉笑敢指出，統治者應該以「自然」的方式治理天下，讓人民完全享受一個無外力干擾的生活。這種應用在社會關係的「自然」原則，特別是統治者和人民之間的關係。當「道」和「德」與「自然」互相協調一致時即是「無爲」；他們不對萬物發號施令，而寧可消極地遮蔽或附和他們，因此，「自然」的「道」是萬物的典範。〈六十四章〉中由聖人與萬物之間關係，進而討論「自然」：

> 是以聖人欲不欲，不貴難得之貨；
>
> 學不學，復眾人之所過。以輔萬物之自然而不敢爲。

劉氏指出，「自然」和「無爲」，在很具特色的《老子》哲學中具有相當顯著的特徵且明顯地扮演相當重要的角色。〈二十五章〉中的「道法自然」和〈三十七章〉的「道常無爲而無不爲」，可看出「自然」和「無爲」顯然被用於深奧難懂的「道」，因此，在傳統哲學的現代分類裡很難爲他們找到一個適當的定位，更難以爲它做任何精密的描述或分析。因而，劉氏對「自然」和「無爲」的初步研究結果，認爲這二個彼此區別的觀念，很少有人做過任何的深度調查，且通常這二者可彼此交換地被合併使用。「無爲」是老子整個文本的中心觀念。「無爲」在《老子》中被當成核心觀念，而「自然」只是這種狀態的描述。

（二）「自然」是「道」之「無爲」（爲無爲）的來源

成中英認爲，在《道德經》中主導性的比喻是：道之於世界，正如統治者之於百姓。當開展的「道」環繞著我們時，是一個清晰可辨的世界之節奏與規律。道是非強制性的，所謂「道常無爲」。這種態度被運用到人世間。在有效的管理過程中，「強迫」被認爲是導致困窘枯竭和喪失人性的。因此，在

道家思想中，相應于圓滿的經驗本身，圓滿的政治典範被描述爲「無爲」和「自然」。在「道法自然」的明確地宣示之下，「自然」是「道」之「無爲」（爲無爲）的來源，而且沒有「自然」就沒有「無爲」，沒有「無爲」就沒有「爲無爲」，反之亦然。藉由此種理解，成氏主張，「無爲」是道家的本質，此係一種被誤導的認知。事實上，「自然」是實有的根本，而且「無爲」是來自實有進行的功能或結果。

（三）「無為」的詮釋為「自然」

David Loy 指出，「無爲」最普通的詮釋是「自然」，他引述顧立雅的：「自然已足，爲者敗之。」並指出，根據馮友蘭之「無爲」的說法：「認爲一個人應該限制他的行動，什麼是需要的、什麼是自然的。「需要」就是有某種目的需要而去完成它，但從不做過頭。「自然」就是遵循一個人的德，而不用「不合理」的努力。」馮友蘭使用「不合理」正好把這個問題往後推一步，我們如何分辨合理與不合理？沒有經過二元論的判斷而譴責道家的作品。王弼將自然和不競爭（not striving）、不故意的努力視爲相等。〔註10〕Loy 指出，馮氏所屈就的判準是無拘無束地「自發性」（spontaneity），但那頂多只是一個必要而不一個是充分條件。目前的觀點尚無任何反駁「無爲」是自然的（natural）、非蓄意的（nonwillful）的行爲等，問題是這樣的描述尚有不足，但若賦予相關之嚴格定義的判準可能會更有價值。

針對上述學者所提到的觀點，吾人可對《老子》相關章節，予以分析之後，再作論述：

《老子·六十四章》：

> 合抱之木，生於毫末；九層之臺。起於累土；千里之行，始於足下。
>
> 爲者敗之，執者失之。是以聖人無爲故無敗，無執故無失。
>
> 民之從事，常於幾成而敗之。慎終如始，則無敗事。
>
> 是以聖人欲不欲，不貴難得之貨；
>
> 學不學，復眾人之所過。以輔萬物之自然而不敢爲。

老子認爲，能長成合抱的大木，剛開始也是從嫩芽長成的；九層高之塔臺起初也是從一堆堆的泥土累積而成的；千里遠行也是一步步走出來的。老子認

〔註10〕重要的「無爲」片語，意即「沒有意志的行爲」（not-having willful action），見 Sung-peng Shu, "Lao Tzu's Conception of Evil," *Philosophy East and West* 26/3（July,1976）:303.

為，這些都是順著自然而行的結果，並不需要有心的作為。反而有心的作為，
會導致失敗；若是固執自己的看法，就會有所偏失。聖人明白此一道理，因
此能無所為而為，所以能無所敗壞；因為能無所偏執所以就無所忽失。聖人
無所執著一切循道而行，順任自然。他追求的是無貪無欲，故不重視珍貴的
貨物。他所要學的是無知無識，以挽救人們離道失真的過失，以輔助萬物自
然發展，而不敢有所作為。

　　上述美國學者有關「自然」與「無為」的看法皆頗有精闢的分析和論述，
然而，不論是出自他們本身或是引用國內學者的觀點，基本上都不脫陳鼓應
之的說法。「自然」與「無為」的確如影隨形，難分難解。劉氏指出，大多數
的學者已經視「自然」和「無為」幾乎是同一個想法。然而，在仔細分析之
下，此二觀念雖不至於互相矛盾，但卻不是完全相同的。成氏認為，在「道
法自然」的明確宣示之下，「自然」是「道」之「無為」（為無為）的來源。
而且沒有「自然」就沒有「無為」，沒有「無為」就沒有「為無為」，反之亦
然。然而若藉由此種理解，而主張「無為」是道家的本質，實是一種誤解。
事實上，「自然」是實有的根本，而且「無為」是來自實有進行的功能或結果。
而關於 Loy 所提到馮友蘭對於「自然」與「無為」的觀點，固然有其不盡理
想之處，誠即，如何分辨自然和不自然之行為以及合理與不合理的努力，而
且馮氏所提出的判準似略欠周詳，因此，Loy 主張應有一套更嚴格的定義標準。

　　筆者以為，根據王弼注，「學不學，復眾人之所過」為「不學而能者，自
然也。」可知，「不欲」之「欲」是指有所貪求、徇私的行為，則「不欲」應
可類推為「不欲而為者，無為也」。依此可知，「自然」是與「道」的本質和
人的本性有關；「無為」則是在於人的私、欲的節制而與人的行為有關。有了
此一基本概念，吾人可知「自然」與「無為」雖然有密切的關聯，但本質上
仍可予以分辨。而陳鼓應的說法則更為明確：『「老子的「自然無為」是任何
事物都應該順任它自身的情狀去發展，不必參與外界的意志去制約它。事物
本身就具有潛在性和可能性，不必由外附加的。因而老子提出「自然」這一
觀念，來說明不加一毫勉強作為的成分而任其自由發展的狀態。而「無為」
此一觀念，就是指順其自然而不加以人為的意思。這裡所說的「人為」含有
不必要的作為，甚或含有強作妄為的意思。」』〔註11〕

　　筆者以為，這一合理明確的詮釋，應足以解答 Loy 對於馮氏的質疑及他

〔註11〕見陳鼓應：《老子註譯及評介》（北京：中華書局，1984 年），頁 29。

所提到有關顧立雅的疑問。而同時也為成氏之「自然」是「道」之「無為」（為無為）的來源之說，提供了一個合理的解釋。至於「自然無為」的詮釋，筆者比較有有疑惑的地方是劉氏的看法，他說：『「自然」的「道」是萬物的典範』，固然不無道理。然而，劉氏認為：『當「道」和「德」與「自然」互相協調一致即是「無為」』的看法，則似有待商榷。若說「自然」為「道」及宇宙萬物所遵循之基本法則，似乎無不妥之處，但若其中攙入「德」的條件就顯得複雜而難以理解。他又說：「他們不對萬物發號施令，而寧可消極地遮蔽或附和他們。」既然「道」是「自然無為」，又何以需要消極地遮蔽或附和他們。如此的說法略欠妥當。

三、「自然」與「科學的」自然主義

史華慈指出，「自然」出現在《道德經》就只是我們平常經驗的自然而已。在書裡有些觀察自然的進行過程，有一特別地先佔的二元對立的自然，如，陰和陽、光和暗、強和弱、柔和剛、動和靜。這些陰陽的概念是二元互補或相反的一般原則的抽象意義。這些觀察和主張可能屬於目前學術界所接受的自然觀點。檢查這些章節裡所涉及的自然義涵，但重點是不曾清楚地成為「科學的觀察」，也沒有任何證據證明，是《道德經》作者的任何的求知慾望，以了解個別事物和事件或運用科學技術知識為目的。

史氏認為，文本裡的二重對立，當不必與「科學問題」相關時，必定會從書裡的神祕核心思考的觀點產生一個問題，那就是各種成對的名詞常被視為一致的，又有時給予不同的重要性，表示有一種不可期待之道德力量的存在。這裡可能引起一個疑問，就是「無價值的科學」和「神秘的」觀點。劉殿爵曾經指出，《道德經》裡的明顯「不對稱」觀點，例如，母對公、弱對強、柔對剛和被動對主動等。所有例子中，成對的第一個名詞是絕對「優先」。它喜歡較高的「存有論」的狀況，就像水是優先於石頭，而水往低處流，再引入更深奧的感覺，比石頭堅硬。當他們發展硬、晶潔和清楚地辨別，他們就更與「有」的來源隔絕和阻斷。自然的觀察不能迥異於正確觀察的「合理數據」。

以上所述，為史華慈對於「自然」與「科學的」自然主義的觀點，筆者試就以《老子》文本，予以分析之後，以茲為判準之依據：

我們知道，《老子》之「道」為宇宙萬物之本源，天地萬物皆由「道」所創生。而「自然」為「道」與宇宙萬物遵循的基本法則。〈二十五章〉：「人法

地，地法天，天法道，道法自然。」是說明天地萬物，包括人都要遵循自然的法則。我們試以〈第二章〉的句子為例來加以論述。

　　　　有無相生，難易相成，長短相形，高下相傾，音聲相和，前後相隨

關於上述引文，有學者認為《老子》一書的造句和寫作，充滿修辭學上所謂的對偶、層遞和寓言。在解釋這些章句時，要特別注意的是這些對偶、層遞的用法，只是為加強文學上的修辭效果而已，在邏輯上未必有特別意義。〔註12〕雖然此文中之有無、難易、長短、高下、前後等皆是有比較的性質的形容詞，但是「音聲」這一組的兩個字詞，在此都是名詞的用法，並無比較之意。我們再舉三十六章之「「將欲歙之，必固張之；將欲弱之，必固強之；將欲廢之，必固舉之；將欲奪之，必固與之。」為例。其大意為：「要收斂之前，必先有擴張的動作；要衰弱之前必須有強盛的狀況；要奪取之前必先有給予的東西。」這些現象的確是老子從自然現象，觀察事物運作發展的道理而得來。但是，這些淺顯易見的自然現象，並非《老子》示人之真正目的。反而是這些現象背後隱藏的道理才是《老子》所要傳達的本意。《老子》的哲學之「道」，含有正言若反、對立相反、反本復初的三層意義。故《老子》說：「反者道之動」。所以若不予深究《老子》之「反」的哲學，就無法深切地了解《老子》哲學之真正意涵。

　　筆者以為，《老子》所使用的這些對立的字眼，應該考量到中國文字的使用制約（語法習慣規則），而並非全然如史氏與劉氏所說的「不對稱」用法或所謂的「優先」的偏好。再者，《老子》的形上之「道」是超越現象與經驗的法則。自然的觀察不能迥異於正確的觀察「合理數據」之說，於此科學時代的角度而言，固然是一點也沒錯。但若只是以西方哲學之二元對立之論點，硬套在東方哲學的《老子》身上，似有待商榷。

第二節　《老子》之「道」與「德」研究述論

一、「道」的詮釋與涵義

　　孟旦認為，「道」是自然平等，是唯一的原則，且最常被描述為「無」：即「道」是沒有可知覺的特質並且不具有好壞或者高低的特徵。史華慈指出，「道」是一種自然的秩序。劉殿爵指出，不可言喻之「道」為宇宙創生之來

〔註12〕見劉福增：《老子哲學新論》（台北：東大圖書公司，1999年），頁157。

源。韓祿伯提到，「道」是「宇宙實體」的說法，在此是指《老子》的「道」是實體或實體的層次，是在天地萬物創生之前就已存在。

（一）「道」的自然平等性、是唯一的原則

孟旦認為，「道」是自然平等之單一的原則，宣示所有的事物都是鎮靜自如的發生於「氣」之變化。其最常被描述為「無」：即「道」是沒有可知覺的特質，並且不具有好壞或者高低的特徵。故《道德經》說「天地不仁」是指否定自然顯現之任何倫理的特質，並且反對孟子所宣稱的「完美的天」。因此「道」是絕對和單一，「道」是凌駕任何可以比較的事物；是沒有可指定的任何特性。那些特性，如好與壞、貴與賤、冷與熱或乾與濕等，都是完全可由人的觀點所指定，是沒有自然的根據。

（二）「道」是一種自然的秩序

史華慈指出，「道」是一種自然的秩序。但當從所有可記述的過程中分離出來時，他代表著什麼意義？何謂無內容的過程？是一種可以形容其連續的步驟和可用以固定的連接和關係。簡言之，過程中有一種無法形容的元素，和那不可知的自然的過程相去不遠。老子很嚴肅地避開那些無法命名的而不去予以命名。

（三）不可言喻之「道」為宇宙創生之來源

劉殿爵指出，從《老子》首章的「道可道，非常道。」即開宗明義指出，「道」是老子的中心思想。意即，如果可形容、引證和讚許的「道」，就不是常道。〈三十二章〉「道常無名」。沒有名字可冠之於「道」之上，因為，語言文字完全不足以表達這種宗旨。但「道」若是可以說得明白，即使再怎樣的不足以形容，也要提供一個接近的事物概念。〈四十一章〉又重複地說「道隱無名」。因為，要以文字來恰當形容「道」是很困難的事，雖然「道」被想像為負責創造和宇宙的來源，然而道家以明確特性的方法，給予具體的描述彷彿其為一實體之物。在〈四十二章〉中：「道生一，一生二，二生三，三生萬物。」劉氏認為，這裡的「道生一」之「一」，實際上經常是「道」的其他用法的名稱。瞭解此一方法後我們便可知道「一」或「道」也是負責創造和宇宙的來源。

劉氏認為，從上述我們可知道此一實體為「道」，為宇宙之前即存在。但藉由指其為「惚兮恍兮」、「無形之形」是一種沒有物質的想像是很困難的。實際上，甚至要說它創造宇宙也是一種誤導。畢竟它創造宇宙和父親得到孩

子是不一樣的方式。

（四）「道」是「宇宙實體」

韓祿伯提到，「道」是「宇宙實體」的說法，在此是指《老子》的「道」是實體或實體的層次，是一種天地萬物創生之前就已存在。自然的宇宙和天地之間的事物，即中國所稱之「萬物」，它泛指集體的各種生物類屬，包括所有的蟲魚鳥獸、植物花卉等，而人類只是萬物一。萬物都是從「道」產生出現，就像嬰兒從母體子宮產生。「道」是「個人的實體」的說法，是指萬物的產生，是由「道」持續不斷賦予每一個別事物的一種力量或能源，或許是生命的力量。而此並非靜止的能量，它不斷地促使每一事物的生長與發展，是以一種特殊的方式與它的「本性」和諧而得到生長與發展的方式。

由上可知，美國學者對於「道」的詮釋與涵義各有看法，並且提供了各種豐富的論述與說明，吾人可由《老子》文本內容，得知老子的本意，以作為上述判準之依據。

《老子‧三十九章》：

> 昔之得一者：天得一以清，地得一以寧，神得一以靈，谷得一以盈，
>
> 萬物得一以生，侯王得一以為天下正，其致之也。
>
> 謂天無以清將恐裂，地無以寧將恐廢，神無以靈將恐歇，谷無以盈
> 將恐竭，
>
> 萬物無以生將恐滅，侯王無以貴高將恐蹶。

老子認為，「道」是天地萬物生成的總原理「一」是「道」的代表。自古以來凡是得一的：天得到一而才清明，地得到一而才寧靜，神得到一而才虛靈，谷得到一而才充盈，萬物得到一而生長，侯王得到一而才而使得天下安定。

「道」是構成天地萬物所不可或缺的要素，這些都是在闡明「道」的作用。為政者應能體悟「道」的「低」、「賤」的特性，而能達到「處下」、「不爭」、「謙柔」的境界。

《老子‧十四章》：

> 其上不皦，其下不昧，繩繩不可名，復歸於無物。
>
> 謂無狀之狀，無物之象，是謂惚恍。迎之不見其首，隨之不見其後。

「道」為一種感官所無法把捉，它既不顯得光亮，也不顯得陰暗。它綿綿不絕而不可名狀，一切的變化最後還是回到無形、無物的狀態。就因其無形無狀，而無法看清楚它的前後左右的形狀，只好稱之為「恍惚」。由此可見，「道」

是一種超驗的存在體，老子以一種特殊的方法描述它，他以經驗世界的許多概念來形容它，然後又一一加以否定它們的適當性，而藉以突破經驗世界的種種限制，由此可知，能秉執這種亙古即以存在的「道」，知道「道」的規律，就足以控馭一切存在的事物。

《老子‧二十一章》

　　道之爲物，唯恍唯惚，惚兮恍兮，其中有象；恍兮惚兮，其中有物。

　　窈兮冥兮，其中有精，其精甚眞，其中有信。

「道」這種東西，似無似有，似實似虛，是恍恍惚惚。雖然說恍恍惚惚，其中卻有形象，雖然說恍恍惚惚，其中卻有實物。雖說昏暗深遠，其中卻具有眞實可信之一切生命物質的存在。

《老子‧二十五章》

　　有物混成，先天地生。寂兮寥兮，獨立而不改，周行而不殆，可以
　　爲天下母。

有一混然而成的東西，在天地形成之前就已存在。它既無聲、無形，但卻能獨立長存而永不衰竭，運行於宇宙中而永不停息，可以爲天地萬物的根源。

　　由前面所述美國學者的論述，可看出他們對《老子》之「道」的不同詮釋。然而，這些不同面向的陳述，除劉殿爵之外大都只是依據簡單的原則，詮釋「道」的各種涵義。因此，我們很難據以決定那一種詮釋是最基本的、最完整的說法。雖然這些詮釋大致上無誤，但卻也無特別新意。惟孟旦所提出有關「道」的自然平等性原則，仍讓人有不解之處。如果照劉笑敢所說，「自然」的「道」是萬物的典範，應是無爭議。但若說成「道」是自然平等性可能有待商榷。「道」是「自然」的看法已是學者們的共識，至於「道」具有平等性的說法，是否就是認爲「道」對於萬物具有普遍的對待性。吾人可從《老子‧三十四章》：「萬物恃之而生而不辭，功成不名有，衣養萬物而不爲主。」王弼注：「萬物皆由道所生，既生而不知其所由。故天下常無欲時，萬物各得其所，若道無施於物。」〔註13〕根據王弼的理解，既然「道」是「無施於物」，可見即使是萬物都靠著它而生長，而卻也不加以任何干涉。成就了萬物，卻也不居其功。養育萬物卻也不主宰他們。因此「道」不應該是具有平等性。關於這一點，牟宗三提到：「道非實物，以沖虛爲主。沖虛者，無適無莫，無爲無造，自然之妙用也。」〔註14〕

〔註13〕見〔晉〕王弼註：《老子註》（台北：藝文印書館，2001年），頁2。

〔註14〕見牟宗三：《才性與玄理》，（台北：學生書局，2002年），頁140。

「道」的「沖虛」「無為」「自然」，是「無適無莫」，依此，筆者以為孟氏所言之「道」是自然平等之說，似乎仍有待商榷之處。

二、「道」的哲學義涵與特性

Steve Coutinho 認為，《老子》之「道」充滿含混的軌跡，並且將「道」的形上意涵歸納為五種特性。LaFargue 認為要將《道德經》裡原有的名詞「道」賦予決定的意義，必須留意它的文本資料之文化背景、口傳之背景資料等工作，將其中格言之具體的發展發向，可歸納為五種主要意義。

（一）「道」的實體特性

Coutinho 認為，《老子》和《莊子》是最早呈現表達自然方向的哲學的文本。對道家而言，「道」比人為構思的文化規則更直接地關係到自然的複雜性、自發性、和混亂的規則性。在《老子》描寫中的世界是歷經不斷地改變，是一種生長與衰微輪流交替且相互影響的週期，包括：擴張與縮短、勒緊與放鬆、銳利與磨耗、膨脹與消退等。《老子》所強調運動的方向，被葛瑞漢視為一個「無建設性的」的動作，是我們可能描述為「衰微」的階段。的確，這種偏愛弱者、柔軟、黑暗、退卻的中國傳統是道家思想的特色之一，類似西方經由否定。道家觀察衰微的階段是回到根源、起源、能量來源的過程，能夠使生長和成熟發生的程序。因此，許多文本的主題提供許多可辨識的道家風格：回歸本源；自然和純樸；陰柔的強調；黑暗和退卻，而且相互依賴和對立的轉化。

Coutinho 將文本中含混的軌跡，予以標題分類：（1）曖昧和模糊不清的。（2）對立和轉化。（3）生長和衰退。（4）似非而是的詭辯法和矛盾。（5）無界限和連續性。

（二）「道」的五種用法要義

Michael LaFargue 認為要將《道德經》裡原有的名詞「道」賦予決定的意義，必須留意它的文本資料之文化背景、口傳之背景資料等工作。LaFargue 將其中格言之具體的發展發向，可歸納為下列五點主要意義：〔註15〕

　　1、「道」一般是指「正確的道路」。此「道」大部分為老子的教學期望是
　　　這個正道。

〔註15〕見 Michael LaFargue, *Tao and Method: A Reasoned Approach to the Tao Te Ching*（NY: State University of New York Press, 1994），pp.218-219.

2、「道」是明確地指老子的「道」。以「爲道」（四十八章）爲例，它可以譯述爲「從事老子的自我修養」，重點是將道家的自我修養和儒家之自我修養形成對照。

3、「道」是指道家存在或行爲方式之內在精神的自我表現。「以道莅天下」（六十章）意即讓「道」的精神引領政府的政策和領導的風格。

4、「道」爲具體化的力量或難以了解的內在人格。「夫唯道，善貸且成」（四十一章），談到「道」是一種提供人之完美和存在的力量。

5、「道」爲宇宙的實體，世界的起源。

綜合上述，可知，在「道」的哲學意涵與特性方面，Steve Coutinho 認爲，《老子》之「道」充滿了含混的軌跡，並且將「道」的形上意涵歸納爲五種特性。至於 Michael LaFargue 認爲，要將《道德經》裡原有的名詞「道」賦予決定的意義，可歸納爲五種主要之意義。

首先，我們發覺，Coutinho 以非常具有洞見的觀察力，提出含混在《老子》裡的重要性是促成我們觀察、模仿和遵循的重要因素。我們從《老子·十四章》：「視之不見名曰夷，聽之不聞名曰希，搏之不得名曰微，此三者不可致詰，故混而爲一。」Coutinho 認爲如此的含混是源自於豐富的自然和它的希、微、玄妙等轉化過程。它的奧妙是如此精細地瀕於不能感知的邊緣，而《老子》告訴我們以反復的方式去得到可能的啓發，就如《老子》所說的：「夫物云云，各復歸其根。」

Coutinho 認爲，《老子》的「道」具有「對立和轉化」的意義，他引述《老子·第二章》：「有無相生，難易相成，長短相形，高下相傾，音聲相和，前後相隨。」發現在《老子》中強調的對立類型並非單純的相反言論，因此稱之爲實用主義的「對比」；我們再從「曲則全，枉則直，窪則盈，敝則新，少則得，多則惑。」就如 Coutinho 提到《老子》給它們一個有實用功能和直覺可辨識的關係之一組相反的名詞。這裡是這些相對事物，是否有對比的差別或是互相牴觸依賴和透過漸進的過程，彼此相互轉化。例如，〈三十六章〉：「將欲歙之，必固張之；將欲弱之，必固強之；將欲廢之，必固舉之；將欲奪之，必固與之。」

Coutinho 認爲《老子》的「道」含有「生長與消退的轉化」。他指出《老子·六十四章》所謂「合抱之木，生於毫末。」發現其中有一強調自然過程的原則，即對立之間是從最微量增加到最大的轉化。這種「生長與消退的轉化」，因爲微

細的改變無法發覺，要直到累積較大的變化才能變成可辨別，而其最後結果爲根本的轉化。Coutinho 發現，其首先在自然世界上的描述，後來就立刻發現對人類的成就的延伸：「九層之臺，起於累土。千里之行，始於足下。」

Coutinho 指出，這裡的連鎖轉化的意義完全地侷限於累積或重複的過程，首先用在自然界的描述，後來就立刻發現對人類的成就的延伸。他指出，《老子》中所發現顛倒（相反）或返歸運動的描述，損耗之後的「陽」返歸到「陰」，這反轉是累積的，從極小的消蝕漸進至大量的消散到最後歸於無。從這裡可明顯看出《老子》對於自然界觀察之描述不是單方面的進行，而是一種循環的發展過程。如，《老子》所言：「萬物並作，吾以觀復。夫物芸芸，各復歸其根。」又說：「挫其銳、解其紛、和其光、同其塵。」Coutinho 認爲這些沿著個體的界線經過有機構造之永久實體的邊界，只是帶領它們從逐漸消失的盡頭，回到一條發展路徑的階段。我們通常想到的涵養生命的需要，是一種循環的返回。衰弱、退化和衰亡是被視爲有害和威脅的，但若由另一個觀點來說，卻是作爲滋養生命的需要。

此外，Coutinho 又指出，《老子》的「道」充滿許多「矛盾與牴觸」之處，這種似非而是的說法和矛盾的風格可說是《老子》最典型的特徵之一。他引述《老子》，如：

> 大成若缺，其用不弊；大盈若沖，其用不窮；大直若屈，大巧若辯。
> （四十五章）

> 唯之與阿，相去幾何？善之與惡，相去若何？（二十章）

> 明道若昧，進道若退，上德若谷，大白若辱。（四十一章）

Coutinho 認爲，《老子》的文本是充滿著對立的確認或相反的對立的同化。一般皆以爲，邊界的兩對立面是無法相容的，當兩者緊臨在一起時，在其差異性中形成更重要的相似性，邊界在每一次如幻覺般漸漸消逝的動作中，顯示其無法超越彼此的對立。藉著此一混合對立和軟化之不同作用的同化的過程。因爲他們的相互依賴和連續性。因此，這裡的似非而是的說法之功能，明顯的將使不能和解的相對事物之間的邊界模糊，而變成可能。往往這些似非而是的說法，是道家所關注之力量抑止及隱退蟄伏的直接結果。

Coutinho 最後指出《老子》的「道」含有「無邊無際和持續性」。在《老子》的無邊無際之設定爲沒有外部的限制，所以邊界，「徼」是一無邊界的封閉系統。但往返的極限是不完全的。連續的「一」，好像它是無窮盡的使世界

能夠持續不中斷。任何的連接對立的轉化，而且分開對立的邊界，也沒有明顯的陳述。然而，這兩個無界限之間並沒有矛盾。相反的，兩者適當地融合，毫無疑問的融合在持續的概念中。因此，即使所提出的強力誘拐並非無懈可擊，但也沒有明顯的減少。

筆者以為，Coutinho 對於《老子》的「道」作出了精闢的論述。對深奧難懂之《老子》的形上哲學，提供了合理的詮釋，其中的許多洞見，在一般美國學者中尚無人能出其右。不似許多學者著重在文本字義方面做解釋功夫，讓人總是有隔靴搔癢的感覺。能對《老子》的哲學義理作出深入淺出之了解與分析，畢竟在美國學者中頗為難得。

至於 LaFargue 將出現在《老子》中的「道」，根據在文本中的用義作成五種不同分類，並分別舉例以作解釋。此舉表面上似乎為《老子》的「道」提供一種字義上詳細的解釋，可以讓人更容易瞭解《老子》的「道」，實則不然。因為過多的劃分與解釋反而讓《老子》的「道」顯得更複雜化。況且其所舉的例子有些並不是很恰當，甚至有些是有明顯的錯誤。例如，他把第一章「道可道，非常道」和四十六章「天下有道，卻走馬以糞；天下無道，戎馬生於郊」都歸於同一類型的「道」。從文本，可知，天下「有道」是指政治上軌道的意思，與「道可道，非常道」所指的「常道」是絕然不同的。此外，其所謂「孔德之容，惟道是從」、「上德不德，是以有德」、「道生之，德蓄之」等，這裡的「德」是次於道的地位。又「道之尊，德之貴」、「從事於道者，同於道；德者，同於德」及「夫兩不相傷，故德交歸焉」，這裡的「道」和「德」卻是平行的。吾人以為，這樣的說法誠略欠妥當。

綜言之，根據以上分析可知，Coutinho 指出，《老子》之「道」充滿了含混的軌跡，並且提出中肯的看法，將「道」的形上意涵歸納為五種形上哲學之特性，這種看法是值得肯定的。而 LaFargue 認為要將《道德經》裡原有的名詞「道」賦予決定性的意義，並據以窺知「道」的具體的發展方向，這種看法值得商榷。

二、「德」的詮釋與內涵

（一）Cline M. Erin 在〈《道德經》中之「德」的兩種詮釋〉〔註16〕一文

〔註16〕見 Cline M. Erin, Two Interpretations of De in the Daodejing", Journal of Chinese Philosophy 31/2（June 2004）: pp.219-233

中，比較了 Philip J. Ivanhoe 和安樂哲兩者對於「德」得看法，結果指出安氏認爲「德」是特殊性，而 Ivanhoe 認爲「德」是「德行」。而且他們的意見結果都傾向於「德」的理解對於了解《道德經》是必要的。

> 1、安氏認爲「德」是特殊性，在〈把「德」還給《道德經》〉的文章中描述「德」爲道家觀念中的特殊性。藉由結合幾種成分的語言學資料，安氏的結論是「德」爲事物之起源或存在的重要定義，轉化內容和存在的支配：一種自動產生的、自我圓融的過程。

> 2、Ivanhoe 認爲「德」是「德性」，在他翻譯的《老子的道德經》中的詮釋，「德」爲「德性」，Ivanhoe 認爲，在《道德經》之「德」的觀念，與早期的儒家之「德」的觀念有三個重要的相同特性。第一個特性，是「德」的吸引人的魅力。第二個特性，是「德」對其他的人和自然本身的效果。在《道德經》之「德」的第三個特性，是「德」和「無爲」之間在統治人民的密切關係。

針對上述美國學者對於「德」的觀點不一，欲求合理解決，宜就老子的哲學系統之源頭，「道」的開展著手。《老子・五十一章》：

> 道生之，德蓄之，物形之，勢成之。是以萬物莫不遵道而貴德。

> 道之生，德之貴，夫莫之命而常自然。

> 故道生之，德蓄之，長之育之，亭之毒之，養之覆之。

> 生而不有，爲而不，長而不宰，是謂玄德。

老子認爲，「道」是創生萬物的源頭，「德」蓄養萬物，萬物依據自然的規律得到自我生長。所以，萬物沒有不尊崇「道」而珍貴「德」的。「道」所以受尊崇，「德」所以被尊貴，就在於它不加以干涉，而順任自然。「道」之創造萬物並不含有意識，也不帶有目的，因此它生長萬物，但不據爲己有，作育萬物，卻不爲萬物的主宰。這就是其微妙玄通之「德」。

依此，可見，安氏對於《老子》之「德」的看法並無偏頗之處，倒是 Ivanhoe 認爲，在《道德經》之「德」是「德行」，且與早期的儒家之「德」的觀念有相同的特性。關於這點，筆者以爲，根據文本，可知《老子》的「德」是指「道」的作用，而與儒家專用的「德行」是有所區別的。依此，可知，Ivanhoe 的這種說法實有待商榷。而兩位美國學者都認爲「德」的理解對於了解《道德經》是必要的。Ivanhoe 在《在老子中「德」的觀念》一文中主張，「德」之觀念的理解是不可或缺的。這種主張，雖無特別之處，但也無可置喙。

　　至於 Ivanhoe 在《在老子中「德」的觀念》〔註17〕提出「德」的三個特性。分別是「德」之於人的魅力、「德」之內在之特徵效果及「德」和「無爲」之間在政治上的關係。以下我們就針對此部份加以討論：

　　Ivanhoe 認爲，老子之聖人的魅力不同於儒家之特性。老子之「德」是以處於眾人之下以增益其「德」，甚至「報怨以德」，而「母」和「雌」以其勝「靜」而處下，「被動」和「憐憫」是其他重要的隱喻，是典型的道家觀念。只有卑下、隨和才是滋長「德性」的眞正方法。這就是其中爲何老子是以山谷主要隱喻的方式。

　　《老子‧二十八章》：

　　　知其雄，守其雌，爲天下谿；爲天下谿，常德不離，復歸於嬰兒。

　　　知其榮，守其辱，爲天下谷。爲天下谷，常德乃足。

老子認爲，知道剛強的作用，卻寧願處於柔弱之卑下。「知雄守雌」和「知榮守辱」意謂著，一個人縱使處於高位，卻仍然以柔弱、謙卑爲懷。「谿」、「谷」即是處下不爭的象徵，喻爲天下的「谿」、「谷」。「以其不爭，故天下莫能與之爭。如眾流歸注，故曰：「常德乃足」。

　　Ivanhoe 認爲，老子之「神秘的德性」具有其所稱之「療效」。它幫助人民得到安毅而且使他們能夠知道他們的不眞實行爲和態度。

　　《老子八十章》曰：

　　　「使人復結繩而用之，甘其食、美其服、安其居、樂其俗。」

老子相信，人類之所以犯錯，是因爲他們變得太過於聰明和太多的巧思熟慮。這使得他們想出各種矯飾的方法，而偏離其自然的趨向和欲望。轉而追求名利、財富和美麗之物，贏得無謂的社會追求。《老子‧第三章》：

　　　是以聖人之治，虛其心、實其腹、弱其志、強其骨。

　　　常使民無知無欲，使夫智者不敢爲也。

老子認爲，提昇精神層次，削減不自然觀念所產生扭曲的影響，進行修復最初始狀態的活力與健康。老子尋找一個方法，用以清空、釋放而且安頓他們。這是治好他們虛假與不適的的唯一方法。因此，老子的「德」有我所稱之爲「療效」。老子相信這種知覺不僅消除人們錯誤的社會意識，甚至是除了自然

〔註17〕見 Philip J. Ivanhope, "The Concept of De in the Dao De Jing," in Mark Csikszentmihalyi and Philip J. Ivanhope ed., essay on *Religious and Philosophical Aspect of the Laozi*,（Albany : Sunny Press,1998）, pp. 239-258

的過程和自發性的形式之外的任何自我強烈意識。老子相信靜默無聲的「自然」擁有其「德」（力量）去安頓和治理那些激動和不安靜。

Ivanhoe 指出，「德」的第三個特性：在政治上的「德」和「無爲」之間的密切關係。理想的道家聖王以樸靜的心態，產生的「德」能使他既能吸引他人也能感動他們向「道」。

《老子‧三十七章》：

　　道常無爲而無不爲，

　　侯王若能守之，萬物將自化；

　　化而欲作，吾將鎮之以無名之樸。

　　夫亦將無欲，無欲以靜，天下將自定。

《老子‧三十八章》：

　　上德不德，是以有德。

　　下德不失德，是以無德。

　　上德，無爲而無以爲；

老子認爲，「道」永遠順任自然，不造不設，好像是無所作爲；治理國家者如果能持守著它，萬物就將各遂其性而自我生長。「靜」、「樸」、「無欲」都是「無爲」的內涵。爲政者若能持守以「無爲」自居的政治方針，就能做到不騷擾人民、不奢侈、不擴張私慾，百姓就可過著自然、安寧的生活。老子認爲，上德之人，一切依道而行，順任自然而無所作爲。因此「無爲」是至高的一種「德」的表現。「德」和「無爲」在政治上是密不可分的關係。

依據以上分析，筆者以爲 Ivanhoe 所提出「德」之於人的魅力、「德」之內在之特徵效果及「德」和「無爲」之間在政治上的關係，都能切合《老子》的原意。

二、「德」的功能與內涵

（一）「德」的兩種新義

根據孟旦的分析，「德」，是人之永恆的「常」。「德」有兩種新的意義：

〔註18〕

1、是指道的生產性和滋養性的本質，應用在世界的萬物：「道生之，德

〔註18〕見 Munro, Donald J., *The Concept of Man in Early China*（Stanford: Stanford University Press, 1969），p125.

蓄之，物形之，勢成之。」〔註19〕聖王對待邦內的人民也是如此，因此說「長而不宰，是謂玄德。」上述兩種情形，都顯示其公正無私，是一種非有意的行為（無為）。

2、「德」同時也指個體從「道」之中「得」經由滋長的作用，那就是生命的原則。「德」，其更基礎的意義是「給予」而非「獲得」。從「德」和「得」之間的關連促進從「給予」轉化為「獲得」。

（二）「德」在《老子》裡有兩種不同用法〔註20〕

韓氏指出，「德」在《老子》裡有兩種不同的使用方式。以〈五十五章〉的開頭為例，是用在能量或生命力的觀念。然而好幾個地方的用法是使用儒家的「德」，指的是好的道德行為。《老子・三十八章》以「上德不德是以有德」為開頭，也就是說真正的德是在於道德上的良好行為，而別無動機。

（三）「德」的三個主要觀念

LaFargue 指出在《道德經》頭幾章的節裡引用的「德」，可以發現它用在三個主要的觀念：

1、「德」代表一種賢能的帝王人格和政策，但對人民之的正面衝擊也有特殊關係，此一巧妙有效地「政治」力量給他帶來萬民擁戴。「德」的使用，對於統治者是有看不見的影響。

2、孟子更常宣告「德」的意義是密切關聯到「道德」的觀念，如他主張「士」專有的特質。一個典型之「士」需修養各種美德（善、義、禮）。「德」可以為「士」之最終德性特質提供一個綱要的參考。

3、《管子・內業》說：「是故此氣也，不可止以力，而可安以德。」其指的「德」，是在自我休養的環境中試煉，是一種是我們賴以自我修養內在的力量。所謂「靜守勿失，是謂成德」，是一種透過我們自我修養而存在的優良特質。「日用其德」是一種我們每天生活可以使用。在這文本內容中，「德」的傳統意義，事實上不像我們所描述的自我休養的平靜內心狀態來得重要。也就是說那些格言似乎是相信「德」是一廣義的名詞，（如孟子所說）可以用以稱呼任何我們想到之人的美德。又有

〔註19〕作者引自蔣錫昌：《老子校詁》（上海：商務印書館，1937），頁 316。

〔註20〕見 Henricks, Robert G , "Re-exploring in the Analogy of the Dao and the Field," in: Mark Csikszentmihalyi and Philip J. Ivanhope ed., Essays on *Religious and Philosophical Aspect of the Laozi*,（Albany : Sunny Press,1999），pp. 161-173.

些類似我們引用《莊子》的章節裡所指的「自我修養」。

由上述美國學者對於《老子》之「德」所提出的看法，其觀點是否符合老子的本意，我們可以根據《老子》的文本來了解「德」的真實意涵，以茲判準。《老子‧二十一章》：

> 孔德之容，惟道是從。

老子認為，大「德」的表現，是隨著「道」而轉移的。也就是說，道是德的本體，德是道的作用。因為大「道」是無形無狀的實體，它必須作用於物，透過物的媒介，而得以顯現其功能。由此可見，老子所言之「德」，其功能在於彰顯「道」之於物的作用。《老子‧三十八章》：

> 上德不德，是以有德。
>
> 下德不失德，是以無德。
>
> 上德無為而無以為；
>
> 下德為之而有以為；
>
> 上仁為之而無以為。
>
> 上義為之而有以為。
>
> 上禮為之而莫之應，則攘臂而扔之。
>
> 故失道而後德，失德而後仁，失仁而後義，失義而後禮；
>
> 夫禮者，忠信之薄，而亂之首。

老子認為，上德之人，一切依道而行，不以有德自居，所以德於其內也。下德之人，總是以德自居，所以德於其外也。故唯有順應自然，無心作為而無所偏失之為。老子這裡將「道、德、仁、義、禮」，五者為依序下降之系列，「道」無疑是最高之意境，而由「德」至「禮」，愈演愈失其真，離「道」愈來愈遠。而當其下降至「禮」的階段時則為墮落之極致。因此，自以為先知的智者，任智取巧，已離純樸本真之道甚遠，這是大道的末流，愚昧的始源。因此老子又說：「前識者，道之華，而愚之始。是以大丈夫處其厚，不居其薄，處其實，不居其華，故去彼取此。」就是要有志於道者，不要處身於「仁」、「義」甚至「禮」這樣的「德」性，而不知取法「道」之自然無為的本真之「德」。畢竟仁義禮只是「道」的虛華外表，也不是「德」的真正內涵。所以要捨棄後者而採取前者。談到《老子》之「德」的真正內涵，老子五千言以「道德」為名，因之，人每以老子所談之「道德」與儒學所言之「德」相混。實則老子所談之「道德」別有意義，此意義與儒學所立之「道德心」或「德

性我」迥殊。〔註21〕

　　筆者以為，要進一步分析「德」在《老子》中的不同作用與內涵，必須有更進一層的論述。前面我們提到，設若老子所言之「德」，其功能在於彰顯「道」之於「物、我」（此處簡稱為「我」）的作用。則吾人可將「德」作用「我」之上，來加以分析，可更充分地了解「德」在《老子》中所扮演的角色。關於這點勞思光將「德」作用於「我」的狀態為一種設準，而將此設準分成四種層次，即：「1. 德性我；2. 認知我；3. 形軀我；4. 情意我」。〔註22〕茲將勞氏之論點敘述如下：

　　　　1.「德性我」：「大道廢，有仁義。絕仁棄義，民復孝慈。」、「故失道而後德，失德而後仁，失仁而後義，失義而後禮；夫禮者，忠信之薄，而亂之首……是以大丈夫處其厚，不居其薄，處其實，不居其華，故去彼取此。」

老子認為「仁、義、禮」等有志於道者之所不取，因此老子否定「德性我」態度頗為明確。

　　　　2.「認知我」：「絕聖棄知，民利百倍。」、「眾人昭昭，我獨昏昏；眾人察察，我獨悶悶。」、「使我介然有知，行於大道，唯施是畏。」、「民多利器，國家滋昏，人多伎巧，奇物滋起」。

老子認為，凡此皆罷黜智巧之舉，因此無論就個人或政治而言，老子對於知識技巧甚至制度之意義都持否定的態度，此一人的認知活動，在老子眼中皆不足取，可見老子否定「認知我」的態度甚為明顯。

　　　　3.「形軀我」：「五色令人目盲，五音令人耳聾，五味令人口爽，馳騁畋獵令人心發狂。」

老子認為，形軀欲求之滿足，對於志於道者有害而無益，故明顯否定形軀我之態度。

　　綜上所述，筆者以為，「德性我」、「認知我」、「形軀我」，皆一一為老子所否定；因此老子所肯定「道」之彰顯為「德」，而「德」之作用於「我」之狀態為「情意我」之層次。依此《老子》中之「德」之本意，係指純粹生命情趣的境界。依此，筆者以為，美國學者中，除了孟氏所言稍有切合老子本義之外。韓氏所指之儒家之「德」，LaFargue 所言之「德」的三種特性，都偏

〔註21〕勞思光：《新編中國哲學史（一）》（台北：三民書局，2002），頁238。
〔註22〕同前註。

離老子之「德」的眞正旨趣。

三、「道」與「德」的關係

　　根據前述，美國學者對於《老子》中之「道」、「德」之觀點龐雜，意見頗爲分歧，與老子之本意或有切合者，然偏離其旨趣者亦不乏其人。然而，美國學者對於《老子》的「道」和「德」的研究頗豐，並分別提出許多國內學者所未發現之洞見。然而，對於「道」與「德」兩者之間關係的研究較少，茲以敘述如下：

　　孟氏指出，當「德」爲一生命原則時，其爲一具體化的實存之物，開始允許人的存在及生活於其中。《道德經》中之「道」與「德」的關係，就像未經雕琢的樸木和經雕刻成爲器品之間的關係。〔註23〕在此觀點之下，「德」不僅是「道」的滋長作用，而且還是個體從「道」得到分配事物的作用。「德」是「道」的居所，萬物賴以維生（引用蔣錫昌說法）。「道」在每個人的身上，「德」是永恆的，唯有透過內省才能得知。〔註24〕

　　韓祿伯認爲，「道」不只是創造萬物，它還以某些形式的能量和力量繼續存在於每一個別的事物，不是靜態而是持續進行的力量，以內在的特定方式推動每一個別事物的生長與發展，使它與眞實的自然一致。「道」作用在事物上即道家所稱的「德」，解釋老子文本中的「德」有兩個方向。有時指的是事物內在的生命能量，如〈五十五章〉的「含德之厚」；但在其他地方似乎是指儒家慣用之道德觀念的「德」（如三十八章之「上德不德，是以有德，下德……」）。

　　由上述美國學者對《老子》中之「道」與「德」兩者之間的關係所提出的詮釋，是否合乎老子所言之道德的本義，其實由前述之論證似乎已可資批判，茲析論如下：

　　根據孟旦的分析，「道」與「德」的關係，可用兩句格言來說明：

　　當萬物「得」其所生，此謂之「德」。〔註25〕生謂之「德」。〔註26〕

　　「德」爲「道」之居，萬物「得」之以爲生。〔註27〕

〔註23〕作者引自蔣錫昌：《老子校詁》（上海：商務印書館，1937），頁189～191。
〔註24〕參見作者其書頁231之註21。
〔註25〕作者引述錢穆之注，《莊子・天地篇》93頁，詳見作者其書頁230，註17。
〔註26〕作者引述錢穆之注，《莊子・庚桑子篇》193頁，詳見作者其書230頁，註18。
〔註27〕作者引述郭沫諾之說法，謂一個人得到「道」的本質，即有「德」。見作者其書頁231，註20。

老子認爲，萬物皆由「道」所形成，內在於萬物之「道」，各隨其物而表現其
各自屬性，此物之自性之表現即稱其「德」。因此，老子曰：「孔德之容，惟
道是從。」

關於《老子》中之「道」與「德」之間的關係，國內學者的觀點有：

勞思光認爲：

> 老子之學起於觀變思常。萬象無常，常者唯道。於是「道」爲老子
> 思想之中心。而「道」爲形上之實體；是實有義。以心觀道，心遂
> 離物。心依於道，乃成其德，故「德」爲自覺之理境，是實踐義。
> 主客對分，超驗與經驗之界別乍顯，此乃老子論「道德」之主旨。
> 而萬象各有自性，以其自性爲「德」，與所共之「道」對舉，則「道
> 德」之另一義。合而言之，萬象皆依一道；分而言之，道之表現乃
> 隨事物之特性而異。故物各歸根，乃顯自性；而此自性即老子所謂
> 「自然」。自性亦即「德」。〔註28〕

陳鼓應認爲：

> 形而上的「道」，落實到物界，作用於人生，便可稱它爲「德」。「道」
> 和「德」的關係是二而一的，老子以體和用的發展說明「道」和「德」
> 的關係；「德」是「道」的作用，也是「道」的顯現。混一的「道」，
> 在創生的活動中，內化於萬物，而成爲各物的屬性，這便是「德」。
> 簡言之，落向經驗界之「道」，就是「德」。因而形而上的「道」落
> 實到人生的層面上，其所顯現的特性而爲人類所體驗、所取法者，
> 都可說是「德」的活動範圍了。〔註29〕

陳鼓應又說：

> 「道」是指未經滲入一絲一毫人爲的自然狀態，「德」是指參與了人
> 爲的因素而仍然返回到自然的狀態。可見老子所說的「道德」是著重
> 於順任自然的一面而全然不同於儒家所強調的倫理性的一面。〔註30〕

依此，筆者以爲，孟氏的觀點有其獨到之處。尤其，孟氏認爲「道」在每個
人的身上，「德」是永恆的，唯有透過內省才能得知，此一說法的確有其個人
之創見，值得肯定。至於韓氏所言，「道」作用在事物上即道家所稱的「德」，

〔註28〕見勞思光：《新編中國哲學史（一）》（台北：三民書局，2002），頁242。
〔註29〕見陳鼓應：《老子註譯及評介》（北京：中華書局，1984年），頁12。
〔註30〕同前註。

此一說法與陳鼓應的看法一致。惟其又言,在其他地方似乎是指儒家慣用之道德觀念的「德」(如三十八章之「上德不德,是以有德,下德⋯⋯」)。此一說法,又離老子之旨趣甚遠矣。

第三節 《老子》之「有」、「無」研究述論

一、「有」、「無」的釋義

劉殿爵指出,如果我們必須以一對相反的名詞描述「道」的特性時,否定的名詞則較爲適合,因爲它較少有「誤導」的情形。「有」是其相反的對立,它遵循「無」比「有」更有價值的選擇,所以「無」是對肯定之相反的否定。「無爲」和「無名」是道家核心理論的功能之主宰。「無」是片語的第一個元素。但這並不指「無」是純粹的一個語言學用法的「無」。「無」是限制「道」的行動效力,因爲只有這樣才能讓其他事物鬆開。

安樂哲指出,老子透過「無」的形式來表示其不同的行爲。此三個最熟悉,充滿敏感性的觀念是:無爲、無知、無欲。實際上《道德經》裡充滿「無」的用法。還有其它「無」的形式,如「無名」、「無心」、「無情」、「無事」、「無爭」等。

Norman 指出《老子‧第一章》之「道可道,非常道,名可名,非常名。無名,天地之始,有名,萬物之母。」這裡的「無名」和「有名」的表達是一種技巧地使用,尤其在王弼的評論中所看見的,可分別類似於「非存有」和「存有」之哲學觀念。但是,不論這些名詞的哲學的特性是什麼,似乎將仍然作爲現象世界之天和地的起源。

陳漢生指出,「無法劃清有和無的界線」最接近道家的諺語即「不無」。恆常的自然不提供我們區別,區別是起源於非恆常之傳統的「道」。因此,我們依賴我們使用的「道」做劃分。然而,是或不是的界線在哪裡?是部分的是,或部分的不是?我們知道形上學的趣味源自於語言學的理論,而不是武斷的宣言。「有」和「無」之問題的趣味源自於語言的對比理論。

依據上述美國學者對於《老子》之「有」、「無」之釋義,觀點頗爲分歧,茲論述如下:

劉氏指出,老子以一對相反的名詞描述「道」的特性時,否定的名詞較

爲適合，因爲它較少有「誤導」情形。「有」是其相反的對立。劉氏則認爲遵循「無」比「有」爲更有選擇的價值，所以，「無」是對肯定之相反的否定名詞。安氏以爲，老子透過「無」以展現「道」之於個體與事物之間的「德」；換言之，即「無」之於「道」等於「個體與事物」之於「德」的關係，最常見觀念如「無爲」、「無知」、「無欲」等。Norman 指出《老子》第一章之「道可道，非常道，名可名，非常名。無名，天地之始，有名，萬物之母。」這裡的「無名」和「有名」的表達是一種技巧地使用，尤其在王弼的評論中所看見的，可分別類似於西方之「非存有」和「存有」之哲學的觀念。

針對上述學者的看法，我們從《老子》文本相關章句中，針對相關問題加以分析。老子曰：

> 無，名天地之始，有，名萬物之母。
>
> 故常無，欲以觀其妙，常有，欲以觀其徼。

老子認爲，「無」是天地形成的本始，「有」是萬物的根源。常從「無」的境域去觀察「道」的深微奧妙，常從「有」的境域去觀察「道」的功用。

又曰：「反者，道之動，弱者，道之用。天下萬物生於有，有生於無。」

老子認爲，「道」的運動是循環不已的，「道」的作用是柔弱謙下的。「無」是道之體，「有」是道之用。天下萬物生於「有」，而「有」生於「無」。

牟宗三認爲：

> 「無形」、「無名」與「有形」、「有名」俱指道說。「無形」、「無名」是道之「無」性，「有形」、「有名」是道之「有」性。道之「無」性爲天地之始，此是種次第由天地返其始以爲本也，即後返地以「無」爲天地之始本也。道之「有」性爲萬物之母，即向前看以有爲萬物之母也。[註31]

陳鼓應認爲：

> 「無」、「有」是用來指稱「道」的，是用來表明「道」由無形質落向有形質的一個活動過程。陳氏認爲老子所說的「無」，並不是等於零。只因爲「道」之爲一種潛藏力，它在未經成爲現實性時，它「隱」著了。老子用「無」字來指稱這個「不見其形」之「道」的特性。而此被稱爲「無」的「道」，卻又能產生天地萬物，因而老子又用「有」來形容形上的「道」向下落實時介乎無形質與有形值之間的一種狀

〔註31〕見牟宗三：《才性與玄理》，（台北：學生書局，2002年），頁131。

態。〔註32〕

　　綜上所言，我們試以老子及國內兩位學者對於「有」、「無」之釋義，針對美國學者們的觀點作出述評如下：

　　筆者以為，安氏認為「無」之於「道」等於「個體與事物」之於「德」的關係；及陳氏所指「無法劃清有和無的界線」會是最接近道家相等的諺語即無「無」，皆能符合老子本意。尤其陳氏已觀察出「有」與「無」之邊界（Boundary）性，頗能切合牟宗三與陳鼓應所謂之「道」的徼向性質。至於劉氏所謂「無」比「有」更有選擇的價值之說，所以，「無」是對肯定之相反的否定名詞。若根據牟氏之「有」、「無」俱指道說，顯示「有」、「無」為二合一之性質，則顯得劉氏的觀點尚未能體察老子之形上旨趣。而 Norman 所謂，《老子》之「無名」和「有名」的表達技巧，，可分別類似於西方之「非存有」和「存有」之哲學的觀念。關於此點，筆者以為老子之「道」所闡述的哲學，旨在解決人的生命問題，故應取其實踐義，而不只是單純的存有問題，故筆者以為 Norman 之說，尚有待商榷。

二、「有」與「無」之間的關係

　　Norman 指出，有關「道」的起源問題，強烈的附著在一種神話學的主題。如，《老子・二十五章》中，「道」既是「無名」和「無形」，卻以一系列的民族神話意義的名詞來命名，如，「母」、「混沌」和其他更抽象的隱喻名詞，像「無」、「大」、「虛」和「一」等。此「有名」為萬物之母和「無名」為天地之始，仍被視為開創原始的「混沌」程序。Norman 認為原始狀況的「玄」，是「無」和「有」的來源。

　　陳漢生指出，「有」和「無」兩者的矛盾。陳氏以為假若頭兩句是宣示其玄妙之宇宙一元論，那麼第三句到第六句的是不相干的岔出內容。而此四句的解釋幾世紀以來始終是飽受爭議。因為，在沒有標點符號和功能句的標記下，造成兩種剖析假設的可能性。陳氏指出，但譯註的主題若只在語言學而非玄妙的形上學的範圍，則有趣的是兩種譯法都在持續地擴增。

　　陳漢生認為，從整部書來看，「有」、「無」的研究是最符合一致性的原則。然而，以對照的方式來討論「無名」、「無欲」和相對的「有名」和「有欲」，

〔註32〕見陳鼓應：《老子註譯及評介》，（北京：中華書局，1984 年），頁 63。

卻發現它們不一致的現象。陳漢生指出，然而，《道德經》在第一章就已正式宣告了道的懷疑理論。而到目前為止，此一懷疑理論完全遵循著合理的理論。而其基本的配對是「有」和「無」。它們似乎與不同傾向的「道」有所關聯。

David C. Yu 指出，根據馮友蘭的解釋，此段文句在描述創造之前道的內部理論辯證。這「恍惚」、「惚恍」和「窈冥」指的是「混沌」之前的分離狀態，這是一種「無」的狀態。而影像、事物和精華本質是指潛在的形體，稱之為「有」。此即「有」和「無」的辯證關係。Yu 氏指出，馮氏認為「混沌」和形體的可能性是宇宙起源論架構的辯證關係：「無」和「無名」是「混沌」的「天地之始」。「有」和「有名」是潛在可能的形體，因此為「萬物之母」。創造需要兩方的辨證；「混沌」提供來源，而「潛在性」提供事物的形體。然而，因為「此兩者同」，所以「混沌」也同時包含潛在的形體。馮氏認為，「玄」字是「混沌」的變體。因此「玄之又玄」可理解為「混沌而又混沌」，其指的是「眾妙之門」。Yu 氏指出，「無」和「有」之間的辯證關係，「無」變而為「有」，是為了要對事物的創造與限定；相反地，當一個事物完成了它的過程，它又回復到「無」，這可說「道」是萬物的無窮變化。但是「反」的變化似乎是道家的主要特性。

成中英指出，「道」是一種隱喻。像所有的隱喻一樣，它是對如何構成此意象世界的洞察。以此方法，《老子》開始談到以「有」為肯定的語言為那些事物命名，當他說到「無」則以否定的語言來命名。也就是說，那個無法命名的名字，即某些沒有名字的命名。顯然的，給了名字之後我們還是看不見它，而即使我們開始了解它，我們也無法以確切的名字來形容，只有用語言來強調其存在和可以察覺的經驗。因此《老子》說：「故常無，欲以觀其妙；常有，欲以觀其徼。」

綜合上述，試就以美國學者的觀點，予以述評：

筆者以為，Norman 認為，「玄」是「無」和「有」的來源，此應是無庸置疑。至於 Yu 氏引述馮友蘭的說法，認為「玄」字是「混沌」的變體。因此，「玄之又玄」可理解為「混沌而又混沌」其指的是「眾妙之門」。根據王注：「玄者冥也默然無有也。始母之所出也，不可得而名，故不可言同名曰玄。」王弼認為「玄」為「無」和「有」的出處來源，此解牟宗三與陳鼓應俱同。若王弼、牟宗三與陳鼓應的觀點是沒有錯誤的話，則由此可見，馮氏之混沌說，實有待商榷。至於「混沌」理論，並不符本章所討論之義理範圍，本文留待他章再予討論。

　　至於陳漢生，他認為「有」、「無」的研究是最符合一致性的原則，然而以對照的方式來討論「無名」、「無欲」和相對的「有名」和「有欲」，卻發現它們不一致的現象。關於陳氏的問題，筆者以為，關鍵在於標點斷句。正確斷句應為：「無，名天地之始」；「常無，欲以觀其妙」；若如，陳氏將「無」、「名」和「無」、「欲」放在一起，而變成「無名」、「無欲」，則將導至文本上義理的不一致。依此，筆者以為，若陳氏單從語言分析的角度來從事《老子》的研究，必須以文本為基礎，否則容易偏離《老子》的精神主軸。

　　有關成中英的觀點，他認為《老子》以「有」為肯定地語言為那些事物命名，當他說到「無」則以否定的語言來命名。也就是說，那個無法命名的名字，即某些沒有名字的命名。這些基本上都是符合老子的本意。

　　至於 Yu 氏的觀點，筆者以為，此包含許多面向的問題，首先是「恍惚」、「惚恍」的詮釋，根據《老子‧十四章》：「是謂無狀之狀，無物之象，是謂惚恍。「惚恍」於王注曰：「不可得而定也。」；〔註33〕「恍惚」於王注曰：「無形不繫」。〔註34〕「窈冥」於王注曰：「深遠不可得而見」。〔註35〕依此，筆者以為「恍惚」、「惚恍」和「窈冥」似乎都不直接牽涉到「有」「無」之本義。所以其所謂「混沌」提供來源，而「潛在性」提供事物的形體，似乎應改為「無」提供來源，而「有」提供事物的形體，才能扣緊老子的形上旨義。

三、「有」、「無」與「反」之關係

　　陳漢生指出，《老子》之實用的諫言是道家的「反論」。《老子》的政治教條說明了由反覆不定的「名」和「道」所組成的「制名」。他指出，我們可以顛覆各種傳統的偏好，「名」和「道」無法提供恆久不變的指導，因此，有些情況反面的指導反而更好。《老子》處理「有」和「無」甚至有正反皆可的實際含義，要我們學習注意「不有」，而「無」造就了吾人的創發。

　　陳氏認為，《老子》在他的每一對互補的「名詞」諺語裡告訴我們，有一仿效語言的方式能使我們放棄偏好。我們稱之為「道」在非傳統的氾濫之中表現其反道的忠告。

　　史華慈指出，《老子》之自然過程的觀察，其中有一特別專注在自然的雙

〔註33〕見〔晉〕王弼註：《老子註》（台北：藝文印書館，2001年），頁26。
〔註34〕同前註，頁45。
〔註35〕同前註，頁42。

重對立，陰和陽、黑暗和光明、強與弱、剛和柔、動和靜等，這種抽象意義的陰和陽的觀念和它的雙重互補以及對立的一般原則。史氏認為，「此兩者，同出而異名」，「玄之又玄，眾妙之門。」它是「有」來自於「無」和回歸至原點的自然方法。

Slingerland 指出，有人可能懷疑「無」如何生出「有」，或物如何可經由減損而得到增益。他認為，從「無」產生「有」，隨著這結果返回到由「有」歸於「無」，老子所看到的「有」像自然的定律，而給予「反」的專門術語。例如，《老子・四十章》：「反者，道之動，弱者，道之用，天下萬物生於有，有生於無。」Slingerland 認為，「天之道」是「及時停止」，也就是在達到極限之前停住返回。因此「道」的本身在形容「低」的特性時，實際上，包含他們相對的反面，最好的建議就是效法「道」的緊隨於傳統貶抑元素的對立面。如果能夠達到這樣，則同時可得到對立的兩面。

針對上述美國學者的觀點，我們先從《老子》文本中，試圖找到相關線索：

> 《老子・第一章》曰：無名，天地之始，有名，萬物之母。

老子在此開宗明義的確立「凡有皆始於無」的總原則，在《十六章》他又說：

> 夫物云云，各復歸其根

於此，老子已確認出「無」、「有」、「物」三層的原則，並已顯示出其中「復歸」的意義。即由「無」產生「有」到由「有」賦予「物」的形體，到最終所有「物」又都回歸的到它們的根本，即「無」的狀態。此一「無」→「有」→「物」→「無」的反復形式雖已得到確立，但並未進一步說明它的原理。因此《老子・二十五章》又說：

> 有物混成，先天地生。寂兮寥兮，獨立而不改，周行而不殆，可以
> 為天下母。吾不知其名，字之曰道，強為之名曰大。大曰逝，逝曰
> 遠，遠曰反。故道大、天大、地大、人亦大。

依此，老子以「大」、「逝」、「遠」、「反」說明了復歸的原理和過程，根據王弼注：「逝，行也。不守一大體而已，周行而無所不至。」「遠，極也。周行無所不窮極，不偏於一逝，故曰遠。不隨於所適，其體獨，故曰反也。」而余培林對於此段文字的釋義如下：

> 勉強的描述它的形狀，可說廣大無邊，廣大無邊則流行不止，流行
> 不止者傳之久遠，傳之久遠則又「歸根」、「復命」。〔註36〕

〔註36〕見余培林：《新譯老子讀本》，（台北：三民書局，2006年），頁56。

　　依據上述的討論，美國學者 Coutinho, Steve 曾在他的文章中提出「含混」的理論，內容概要如下：

> 在《老子》描寫中的世界是歷經不斷地改變，是一種生長與衰微輪流交替且相互影響的週期包括：擴張與縮短、勒緊與放鬆、銳利與磨耗、膨脹與消退等。《老子》所強調運動的方向，是我們可能描述為「衰微」的階段的。這種偏愛弱者、柔軟、黑暗、退卻的中國傳統是道家思想的特色之一，類似在西方所說的「否定」性質。道家觀察衰微的階段是回到根源、「起源」、能量的來源的過程，能夠使事物生長和成熟的發生的程序。這種回歸本源；自然和純樸；陰柔的強調；黑暗和退卻，而且相互依賴和對立的轉化，就是《老子》文本中之「含渾」的軌跡。其中含有以下的特色：（1）、含渾和模糊不清的。（2）、對立和轉化。（3）、生長和衰退。（4）、似非而是的詭辯法和矛盾。（5）無界限和連續性。〔註37〕

筆者以為，縱上所述，可看出美國學者對於《老子》之「有」、「無」與「反」的描述都有一番深入的見解，這些見解大都能符合老子的本意。特別是 Coutinho 的「含混」理論，具有極深入的個人洞見，此一精譬的見解與描述，恰好為「道」的「有」、「無」特性，反復地作用在所有「物」之個體上，所形成之宇宙萬象，提供一個很好的說法。

〔註37〕見 Coutinho, Steve, "The Abduction of Vagueness: Interpreting the Laozi" *Philosophy East and West*. 52/4（October 2002）: 409-425.

第五章 《老子》之「道」之「用」
研究在美國述論

在上章討論美國學者在《老子》之「道」之「體」的研究。本章，則根據第三章美國學界有關《老子》的研究，將其中的資料加以整理分析之後，發現美國學者其中在某些議題上之觀點極為分歧，以下試就《老子》之「無為」、「虛靜」、「弱道」幾個相關議題，分成三小節加以述論：

第一節 《老子》之「無為」研究述論

一、「無為」述論

（一）「無為」的起源問題

1.「無為」始於申不害說

顧立雅認為，兩千多年來我們一直都以為「無為」的觀念是道家的產物，其本質是源於道家的，而當我們發現「無為」也同樣出現在法家的作品時，也都認為應該是從道家典籍借用的。然而，當老子成書的年代已被假定比我們現今所認定的還要晚兩百年時，（雖然仍有些學者相信老子成書約與孔子同時，但關於其作者與本源的問題則觀點不一）。因此，顧氏認為，從目前的學術觀點來看「無為」的源流問題的確有從新檢討的必要。

顧氏分析申不害殘簡中出現的「無為」之後，發現其意義很容易明白。沒有神秘與奧妙難懂之處或與道家相關。而且相信這些殘簡似乎是目前所知

最早出現「無爲」觀念的文獻。最後，韓非子明確地將申不害殘簡的意義特徵歸於「無爲」的使用，這些觀念和我們所提到他的其他作品的哲學思想非常一致。因此，顧氏推測，無爲的使用應是始於申不害。

2. 《論語》的「無為」最早說

安樂哲以爲，雖然「無爲」已被確認是道家的觀念，但卻也的確在儒家的政治理論中扮演一個重要的角色。討論儒家的無爲註解時或許應從現存最早出現在《論語》的「無爲」爲解釋範例，即『子曰：「無爲而治者，其舜也與！夫何爲哉？恭己正南面而已矣。」』

筆者以爲，有關老子其人其書問題，一直是備受爭議的議題，無論是國內或是美國等地之學者，可謂眾說紛紜，莫衷一是。顧氏之所以主張「無爲」始於申不害，主要是引用 duyvendak、韋利（Arthur waley）、馬伯樂（Henri maspero）等及國內學者錢穆之《先秦諸子繫年》、顧詰剛《古史辨》中的〈從呂氏春秋推測老子之成書年代〉及馮友蘭等之說法。〔註 1〕認爲目前多數的看法仍傾向於老子成書應於公元前 300 年左右。但這種說法，已於 1993 年郭店楚簡《老子》甲、乙、丙手抄本出土之後，不攻自破。因此類考校性質不在本文議題範圍內，故不予贅敘。然此已足以證明顧氏之說是不成立的。至於安氏之《論語》之「無爲」最早說，目前尚無充分證據，以茲佐證，故此一說法仍有待商榷。

（二）「無為」的詮釋

顧立雅提到，「無爲」不是只是單純地指什麼也不必做，重要的是無論如何不要去因過度努力或使用而導致損傷。是道家所強調的自然、自發性、無存心的知覺、直覺的和出自內因的元素。

Loy 給無爲（nondual action）的判準是：「人的知覺侵入自然秩序的源頭，然而恢復到道的原始狀態是與人性的基本認知是相反的，包括，一個人本身的知覺。若是知覺本身是不自然行爲的根本來源，那麼，自然行爲必須是沒有這樣的知覺，而沒有知覺的原動力（主因）是精細思考而得的行爲。

陳漢生指出，眾所周知的「爲」，讓我們只能傾向自然的行爲。所以，由分析得來的結論表示，知識學問存在於學習名相、辨別和欲望而且無形中引導著我們。但是，我們天生的自發性卻要求我們放棄這些成見，那就是《老

〔註 1〕 見 Herrlee G. Creel, *What is Taoism: and Other Study in Chinese Culture History*（Chicago:University of Chicago Press, 1970）, p2.

子》「棄知」的說法。因此，順著「無為」就是要放棄基於任何名、辨、慾望之下所思慮而來的行為。「無為」和「棄知」是環環相扣的口號。

　　成中英主張，「無為」和為「無為順」著自然本體。成氏指出「無為」的觀念在《老子》是最重要，因此它被引述為《老子》智慧的代表。但它像許多重要的觀念一樣，時常被誤解。「無為」時常被理解為什麼也不做。然而，「無為」，也不見得將會導致事情未完成的結果。但是我們也考慮到「無為」為何需要接著「為無為」的安排。像 Edward Slingerland 所提出的「試著不去嘗試」（trying not to try）不是互相矛盾了嗎？Slingerland 已經努力地嘗試解決這一個似非而是的說法，而沒有澄清為什麼《老子》必須這麼說，而且這如何不同於「無為」Slingerland 並沒澄清這一個被他翻譯的「無為」為「不需努力的行動」（effortless action），但是「無為」其實只是單純的「無為」或「無所為」。在此觀念之下「無為」的重點只是單純地任其自然，或「道」的「自然而然」，沒有條件的要求行動，而且也因此沒有行動，更談不上需要「不努力」（effortless）或「努力的」（effortful）。這顯然的是不同的情況。當「無為」是有條件地擔負著達到「無為」的行動，包括，牽涉到一個人的態度和行為的調整行動時的情況。相同的道理，當 Roger Ames 和 David Hall 翻譯「無為」為「無強制的行動」，我們可以理解「無為」多少有點「無強制的行動」的意義。〔註2〕

　　綜合上述學者之「無為」的觀點，筆者試就以《老子》文本之「無為」原義，並參考國內學者的看法，再對美國學者的意見作出述評。

　　吾人先從，「無為」產生的文化背景著手。老子的「無為」思想，最主要是針對當時的的政治環境而發，換句話說，老子的「無為」是針對當時統治者之「有為」而來。老子有感於當時之統治者已不足以有所作為，卻偏又妄自作為的結果，造成了百姓的威脅，使人民失去自由與安寧。因此，這種廣義上的「無為」思想，幾乎遍及老子的文本。《老子》第二章：

> 是以聖人處無為之事，行不言之教，萬物作焉而不辭；
>
> 生而不有，為而不恃，功成而弗居；夫唯弗居，是以不去。

王弼注曰：

> 自然已足·為則敗也·知慧自備·為則偽也·因物而用·功自彼成·
>
> 故不居也·使功在己·則功不可久也·

〔註2〕　成中英認為他們憑自己的知覺在理解《道德經》的本文。然而，仍然還需提供適切的理論，同時滿足文本的一致性和宇宙論的一致性為理解的標準。

《老子》四十三章：

天下之至柔，馳騁天下之至堅。無有入無間，吾是以知無爲之有益。

不言之教，無爲之益，天下希及之。

老子認爲，天下最柔的東西，往往能駕馭天下最堅硬的東西。無形的力量，通常能穿透沒有間隙的東西，我因此能知道「無爲」的益處。然而「不言」的教導，其實就是「無爲」的好處，但是天下很少有人能做得到。

勞思光認爲：「無爲」即指自覺心不陷溺於任一外在事物。

陳鼓應認爲：「無爲」指順其自然而不加以人爲的意思。此之「人爲」即含有不必要的作爲，甚或含有強作妄爲之意。

綜上所述，筆者以爲「無爲」之詮釋，凡兼顧其時代背景精神所賦予之意義，所作的廣義的解釋，大都不致偏離老子之意思。只有那些依其字面作狹義的解釋，尤其是翻譯過的「無爲」，諸如 Loy 之（nondual action）、Edward Slingerland 之「不需努力的行動」（effortless action）等，誠如，成中英所說，大都無法傳達「無爲」的眞正意義。因此，筆者以爲，「無爲」就是「無爲」而不需過多紋飾的翻譯。在英譯中，音譯的（Wu-wei）或意譯的（Non-action）可能是最普遍的用法。

然而，在「無爲」詮釋方面，陳漢生認爲，「無爲」和「棄知」是環環相扣的口號。根據《老子》的本義，「棄知」只是「無爲」的必要條件之一，而非其充分條件。依此，筆者以爲，陳氏之說似乎有點牽強。至於，成中英主張，無爲和爲無爲順著自然本體之說，頗有創意。

成氏提出，「本體」爲「自然」的概念的解釋，不僅是標示來自道家背景之「本體」概念的開端，而且也是使「自然」的觀念更容易理解。依此，用它來解釋，「無爲」的觀念被移植到法家的系統，是一種不合乎「自然本體」的強權系統，是頗爲合適。故筆者以爲，「無爲」的行爲與意義仍須符合「自然」，才是切合《老子》本意的「無爲」。

（三）「無為」的內涵

1. 自然的「無為」

Slingerland 指出，自然是本質自我和自我包容概念的結合，字面上是「自己如此」的意思，自然是指事物從內在本質產生運作的途徑。無爲和自然釋放動作，因爲他們是「本來如此」。回到之前對「返」的討論，亦即「低」是

「高」的來源和原則，以形而上學言之，「無爲」是建立在有和無的基礎上。

Loy 認爲，「不做什麼」的最可能推論的結果就是知其所止。《老子・七十七章》把自然比喻爲一把弓：「高者抑之，下者舉之；有餘者損之，不足者補之。」於是人就遵循道的原則，遠離危險，知道何時該停止而不會想要到達其極限，自然在此包括人在內，是一系列的交替過程。

2. 聖人的「無為」

安樂哲指出，根據類推原理，道家聖人法則是從生活中的自然和社會環境關係中效法玄妙之道。就如「道」不會強加約束在萬物的現象，聖人也不會征服外部的決定因素而禁止人民的自然發展。在老子的統治觀念中，對人民做最少的干擾，有助於民眾個體的個人實踐，無爲是主要的行爲規範。

3. 自我修養的「無為」

Ivanhoe 指出，「德」和「無爲」之間的密切關係。理想的道家聖王培養樸靜的心態，產生的「德」能使他既能吸引他人也能感動他們向「道」。老子要求眞正有品德的人，不會有意識地努力成爲「有品德的」。德行和聖人的行動是自發和自然的，就像水的流動或雨水的降落。任何自我意識的設計或努力的暗示是人類聰明和矯飾的一種徵兆。

Ivanhoe 最後提到，老子所說的「德」是增益那些達到虛靜境界的「力量」或者「德行」。相對的儒家自我修養的過程是由延長學習和發展得來的，而要達到道家的理想是要由消除社會化和理智主義的影響而回歸到簡單的農業生活方式。

陳漢生認爲，順著「無爲」就是要放棄基於任何名、辨、慾望之下所思慮而來的行爲。「無爲」和「棄知」是環環相扣的口號。

4. 政治的「無為」

安樂哲指出無爲的政治理念似乎描述一種存在於當時社會和政治組織與道不相矛盾的狀況，就是接近自然的情況。也就是說，在政治的環境裡，「無爲」不應該超越人性的和諧而是根據個人的自由意願來奉獻社會。該被強調的是在文本中無政府主義的闡述，當社會組織的成員顯然在其志願配合基礎下，致力於集中力量於反對那些禁止和阻礙自由發展的非自然狀態的極權主義的政府。

萬白安認爲，任何政治的洞見，像這種主張放棄聰明巧智，即使教育社會的行政管理沒有告訴我們宇宙如何形成，但在沒有干預之下，將造成一個

秩序井然的社會。

Loy 又引用 Creel 的說法：「政府若能放下、不管人民，讓他們過自己的日子，社會問題將可迎刃而解，或許政治的干擾所造成的問題遠比他們所解決的還要多。

5. 形上意義的「無為」

安樂哲指出，《老子》曰：「道常無為，而無不為。」安氏認為，「無為」的闡釋是《老子》首次用於玄學的層次以象徵道的微妙。

針對上述美國學者對於老子的「無為」內涵之分析，可發現這些「無為」可分為四種不同意涵：

（1）自然的「無為」──「道」是自然無為。

（2）聖人的「無為」──聖人處「無為」之事。

（3）修養的「無為」──自我修養的「無為」之「德」。

（4）政治上的「無為」──聖人之治是不會征服外部的決定因素而禁止人民的自然發展。在老子的統治觀念中對人民做最少的干擾，有助於民眾個體的個人實踐，無為是主要的行為規範。

（5）形而上「無為」的意義是「返」的原則，那就是「低」是「高」的來源和法則，以形而上學言之，在宇宙論的邏輯上「無為」是建立在有和無的基礎。

以下筆者試就《老子》文本中有關「無為」的意義加以說明，並據以作為美國學者「無為」觀念之述論依據：

《老子‧三十四章》：「大道汜兮，其可左右。萬物作焉而不辭，生而不有，為而不恃，功成而不居。」

及《老子‧三十七章》：「道常無為而無不為，侯王若能守之，萬物將自化。」

老子認為，大道充滿天地之間，無所不在。雖然萬物都倚賴它而生而它卻不去加以干預，雖說它雖說成就了萬物，但卻從不居其功。因此，道體之順應自然，不造不設，好像是無所作為；但是萬物都由道而生，恃道而長，所以實際上是無所不為。統治者若能持守著它，也以無為為用萬物都將各遂其性的自生自長。

《老子‧第二章》：

是以聖人處無為之事，行不言之教，萬物作焉而不辭；

生而不有，爲而不恃，功成而弗居；

夫唯弗居，是以不去。

老子認爲，「道」是卓越的規範，它是人類聖人的模範。聖人是以「道」的「無爲」作爲爲自己行爲的標準。

《老子・第八章》：

上善若水，水善利萬物而不爭，處眾人之所惡，故幾於道。

居善地，心善淵、與善仁、言善信、正善治、事善能、動善時。

夫唯不爭，故無尤。

《老子・十六章》：

致虛極，守靜篤。

萬物並作，吾以觀復。

夫物芸芸，各復歸其根，

歸根曰靜，是謂復命。

老子認爲，上善之人，就如水一樣。滋利萬物而不與萬物爭，總是處在最卑下的地方，所以其行徑最合乎道的標準。善於選擇低下位子的人，心胸沉靜而待人以誠，說話眞誠不妄，爲政能有治績，處事能有效率，行動時能掌握時機。像這樣不與人相爭，所以就無所怨尤。另一方面老子認爲，「致虛」和「守靜」的工夫作到極致時，才能回復虛明寧靜的靜界。就像繁複的萬物生長，最後還是要回道它們存在的根源。所以主張「致虛極，守靜篤。」《老子・第三章》：

不尚賢，使民不爭；不貴難得之貨，使民不爲盜；不見可欲，使民

心不亂。是以聖人之治，虛其心、實其腹、弱其志、彊其骨；常使

民無知無欲，使夫智者不敢爲也，爲無爲，則無不治。

老子認爲，名位、財貨會引起人爭逐的貪念，於是就出現機智巧詐的行爲，這也是導致社會動亂的根源之一。所以聖人之治，著重於淨化人民的思想，在能使之安飽之餘，削弱人民之貪念和智巧，使一些巧詐聰明的人不敢妄爲。以「無爲」的態度去處理政治事務，就沒有作不好的事情了。《老子・第五章》：

天地之間，其猶橐籥乎！

虛而不屈、動而愈出，

多言數窮，不如守中。」

《老子‧第七章》：

　　天長地久，天地所以長且久者，

　　以其不自生，故能長生。

又《老子‧四十三章》：

　　天下之至柔，馳騁天下之至堅。

　　無有入無間，吾是以知無爲之有益。

　　不言之教，無爲之益，天下希及之

　　老子認爲，天地無偏私，純任自然無爲。就像一具風箱，靜止時裡面是盡是虛空，但只要動作起來卻是生生不息。所以太多的作爲反而會招取滅亡，不如抱守清空虛靜的無爲之道。再者，天地所以能長久就是因爲它的無私無偏地順任自然的運作，但這一切都不爲自己的緣故，所以能長且久。最後老子認爲，人類應效法水之柔善利物，處下而不爭，才不致有所怨尤。

　　依此，筆者以爲，整部《老子》貫穿著老子的「無爲」思想，顯然美國學者們也觀察到「無爲」是老子思想的主軸之一。依上所述，美國學者所呈現出《老子》之「無爲」內容的分析，雖呈現頗爲分歧的說法，然而大都不離《老子》「無爲」要旨之各種面向，而且皆言之鑿鑿，其中，更不乏有眞知卓見之處，或許正好可供國人參考，以資借鏡。

二、爲無爲述論

（一）「爲無爲」詮釋

　　David Loy 認爲，最簡單的「爲無爲」詮釋就是不做什麼，或是盡量少做。無論是以政治的、玄妙的或個人的角度皆可理解。Loy 引用安樂哲之政治的詮釋，認爲「無爲」是老子特有的無政府主義裡的主要規範，結合環境的力量對個人最少的外部干擾，有助於個人的自我實踐。Loy 又引用顧立雅的說法：「政府若能放下、不管人民，讓他們過自己的日子，社會問題將可迎刃而解，或許政治的干擾所造成的問題遠比他們所解決的還要多，這種例子在戰國時期是可能發生的。此種道家「無爲」的詮釋常爲一般政治的注解所使用，被適用在《老子》的情況比《莊子》的還要多。」

　　Loy 指出，「無爲」最普通的詮釋是「自然」。他引述顧立雅的舉例：「自然已足，爲者敗之。」他根據「無爲」（having-no-activity）的理論，認爲一個人應該限制他的行動，什麼是需要的、什麼是自然的。「需要」就是有某種目

的需要而去完成它，但從不做過頭。「自然」就是遵循一個人的德，而不用「不合理」的努力。

以下筆者試就《老子》文本中有關「為無為」的意義加以說明，並據以作為美國學者「為無為」觀念的述論的依據：

《老子・第二章》：「是以聖人處無為之事，行不言之教，萬物作焉而不辭。」

王弼注曰：「自然已足，為者敗之。智慧自備，為者偽也。」〔註3〕

老子認為，所以有道之人以「無為」的態度來處理世事，實行不言的教導；讓萬物興起而不加以倡導；生養萬物而不據為己有；作育萬物而不恃己能。〔註4〕

《老子・三十八章》：「上德，無為而無以為」；「無為而無不為。」

王弼注曰：「上德之人，唯道是用。不德其德，無執無用，故能有德而無不為，不求而得，不為而成，故雖有德而無德名也。」〔註5〕

「有為則有所失，故無為乃無所不為也。」〔註6〕

老子認為，上德的人，依順自然，無所作為，也無心作為。以無為為用，萬物各得其所，各遂其生，可以說是無所不為。〔註7〕

綜合上述，吾人可發覺 Loy 和安樂哲對於「為無為」的詮釋，不但切合老子本意，而且似乎比國內學者的注釋更加有新意，足見美國有許多學者對於「為無為」之議題觀察入微。然而亦難免會有少數學者仍然無法意會到老子之「為無為」的正確意義，例如，Loy 就指出，顧立雅以為老子之「為無為」為近乎一種放任主義，即是有待商榷的說法。筆者以為，老子之「小國寡民」的說法，只是「自然」、「無為」的社會政治現象的一種寫照。而並非完全如西方之「無政府主義」思想或「放任主義」。

（二）「為無為」的問題與矛盾

安樂哲認為，《老子・第三章》內容，可明顯看出老子近乎法家的「無為」思想，其心態勝過道家的統治者。而且可看出故意變成道家的政治理論的強

〔註3〕 見〔晉〕王弼註：《老子註》（台北：藝文印書館，2001 年），頁 8。
〔註4〕 見陳鼓應：《老子註譯及評介》，（北京：中華書局，2003 年），頁 68。
〔註5〕 見〔晉〕王弼註：《老子註》（台北：藝文印書館，2001 年），頁 76～77。
〔註6〕 同前註，頁 98。
〔註7〕 見余培林：《新譯老子讀本》，（台北：三民書局，2006 年），，頁 80 及頁 98。

烈意識。其主要表達有道明君堅持無為的政策，開創一個人民可以自由表達他們不受束縛的潛能，以及自然的發展完全不受污染的情境，外界賦予「有意」之名。

安氏根據老子文本裡與政治有關的內容，認為「無為」的貢獻並沒有超越整個自然的情況。而且老子的「無為」思想，包括其自我修養的基本概念，當其用於政治邏輯的決定時所提出的無政府主義時，其個人理解的終極結果主宰其自我協調的秩序。此意謂當「無為」是政治行動的原則時，此一過於理想化的概念，雖是很吸引人的理論，但實際上是無法做到的狀況。

Loy 認為，了解「無為」的主要困難在於它的似是而非的論點，因為它聯合兩種相反的觀念，「為」——沒有什麼可不做（nothing remain done）和「無為」——什麼也沒有做（nothing is done）。解決這種矛盾必須設法混合兩種觀念，但如何讓所有事情都有可能，除了互相牴觸的名詞之外是很難理解的。所以，有些學者認為那是無法解決的矛盾，是一點也不意外的結果。例如，顧立雅堅決以為，道家嚴重的矛盾應屬無心之過，是由於早期道家兩種不同觀點卻又相近詞彙並置在一起：一個原始的「沉思觀點」（contemplative aspect）和隨後出現的「有意為之觀點」（purposive aspect）。前者顯示「真誠態度的無為，以沒有慾望的動機去參與競爭的人世」，後者則是「以精練的技巧提升應付人世的能力」。前者只是被動的無為，後者是企圖對於社會有所改革的有為，就像顧氏強調的，那不僅是不同而已，而且是不能相容的。他承認此種詮釋在道家書籍本身是無法找到的，並且知道若宣稱莊子（較屬沉思）早於編纂而成的老子（較為有意之為）那將使他處於尷尬的立場，更糟的是，他必須承認我們所發現的「沉思道家」（contemplative Taoism）和「有意道家」事實上在《老子》和《莊子》裡是非常親近的，且有時和在一塊的，然而，他嘗試證明他所說的，很少有人會完全被邏輯所約束的道理是正確的。不過 Loy 認為此問題寧可說是顧氏被邏輯所束縛，因為他忽略了一個事實，就是這裡的矛盾是絕對與充分體會「道」的特殊經驗有關，是不能以邏輯的角度來理解的。「無為」簡單的詮釋為不去干擾和服從觀察的不去為之的行為；非雙重的行為與此顛倒而且認清無為並無改變行為。

綜上所述，吾人可知，安氏認為，從《老子‧第三章》內容，可明顯看出老子近乎法家的「無為」思想，其心態勝過道家的統治者，而且可看出故意變成道家的政治理論的強烈意識。關於這一點，可能會讓國內外許多學者

不能苟同。畢竟在前面已有討論過，郭店楚簡問世以後，老子「無為」思想之源流問題已有進一步的澄清。因此，安氏此說確有明顯唐突之處。至於安氏以為在老子文本裡與政治有關的內容，他認為「無為」的貢獻並沒有超越整個「自然」的情況。關於這一點，美國學者及國內學者都有不同看法，目前尚未有定論。最後就是安氏提到，老子的「無為」思想與其中之自我修養的概念，當中含有老子本身的主觀看法因素，故此一過於理想化的概念，雖是很吸引人的理論，但實際上是無法做到的。這一點也許有他的道理。因為，由《老子》之文本顯示，老子的整個思想其實大部分談到有關政治理念，而設若這些老子思想的精華是為了要給當時統治者作為獻策的話，那安氏之說或許是有其道理，畢竟處於春秋戰國之際，周朝之王道已失，就算有討好為政當局之嫌的儒家思想必很成功，何況老子是「反」的諫言！

Loy 指出，以「為無為」為例，顧氏堅決以為道家嚴重的矛盾應屬無心之過之說是有問的題的。顧氏認為，原始的「沉思觀點」（contemplative aspect）和隨後出現的「有意為之觀點」（purposive aspect），兩者之間就像顧氏強調的，那不僅是不同而已，而且是不能相容的。因此，Loy 毫無猶豫地指出，顧氏是為邏輯所束縛，而無法看清一個事實，就是他所說的矛盾是絕對與充分體會「道」的特殊經驗有關，是不能只以邏輯的角度來理解的。

筆者以為 Loy 在觀察老子的「無為」、「為無為」思想方面，有其極深的個人洞見，且可能有考量到老子所處的文化背景。而對於顧氏之「無為」在沉思和有意道家之間的分析甚為精闢，但其誤信國內外學者的說法，〔註8〕誤將「無為」起源於申不害的想法置入他的書裡，產生了歷史先後的混淆。至於安氏所持觀點，雖有某些值得商榷之處，但整體而言還不算離譜。

（三）「無為而無不為」的問題與矛盾

陳漢生認為，老子必定領悟到社會塑造我們的方法是滲透性，因瀰漫著各種反習俗主義而產生矛盾。老子之著名的「無為」口號，引發「無為而無不為」的這些矛盾。

陳氏認為，「無為」不是有意的、理性的、意識的或志願的行為。相反的，《老子》的「為」傳達社會的說服力、學術性的、回應的形式；自主的、自動的回應的相對物。「為」字，連結相信、人為機巧、刻意的去做。陳氏指出，

〔註8〕　見本章第一節無為起源問題。

老子要我們放棄這些成見，那就是《老子》「棄知」的說法。因此，順著「無為」就是要放棄基於任何名、辨、慾望之下所思慮而來的行為。「無為」和「棄知」是環扣相繫的口號。假若我們了解他的用意，會導致我們喜愛自然而捨棄傳統的「為」，承擔明辨和選擇所引導的行為。

依據陳氏的看法，老子之「無為」的口號引發「無為而無不為」的矛盾，可能指的是文字上面的意義之矛盾。因為若能了解「無為」及「無為而無不為」的真正意義者，應不致於在文義上有所疑惑。陳氏認為，《老子》中的「為」傳達社會的說服力、學術性的、回應的形式；自主的、自動的回應的相對物。「為」字，連結相信、人為機巧、刻意的去做。足見其對中文應有相當的鑑賞、領悟的能力，應不致對「文義」上產生誤解。唯一可能的，是陳氏擅長的語言學分析對他所產生的影響，使他忽視了文字背後所隱藏的時代與文化的意義。至於陳氏所看出「無為」和「棄知」的相關性，以及指出老子書上有某些宣揚「忘」而不去「積累」的觀念，顯示出其獨到的見解，並且不忘以其西方慣用之「譏諷」（sarcasm）方式，認為從此書之引導，似乎教我們不要以此書為引導。這是另一種「道」不可「道」。

筆者以為，語言分析對於文本的了解，固有其助益，但它絕對不是萬寧丹。從字與字、詞與詞之間甚或句與句之間的關係，語言分析或可發揮其一定的功能。但是，對整體的文本研究而言，一般通常須會通歷史、文化及社會背景所賦予的時代意義，尤其是哲學思想一類更是如此。否則當誤解產生時，吾人只能給予同情的理解而已。

三、「為無為」的內涵

（一）「無為」與「棄知」

陳漢生認為，知識在《道德經》裡的使用方法和在西方有很大的差異，因為《道德經》是一份懷疑主義的文件，它的懷疑主義是非傳統的，而是憑經驗感覺的懷疑。此一差異即其顯著的中心標語──「棄知」。

陳氏指出，老子建議放棄的整個集合體為：（一）名稱、（二）榮譽、（三）欲望、（四）儒家專用的道德、（五）學問、聰明、知識和睿智、（六）造成（一）至（五）的行為。

陳氏認為，《老子》為一否定的知識（Negative Knowledge）。他指出，早期道家的學問、知識和智慧的操作似乎有三種層次，就是：「傳統的、反傳統

的和神祕的」。有命名、區別和典型的儒家之欲望——文化主流之語言和品德的傳統。任何這種區別和欲望的系統，包括，運用智謀的「私」都應該捨棄。其中有一種「反」的知識或學問，包含於放棄傳統及避免傳統所嘉許的評價和區別的操作。《老子‧六十四章》：

> 學不學，復眾人之所過。

> 知不知，上。

> 知者不博，博者不知。

柔順的「反」或「無」的系統方面，也可視爲一種評價。《道德經》所灌輸之「反」的智慧是其評價傳統上因襲的特徵，但其所關聯的是不變的語言。神祕的「智慧」是無法以語言形容，因此，「道德經」只能提出放棄傳統的知識，它所陳述的定義只能和「反」的知識產生義理連貫的作用。在第一章的「有」與「無」是最能涵蓋語言上的二分法，每一名詞都有它既定形式的態度、興趣和品性，但這也是產生區分的開始。老子討論的問題只有在闡明知的懷疑和語言學的懷疑之間的差異。道家版本是基於區別的產生甚於對象之產生，因爲使用的語言關係到現象的世界。

依據陳氏引述《老子》之言，先行了解之後，再予述評。《老子‧六十四章》：

> 學不學，復眾人之所過。

老子認爲，他所要學習的就是無知無識，以挽救人們離道失眞的過失。〔註9〕

《老子‧七十一章》

> 知不知，上。

老子認爲，雖知大道，而如愚若晦，是以自以爲不知，是爲最上。〔註10〕

《老子‧八十一章》

> 知者不博，博者不知。

老子認爲，智者深求事物之理，所以所知不廣；知識廣博的人，捨本逐末，所以不是智者。〔註11〕

綜言之，吾人不得不佩服陳氏精湛的語言分析。特別是其精確地指出，老子建議放棄的整個知識集合體爲：（一）名稱、（二）榮譽、（三）欲望、（四）

〔註9〕　見余培林：《新譯老子讀本》，（台北：三民書局，2006年），頁130～131。
〔註10〕　同前註，頁142。
〔註11〕　同前註，頁160。

孔子專用的道德、（五）學問、聰明、知識和睿智、（六）造成（一）至（五）的行為。此一分析的結果，呈現其個人獨特的洞見，實值得肯定。但是，我們從其引述老子之言的分析中，可發現，他對於老子的「棄知」可能仍有需斟酌的地方。雖然，陳氏亦有指出《，老子》之「反」的智慧與哲學，但仍然顯露出其紕漏與不足的地方。一則他忽略了《老子》之「正言若反」的道理；二則他對於《老子》之「有」、「無」之「道」的理解，似乎有稍嫌不足之處；再者他對於《老子》所處的時代背景與文化意義，似乎仍有進一步深入了解的必要。

　　針對上述問題，吾人發覺，有再作論述的必要。以《老子》十八、十九章為例，老子言：「大道廢，有仁義；智慧出，有大偽。」若照字面解，大道廢棄之後，才產生仁義。表面上看來似乎沒什麼不對。實際上，是大有問題的！設若大道可廢，那此「道」即非永恒之「道」。〔註12〕既然不是「常道」〔註13〕就不是指存有之「道」，而是指其作用層面的「道」。整句話說來應該是「當人們無法遵循大道而實踐自然無為時，才提倡仁義；智巧出現後，偽詐也跟著而來。」接著《老子・十九章》言：「絕聖棄智，民利百倍；絕仁棄義，民復孝慈；絕巧棄利，盜賊無有。」根據郭店竹簡《老子》甲本所提供最新的考據，其文原是「絕智棄辨」、「絕偽棄詐」。〔註14〕這更為吾人重建老子原貌提供了珍貴的文獻依據。使原先通行本之「絕聖棄智」及「絕仁棄義」消除了許多因字義上衍生的疑義。而最重要的是這裡要棄絕的「聖」、「智」、「仁」、「義」亦皆非存有義，而應取其實踐義。由此可見，一般人（包含陳氏在內）很容易誤解老子的本意，以為老子是反對「聖」、「智」、「仁」、「義」。其實，老子哲學的真正內涵，顯示老子反對、絕棄的不是「聖」、「智」、「仁」、「義」的本身，而是它們外在的機巧偽詐的作用。

　　依此，筆者以為，陳氏以語言分析的方法或許能在某些文字與義理方面，提出一些獨到的見解。但實際上對《老子》的整體思想而言，所能影響的層面應該極其有限，甚或有誤解的可能。就如筆者在前面一節所持的建議一樣，真正要了解《老子》五千言，還是要深入其其時代背景，有深入的了解之後，再

〔註12〕筆者引用袁保新之「大道」何以失廢。見袁保新：《老子哲學之詮釋與重建》，（台北：文津出版社，1991），頁91～98。

〔註13〕此「常道」根據余培林注釋，係指宇宙的本源，亦即創生天地萬物的總原理或動力。

〔註14〕見陳鼓應：《老莊新論》，（台北：五男圖書出版，2005年），頁39。

加以語言學的分析，或許能收他山之石，可以攻玉之效。故筆者以爲，陳氏對《老子》所抱持之懷疑主義理論及其有關老子之「棄知」的觀點，實有待商榷。

（二）使民無知的內涵

劉笑敢指出，有人批判《老子》之「使民無知」的政策。實際上，《老子》的文本裡沒有這樣的政策，至少當時的上流社會所追求不是現代觀念中的「使民無知」政策。劉氏指出，在《老子‧六十五章》：「古之善爲道者，非以明民，將以愚之。」劉氏指出，這裡的「愚」，不是聰明利用愚者，而是指主張誠實、純樸和正直。這種「使民無知」的政策與後來的極權主義的政策是完全不同。《老子》主張統治者和平民百姓都信奉「無知無識」的精神。例如《老子‧二十章》所言：

> 眾人皆有餘，而我獨若遺。
> 我愚人之心也哉，沌沌兮！
> 俗人昭昭，我獨昏昏。
> 俗人察察，我獨悶悶。

劉氏認爲，這裡明顯地指出，當時社會的管理方針是不分老幼貴賤都懷著純樸的本性，而且平民百姓都過著平靜的生活。這種思想與後來認眞執行的「使民無知」的政策是完全無關。同時，也有人批評《老子‧八十章中》的「小國寡民」思想是一種退步的歷史狀態，這也是一種不得已的詮釋。劉氏指出，《老子》之「小國寡民」是表達一種渴望一種生活在一切都順任自我的自然發生，和批評那種愚蠢的社會爭奪表現。這種觀念只是一種表達方式的不同發現，即使在今日也不代表是一種歷史的倒退。

Slingerland 指出，他引用許多老子的章節，當然只適用於那些工具主義者之譯注。或許可能最不理想的的段落是《老子‧六十五章》裡的「使民無知」的討論，還有分裂爲「有意的」（purpose）和「無意的」（unpurpose）之間的譯注是，經常讓譯注者註定失敗於這一特別的段落。安樂哲認爲，「使民無知」的定義可分成兩種方式：1、獨裁主義的技倆，爲了愚弄人民而且只有統治者能擁有「道」。2、引導人民得到自我的成就，也幫助他們找到「道」。安氏注意到，即使兩種譯注完全爲文本所排除（老子的內容富含多義言詞，可以很容易迎合兩種譯注），而第二種「有建立文本中的形上哲學和政治哲學之間一致的正面特性」。亦即是，聖王是爲塑造他的行爲於「道」的本身之上，而在第十章和第五十一章中我們發現「道」被描述爲只有透過滋養和繁榮萬物的

貢獻方能達到自己的目的。在第三章的評註中（虛其心——強其骨等），安氏的看法顯示出與法家譯注相反的結論：

> 在道家哲學的文本裡，在譯注「虛其心」、「弱其志」和「常使民無知」是一種荒謬的政治操作策略，爲的是忽視這效法「常道」之道家思想所帶來的整個衝擊。第三章呈現的主要觀念是聖人堅守於「無爲」的政策，創造一個場合讓人民自由表現不受拘束而自然地發展的本質及完全沒有遭受外在所賦予的汙染。

Slingerland 指出，與安氏的觀點符合的其他的學者，如，劉笑敢注意到「使民無知」的政策，寧願是指「誠實、質樸、正直」，而不是指聰明利用愚笨。相關問題在第七章（不是因爲他沒有自己的思想，而是他能夠成就自己個人的目標。）和六十六章（因此，如果聖人想要在人民之上，他必須訓悔自己處於人民之下。）劉殿爵評註「處下」的定義，旨在說明居上的人不可能有呈現詭計的暗示：

> 我們僅只有預先形成老子主張使用「陰謀鬼計」的概念，但如果我們以開放的心胸探討此章節之處理方式，我們開始發現那裡不需要任何所謂的詭計，這是莫過於此。就算統治者有志於達成他的目標，他的成功只能寄望於追求人民的目標。如果他愛惜自己的羽毛，他只能無私地奉獻出最大利益。這裡所謂統治者的個人目標之實現，就是暗示時常談到的追求幸福。一個人只能謀求他人的幸福，他才能得到自己的幸福，因爲只有忘記自己的幸福，才是眞正的幸福。由此未曾看出有任何詭計的理論，更何況老子的整個理論。

Slingerland 最後指出，因此我們可以下結論，《老子》含有相當明顯的工具主義的成分，並吸引法家的興趣，但若認爲文本爲一系統性的作爲有效政治控的計劃制則是一種誤解。綜觀任何老子的工具主義之譯注的重要元素是文本裡含有基本的宗教成分。這是劉笑敢在觀察各種工具主義之老子譯注的某些精彩部份，但最後並沒有掌握到它的主要理論：

> 而視老子爲一政治學、軍事策略或氣功也不是很大的曲解，但這種文本的解釋只是皮表，無法深入老子所賦予的哲學本質和一致性的原則。對「自然」的敬畏是最能代表道家體系的價值，而且是最能與歌功頌德之儒家理論做一明顯地區隔。

Slingerland 認爲，許多讀者都偏離老子的觀念，以爲他的教導是某種似是而非

的觀念，想要闡明這種矛盾是經常出現在文本的一部分。但是，老子思想的矛盾主要是在「反」的理論，因此，我們首先必需去掉所有太普通的概念。老子主張持「弱」而「強」，初看時，好像是極為矛盾，因為這種一旦獲得「強」卻終究會回復到「弱」。然而，依上述我們知道「反」不是一個強到弱的循環，反之亦然。而是一種「返」的定律，即「有」（傳統的強、硬等）返回到「無」（弱、柔等）。如，劉殿爵的評註：

> 「返」是「返回其根本」，而我們的根本當然是順從和柔弱。所有的據說（被說）的那一件事物，一旦已經到達它的發展的限制，將回到它的根。例如「下傾」，這是必然的，一旦我們已經返回到根本，沒聽過關於發展成一致的必然性。

針對上述學者所提到有關《老子》的引言部分，吾人先作進一步分析以了解老子之原意後，再處理有關美國學者的觀點。吾人試將《老子》原文與王弼之注並置，以相互對照。《老子·六十五章》：

> 古之善為道者，非以明民，將以愚之。
>
> 民之難治，以其智多，
>
> 故以智治國，國之賊！
>
> 不以智治國，國之福。
>
> 知此兩者，亦稽式；
>
> 玄德深矣遠矣！與物反矣，然後乃至大順。

根據王弼注曰：「明，謂多見巧詐，蔽其樸也。愚謂無知守真，順自然也。」〔註15〕

> 故老子認為：

> 「古時候善於治國的人，不是要人民明智機巧，而是要人民樸質敦厚。人民之所以難治，是因為他們智巧詭詐太多的緣故。所以治國者用智巧治理國家，使人民多生智巧，則是國家的禍害；不用智巧治理國家，而使人民保持純樸的本性則是國家之福。知道這兩種治國方式的差別，而有所取捨，就是一種法則，可稱之為「玄德」。「玄德」又深又遠，與萬物復歸於真樸的境界（道的境界），然後才能完全順合自然，與道一體。〔註16〕

〔註15〕見〔晉〕王弼註：《老子註》（台北：藝文印書館，2001年），頁135。
〔註16〕見余培林：《新譯老子讀本》（台北：三民書局，2006年），頁133。

又《老子八十章》:

> 小國寡民,使有什伯之器而不用,
>
> 使民重死而不遠徙,
>
> 雖有舟輿,無所乘之;
>
> 雖有甲兵,無所陳之;
>
> 使人復結繩而用之,
>
> 甘其食、美其服、安其居、樂其俗,
>
> 鄰國相望,雞犬之聲相聞,民至老死不相往來。

老子理想中的國家是,國土狹小人民稀少,即使有各種器具卻並不使用;使人民重視死亡而不向遠方遷移。雖然有船隻車輛,卻沒有必要去乘坐;雖有鎧甲武器,卻沒有機會去陳列。使人民回復到結繩記事的原始狀況。人民有甜美的飲食,美觀的衣服,安適的居所,歡樂的習俗。鄰國之間可以互相看得見,雞鳴狗吠的聲音可以互相聽得到,人民從生到死,互不相往來。

〔註17〕《老子‧二十章》:

> 眾人皆有餘,而我獨若遺。
>
> 我愚人之心也哉,沌沌兮!
>
> 俗人昭昭,我獨昏昏。
>
> 俗人察察,我獨悶悶。

王弼注曰:

> 眾人無不有懷有志,盈溢胸心,故曰,皆有餘也。我獨廓然,無為無欲,若遺失之也。絕愚之人,心無所別析,意無所美惡,猶然其情不可睹,我頹然若此也。

故老子認為:

> 眾人自滿自得,好像有用不完的才智能力,唯有我好像匱乏不足,我實在是愚人的心腸,是那麼樣的渾沌。世人都煊煊赫赫,唯有我昏昏默默。世人都清處精明,唯有我渾渾噩噩。〔註18〕

根據以上分析可知,劉笑敢與老子的觀點是一致的。他指出這裡的「愚」,不是聰明利用愚者,而是指單純的主張誠實、純樸和正直。而且這種「使民無知」的政策與後來的極權主義的政策是完全不同。劉氏亦反對「小國寡民」

〔註17〕見陳鼓應:《老子註譯及評介》(北京:中華書局,2003年),頁159。

〔註18〕見余培林:《新譯老子讀本》(台北:三民書局,2006年),頁45。

思想是一種退步的歷史狀態的批評，他指出，《老子》之「小國寡民」在此是表達一種渴望生活在一切都順任自我的自然發生，和批評那種愚蠢的社會爭奪表現。這種觀念只是一種表達方式的不同發現，即使在今日也不代表是一種歷史的倒退。關於此點劉氏的看法與老子也是一致的。

Slingerland 指出，安樂哲認為「使民無知」的定義可分成兩種方式：1、獨裁主義的技倆，為了愚弄人民而且只有統治者能擁有「道」。2、引導人民得到自我的成就，也幫助他們找到「道」。Slingerland 指出，安氏認為只有第二種定義符合老子之「使民無知」的本意。但 lingerland

認為安氏以為聖王是為塑造他的行為於「道」的本身之上，這樣的觀點是有疑問的。因為他從〈第十章〉和〈第五十一章〉中，發現「道」被描述為只有透過滋養和繁榮萬物的貢獻方能達到自己的目的。Slingerland 提到劉殿爵評註「處下」的定義，旨在說明居上的人不可能有呈現詭計的暗示。

筆者以為，安氏的觀點及劉笑敢和劉殿爵的論述內容，都尚能符合老子的本意。至於 Slingerland 指出的問題，亦應是讚成安氏、劉笑敢和劉殿爵的論述內容，故其立論應屬正確。

（三）無政府主義的內涵

安樂哲指出，無政府主義為當時的一種生活觀念，一種自由的理論，其目的在於用來紓解來政治環境地壓迫。這有助於瞭解到老子所要提供的政治的救援是其主要的考量，而陳述其政治理論則是其次要的目的。老子關切地指出不健全的理論和自然的基礎之下的無政府主義的負面的效果，更甚於提供一個實際有用的抉擇。結果就是老子的無為政治理論的詮釋，是描繪顯著的成就，足以抗衡任何可能的實用的工具。

安氏認為，道家之無政府主義是最理想的政治形態，如果是因聖人的教導啟迪之用心而硬是把政治管理的責任重擔推給他，而「無為」是唯一的政策，當進行保護自然和社會的環境時，可以避免人為的扭曲。

萬白安認為，老子的無政府主義之終極目標是要回復到「原始的農業烏托邦」。在這些烏托邦的特徵是沒有好奇、忌妒、譴責、「較高文化」和自我意識。人民過著純樸卻優質而滿足的生活。

萬白安指出，根據《老子》：「朝甚除，田甚蕪，倉甚虛，服文采，帶利劍，厭飲食，貨財有餘，是謂盜夸，非道也哉！」可見，當時的社會充滿許多缺失。一個社會問題的普遍反映（亦可見於我們現在的時代）是需要一個

溫和仁慈、不分貴賤的時代，是一種在道德墮落的影響之前的新主張和選擇。
萬氏認為，那是一種精確的社會洞見所賦予《老子》活潑的生命力。於是，《老子》對於失去純真之當代社會所提出的批評。部分的矯揉做作是由於知道太多的區別。有了區別之後就會有價值的比較，有了價值比較就會有嫉妒、不滿足和競爭，因為事物有了好的區別，自然就會有壞的區分：

《老子‧第二章》

> 天下皆知美之為美，斯惡已。
>
> 皆知善之為善，斯不善已。
>
> 是以聖人處無為之事，行不言之教，萬物作焉而不辭；
>
> 生而不有，為而不恃，功成而弗居；
>
> 夫唯弗居，是以不去。

萬氏認為，「只要我們開始對事物作出區分，就有了名相。」然而，完全消除語言和名相是不切實際的：

> 名亦既有，夫亦將知止；
>
> 知止，可以不殆。（三十二章）

萬氏認為，根據《老子》的描述，社會墮落的原因可能是不自然或無可避免。而老子終極目標是回復到「原始的農業烏托邦」。

萬氏指出，《老子》的原始主義是像這樣的「柔和」之變化。相對的，那些相信嚴苛的原始主義（如在早期中國傳統之《墨子》、《荀子》）強調人類心智的力量和文明的利益。萬氏指出，老子之「絕聖棄智，民利百倍；絕仁棄義，民復孝慈；絕巧棄利，盜賊無有。」這其中似具有暗示老子柔和的原始烏托邦無法容納知識和更高的文化之意。

筆者以為「小國寡民」乃老子心目中之無為而治的理想國家。老子言：「有什伯之器而不用」，[註 19] 顯示其中有國、有民、有軍隊武器，這表示老子的「小國寡民」並非一種無政府主義。「雖有舟輿，無所乘之，雖有甲兵，無所陳之」的描述，是指一個擁有高度文明但卻無文明之害的生活共同體，[註 20] 所以，絕非一種原始的烏托邦，亦非萬氏所謂的無法容納知識和更高的文化。

綜言之，安氏與萬氏之論述內容與老子觀點有諸多一致之處，值得肯定。

〔註19〕見陳鼓應：《老子註譯及評介》（北京：中華書局，2003 年），頁 359。

〔註20〕見袁保新：《老子哲學之詮釋與重建》（台北：文津出版社，1991），頁 207。

唯上述之無政府主義與烏托邦之看法，以及萬氏低估「小國寡民」之文明的看法，確有待商榷。

第二節 《老子》之「虛靜」研究述論

《道德經》中之自我修行的辭彙：

一、「虛」與「無」

羅浩指出，自我修養的生理學的技巧主要是「虛」的觀念，「動合無形」及「復反無名」等是我們眾所皆知來自老子和莊子內篇的觀念。他們同時也包括一些新的元素，稱為「使人精神專一」。此政治哲學是奠基於「無為」，但擴張到包括老子和莊子內篇所未發現的相關觀念，如，「與時遷移」、「應」、「宜」、「順」等。

史華慈認為，「谷」的自然象徵是整個取決於它的空間和它的被動接納而至充滿，似乎與母性角色的性和生育有關。於是「牝」代表不武斷的、不算計的、不深思熟慮的和不故意的聲響和成長的過程。這些過程由「虛」而引起滿，由「靜」而引起「動」和由「一」而引起「多」。「牝」是典型的「無為」。然而，「無」是其本身的「不可名」，被動、虛、習常和自然的不武斷，到處仍然有「一」的印象，而且是象徵性的指向「無」的領域。在《道德經》中之非關人的秩序或甚至人類生活的自然觀點，在這「自然」和「無為」方式下運作。因此，我們可說「自然」遵守「道」，而在「自然」裡的「無」和「有」是沒有決裂。「無為」方面的自然是「道」在「無」方面的彰顯，而「自然」於是遵守「道」。

史氏指出「不貴難得之貨，使民不為盜；不見可欲，使民心不亂。是以聖人之治，虛其心、實其腹、弱其志、強其骨；常使民無知無欲」。「虛其心」意即除去較高文明的錯誤目標和計劃，讓心靈返回到瀰漫著感化的「道」。

LaFargue認為《道德經·十五章》所形容的畏怯的、謹慎的、順從的、空虛的理想人格是「不盈」。「虛」作為表面的觀點可能關連到老子所反對之讚賞美好的外表所代表的「實」，在精微的比較之下，很明顯的不是老子學派所要培養的重要特質（參閱二十二、四十五章）。因此，LaFargue認為在二十二、四十五章之「盈」為「虛」的相反，最好翻譯為「實」（solid）。「盈」的正面含義和「虛」的反面含義，「無用之用」在《道德經》可能是很重要的原則，其似非而

是的智慧所強調的事實，在一般傳統觀念是無用的事物，但他們卻是給予極高的評價。在老子的觀念中，這些外表的感覺是虛的，連接到人的內心狀態的形容也是虛的。內部的「虛」可能有意的放在十六章之「致虛極，守靜篤」，其中把「虛」和「靜」聯想在一起，且提到「虛」與達到內心狀態的「靜」和「明」是有密切的關係。第五章頌讚用之不盡的精力來自「虛」心的狀態。這似乎關係到當一個人改進耗損時，其「虛」、「靜」的心態更持久的理論。第四章中，「道」也稱為「虛」（道沖）；第十五章也有「保此道者」不欲盈。四十二章之「沖氣以為和」，把「道」描述成從「虛中累積」為具體化的力量或特質。

《老子》曰：

道沖，而用之或不盈。淵兮似萬物之宗。（第四章）

天地之間其猶橐籥乎！虛而不屈，動而愈出。（第五章）

老子認為，道的本體是空虛的，但是道的作用卻從不窮盡。它雖然幽微深遠，卻好像萬物的宗主。天地之間，實在像一具風箱，裡面虛空但卻不會窮竭，一但發動則能生生不已。

老子曰：

敦兮其若樸，曠兮其若谷，渾兮其若濁。孰能濁以靜之徐清，孰能安之以動之徐生。保此道者不欲盈。夫唯不盈，故能蔽而新成。（第十五章）

致虛極，守靜篤。萬物並作，吾以觀復。夫物芸芸，各復歸其根。歸根曰靜，是謂復命。（第十六章）

有道者的本質淳厚樸實，就像未經雕琢的樸木一樣。他的心胸豁達開朗，但卻謙卑如幽深之山谷。他的淳樸渾厚，如濁水之流一般。有誰能在渾濁動盪中安靜下來而慢慢的澄清？誰能在安定虛靜中生動起來而慢慢的開始活躍。能明瞭這些道理的人是不會自滿的，就是因為不會自滿，所以能去舊迎新。

老子了解，人的心性本是虛明清靜的，但由於私欲而使之蒙蔽。若我們能做到極佳的「致虛」和「守靜」的工夫，便可於萬物蓬勃生長中，觀察出往復循環的道理。芸芸萬物，最後都還是各自返回它們的根源。返回根源叫做「靜」，「靜」則本性自現，所以稱為「復命」。

由上述可知，羅浩認為，「虛」是老子和莊子之自我修養的主要觀念，透過虛靜工夫而能「使人精神專一」。至於史華慈認為，「谷」谷的自然象徵是整個取決於它的空間和它的被動接納而至充滿，這些過程由「虛」而引起滿，

由「靜」而引起動和由「一」而引起多。

筆者以爲，羅氏的觀察是中肯的。而有關史氏的觀點大致無誤，特別是他指出「虛其心」意即除去較高文明的錯誤目標和計劃，讓心靈返回到瀰漫著感化的「道」。此一詮釋非常符合老子本意，值得肯定。但他說這些過程由「虛」而引起「滿」，由「靜」而引起「動」和由「一」而引起「多」。本應該是很貼切的形容，但有一小小的問題是出在「虛而引起滿」，此處老子之意爲「保此道者不欲盈。夫唯不盈，故能蔽而新成」。故史氏之詮釋是稍有錯誤。至於 LaFargue 指出，《道德經》之「盈」的正面含義和「虛」的反面含義，是老子「無用之用」重要的原則。筆者以爲，此一「反」的原則，恰如「有而不有即無」、「無而不無即有」實爲老子之「道」的玄妙旨義。〔註21〕故 LaFargue 此一見解頗具洞見，值得肯定。

二、「靜」與「樸」

Slingerland 指出，自從人獲得「知常」也就是一種知道「反」的原則，藉此達到那種闡明一個人能到達的狀態的那種特性，在《道德經》十六章的幾組隱喻提到：

> 致虛極，守靜篤。
>
> 萬物並作，吾以觀復。
>
> 夫物芸芸，各復歸其根，
>
> 歸根曰靜，是謂復命。
>
> 復命曰常，不知常，妄作凶。
>
> 知常容、容乃公，
>
> 公乃全，全乃天，
>
> 天乃道，道乃久，
>
> 沒身不殆。

在此主要的隱喻和陳述可概略分成三組。1、「虛」和「靜」；2「觀其復」和「歸其根」和「復命」；3、「常」和「久」。這三組很明顯的在《道德經》的作者之安排下彼此之間互爲關聯。Slingerland 認爲，這在《二十五章》裡我們碰到的理論所圍繞著許多和《十六章》提到的特性，而其可作爲世界萬物

〔註21〕見牟宗三：《中國哲學十九講》，（台北：學生書局，1983年），頁99。

的模範，很明顯的甚至比「道」還重要。

　　LaFargue 認為，《道德經·二十六章》，將「靜」與外物的心理刺激作一對比，因此，老子對於「靜」的解釋關係到「刺激」與「刺激之物」的論證，當一個人有所損耗時卻同時也帶給他淺層存在的「輕」，此「輕」與「靜」者和高位之「君」形成對比。〈五十七章〉「好靜」形容為政者也從事「無欲」和「無為」。其內在的靜止展現在治理風格而形成民之「樸」。

　　LaFargue 指出，〈六十一章〉牝常以靜勝牡。「虛」、「沖」、「窪」三個同義字出現在《道德經》。〈第五章〉之「虛而不屈」、〈十六章〉「致虛極」；〈第四章〉「道沖」、〈四十二章〉「沖氣以為和」、〈四十五章〉「大盈若沖」；〈第二十二章〉「窪則盈」。「虛」經常有相反的聯想意義，就是「無用的」。例如〈二十二章〉之「豈虛言哉」。

　　LaFargue 指出，〈二十二章〉裡作為心靈帝王之「抱一」。而〈三十九章〉之「得一」維描述道家自我修養之目標的一種方式，其頌讚達到宇宙合諧的重要，當所有的宇宙源則元素「得一」時，產生了宇宙的秩序。這是根據宇宙起源論所描繪的「一」為某種「卑微的」狀態，故「得一」所表現自己內在的「處下」，恭順的態度與別人相處。

　　LaFargue 指出，〈三十二章〉說道是「樸木」，而〈二十八章〉認為「守其雌」以修「德」就等同於「使用」樸木。〈十九章之〉「抱樸」描述老子部分之觀點，伴隨著「少私寡欲」。〈十五章〉之「樸」聯想到模糊不可辨認的心理狀態，這一切都攪和在一起成混濁而且「空虛」。在〈三十七章〉之「樸」描述一種理想法則之內部狀態，用此一圓通方法而不使其感到蒙羞而且可抑止一個人的野心和人群的騷動。

　　以下筆者試就《老子》文本中有關「靜」「樸」的意義加以說明，並據以作為對美國學者觀點念的述論依據：

　　《老子·二十六章》曰：

　　　　重為輕根，靜為躁君：是以聖人終日行不離輜重，

　　　　雖有榮觀，燕處超然。奈何萬乘之主，而以身輕天下？

　　　　輕則失根，躁則失君。

老子認為，穩重是輕率的根頭，清靜是剋制躁動的良方。所以儘管君子經常處在優適的生活的環境，然而面對豐美的物質享受卻能泰然處之而能不陷溺其中。因此作為一個萬乘之國的君主，若是自身都輕浮躁動的話怎麼可以治

理好天下呢？輕浮就失去穩重，躁動就無法清靜。

《老子‧五十七章》

　　我無爲而民自化，我好靜而民自正，

　　我無事而民自富，我無欲而民自樸！

　　王弼注曰：「上之所欲，民從之速也。我之所欲，唯無欲而民亦無欲

　　自樸也。此四者，崇本以息末也。」〔註22〕

老子認爲，我無爲而治，人民就自然化育。我愛好清靜，人民就自然純正。我不隨意干擾，人民才會自然富足。我沒有貪欲，人民自然樸實。

　　根據上述，我們發覺 Slingerland 觀察到「知常」也就是一種知道「反」的原則，並指出〈十六章〉的幾組隱喻：「虛」和「靜」；「觀其復」和「歸其根」和「復命」；「常」和「久」。此一深入觀察與剖析，值得肯定。至於他後來提到在〈二十五章〉裡的理論圍繞著許多和〈十六章〉提到的特性，而可提出作爲世界萬物的模範，很明顯的甚至比「道」還重要。筆者不解，難道他認爲在「道」之上還有更高一層的原則，難道說是「自然」嗎？若是如此，筆者以爲此一觀點有值得商榷的地方。

　　關於 LaFargue 所提到的觀點較爲蕪雜，筆者擬直接針對其問題一一檢定，並評述如下：

　　首先 LaFargue 提到〈二十六章〉之「重爲輕根，靜爲躁君」。他認爲當一個人有所損耗時卻同時也帶給他淺層存在的「輕」，此「輕」與「靜」者和高位之「君」形成對比。筆者以爲 LaFargue 於此的理解，與老子本意不一致。按「君」此爲剋制、對峙之意，而非指高位之「君」。接著，他說第〈二十二章〉「窪則盈」。「虛」經常有相反的聯想意義，就是「無用的」。例如〈二十二章〉之「豈虛言哉」。筆者以爲，「虛」的反意，應以他之前所說的「無用之用」較爲妥切。而〈二十二章〉之末尾之「豈虛言哉」之「虛」，爲一般「虛」之用法，與沖虛之道之「虛」不同。除上述兩點之外，LaFargue 的詮釋大致無誤。

三、「母」的玄奧

　　史華慈認爲，《道德經》的另一主要論題是「母」之暗喻的使用，也引起我們的注意。它把「牝」提升爲「無爲」和「自然」原則的象徵，連接自然

〔註22〕見〔晉〕王弼註：《老子註》（台北：藝文印書館，2001 年），頁 126～127。

世界到「無」的來源。《老子‧第六章》：

> 谷神不死，是爲玄牝。玄牝之門，是爲天地根。緜緜若存，用之不勤。

史華茲認爲，使用母的玄奧，反而也引起我們注意老子的另一理論，它的「無爲」和「自然」的原則象徵陰柔的意氣昂然，連結自然的世界進入「無」的根本。所謂「谷神不死，是謂玄牝。」此「谷」象徵她的本性是完全決定在空虛之間和她的被動與包容，使之似乎與女性扮演角色的性與生殖產生關聯。故「牝常以靜勝牡，以靜爲下。」本質上，「母」性在生殖過程扮演領導的腳色，在性和生殖的爲「無爲」，她因此代表不武斷、不計較、不熟慮、不故意的生殖和成長過程中，「虛空」轉而充滿；靜轉爲動；「一」轉爲多。女性是「無爲」的典型，雖然無的本身是不可名的，但仍然到處都有它的印象，如，被動、虛空、「習以爲常」（habitual）和柔順等方面的本性是朝向「無」之境界的表徵。

LaFargue 指出，「牝」（Femininity）「母」的兩個同義字出現在《道德經》，如〈第六章〉和〈六十一章〉的「牝」和〈第十章〉、〈二十八章〉的「雌」。在〈二十八章〉的「辱」用法類似「雌」，是指戰國時期已經沮喪的人心。〈六十一章〉提到「牝以靜爲下」的外交手腕方式。〈六十一章〉裡把「牝」類化到概念化的「德」可克服「牡」，且關係到「靜」與「牝」的力量。第六章描述「牝」爲宇宙之起源，且使之成爲概念化的特質而爲人們所「用」；是一種我們可使用且源源不絕的力量（如〈第五章〉之「虛而不屈，動而復出」）。母（The Mother）〈五十二章〉提及內在的「德」和「守」母，是一種具體化地內在呈現，然而此一具體化地內在呈現同時也是宇宙的起源「天下母」。〈五十二章〉提出「復守其母」和與之類化的「復歸其明」，關係到從世界撤回到「守弱」和「守靜」的狀態。

以下筆者試就《老子》文本中有關「母」的玄奧意義加以說明，並據以作爲美國學者觀念的述論依據：

《老子‧五十二章》：

> 見小曰明，守柔曰強。用其光，復歸其明，無遺身殃，是爲習常。
>
> 王弼注曰：爲治之功不在大，見大不明，見小乃明。守強不強，守
> 柔乃強也。
>
> 顯道以去民迷。不明察也。道之常也。〔註23〕

〔註23〕見〔晉〕王弼註：《老子註》（台北：藝文印書館，2001年），頁126～127。

　　由此可見，老子認爲，能夠見到隱微，才算是「明」，能夠秉守柔弱，才算是「強」。運用一切外界的光來認識萬事萬物，再回到光源的本然之明，知其子而復守其母，如此，才不會給自己帶來災害。這就是因襲常道而行，此謂「習常」。〔註24〕

　　筆者以爲，依據上述，可知史氏和 LaFargue 的論述皆觀察入微，內容亦大致正確。唯史氏將「習常」，譯註爲「習以爲常」（habitual）。但按老子之意爲「襲常」，〔註25〕爲「因襲常道」之意。故此爲文字理解上不同所造成的問題，吾人可予理解。至於 LaFargue 在理解上也有一小問題，即他認爲〈二十八章〉的「辱」用法類似「雌」，是指戰國時期已經沮喪的人心。按說文解字：「以帛造緇曰辱」。〔註26〕按老子原文爲「知其白，守其辱，爲天下谷」。王弼之注爲「知其白，守其黑」。在此可明顯看出以「辱」對「白」是古義用法，故「守其辱」之「辱」應爲垢黑之意。由此可見 LaFargue 的說法雖有創意，但卻不無誤解之處，可能純屬其個人見解，值得商榷。

第三節　《老子》之「弱道」研究述論

（一）柔勝剛

　　Loy 認爲，「無爲」的特長應是柔與順，像老子最愛的隱喻爲水。「柔」又常譯爲「弱」，但「弱」有無可避免的負面含意，在文本裡看來不是很正確。尤其是「柔」常被認爲終能獲勝，因爲水是至柔至順可以克服剛與強。

　　LaFargue 指出，《道德經》的諺語使用「弱勝強、柔克剛」這個公式與古代中國思想有關之相同理論的是宗教習俗的觀點，以諺語來表示即一物剋一物，例如，水剋火、火剋金等。這是老子所調和他們所培養的某種心理狀態和品質，如，「靜」、「陰」、「柔」、「弱」等，歷經「轉變」在他們身上培養老子所從事的那些特性。LaFargue 認爲，這些具體概念的「德」，是中國古代用來解釋自然的或心理學上的現象。LaFargue 又說，假若上述簡評是正確的話，那就是語言學和想像力的，而不是教義和存有論的調和。

〔註24〕見余培林：《新譯老子讀本》（台北：三民書局，2006 年），頁 106。
〔註25〕按「襲」，通行本作「習」。傅奕本、蘇轍本及帛書甲本均作「襲」。
〔註26〕見〔清〕段玉裁：《說文解字》（（台北：藝文印書館，1999 年），頁 752。

　　以下筆者試就《老子》文本中有關「柔勝剛」的意義加以說明，並據以作爲美國學者觀念的述論依據：

　　老子哲學係以「有」、「無」說道體，以「虛」、「弱」說道用。老子的主柔思想，反映出其對生命的重視，因爲他觀察到新生命在初始階段都具有柔弱的特性。然而，當生命愈成長愈茁壯而趨於強健之時，也就是愈接近衰亡的時候。《老子》曰：

> 上善若水，水利萬物而不爭。處眾人之所惡，故幾於道。——夫唯不爭，故無尤。（八章）

　　老子主張無爲不爭，唯有不爭才能沒有怨尤。老子以水的柔弱不爭比喻無爲之德性，由此可見，老子認爲「無爲」的另一種涵義是「處下」，眞正「無爲」的人懂得以卑下爲處身之道，不與人爭。老子對生命有深刻的體悟，懂得以柔弱、卑下避開剛強與鋒芒，唯有守柔處弱才能眞正立於不敗之地。故老子說：「以其不爭，故天下莫能與之爭」。

　　由上述可知，Loy 所言之「靜」、「陰」、「柔」、「弱」等都是老子所要人們培養的「無爲」的德性，這固然沒錯。然而，Loy 又說「弱」有無可避免的負面含意。關於這點，只能說他可能忽略了老子的「正言若反」的哲學。老子雖說：「弱之勝強，柔之勝剛」。然而，這種合於正道的言論，其實與社會俗情及人的習性似乎相反。故 Loy 此一見解似乎仍有待進一步補充說明的地方。至於 LaFargue 認爲，「靜」、「陰」、「柔」、「弱」等這些具體概念的「德」，是用來「轉變」在他們身上培養《老子》所說的那些特性，他認爲，這只是語言學和想像力的作用。換句話說，LaFargue 似乎不認同《老子》的「無爲」之德是「道」的自然作用。他認爲，在《老子》的箴言中，有些其實只是簡單的想像，然而有些學者在譯注時經常擴大使其呈現出更複雜的暗喻。LaFargue 又舉〈第八章〉爲例，其中與水關聯之現象，卻形成兩種不同的觀點；「水善利萬物」、「處眾人之所惡」。他認爲這兩個觀點應該屬於老子個人的智慧而非自然的語言。依此，吾人不難看出，LaFargue 可能對《老子》仍有誤解之處。而且他在理解《老子》之「德」時，有可能又攙雜儒家所言之「德」，而無法以「存有論」的角度去探討「德」在《老子》中的眞正義涵。這是許多他文化學者的通病。其次，LaFargue 認爲《老子》爲一種教義，可見 LaFargue 亦無法跳脫以道教的色彩來看待《老子》。因此，筆者以爲 LaFargue 的說法，似乎待商榷。

二、「弱」者「道」之用

　　Michael LaFargue 指出「弱」和「柔」通常為消極的名詞，經常使用在「老弱」的辭句，從不同的角度來觀察，這兩個含蓄的名詞具有否定的含意，對道家之反論的智慧及其所強調需要培養的品行，可能扮演關鍵的角色。LaFargue 認為，「柔」和「無為」的名詞都指同樣的行為方式，而與「無有」和「不言之教」有關。因此，「柔」、「弱」為一種理想的行為方式，且似乎是最為密切關係到老子對於對立之互相影響的辯論方式。他認為「柔」、「弱」為概念化的「德」可克服他們的對立。

　　Slingerland 認為，老子思想的矛盾主要是在「反」的理論，老子主張持「弱」而「強」，初看時，好像是極為矛盾，因為這種一旦獲得「強」卻終究會回復到「弱」。然而，依上述我們知道「反」不是一個強到弱的循環，反之亦然。而是一種「返」的定律，即「有」（傳統的強、硬等）返回到「無」（弱、柔等）。Slingerland 認為，老子的語詞矛盾只有在我們不知道區分慣用反語或非慣用反語之間的語詞使用，如，「弱」和「知」。「反」的理論是一種「直接教導似非而是的」，但它是憑依表面而定。此種深層的矛盾是那些好像瘟疫的內部的狀況。Slingerland 指出，假若我們「自然的」與「道」和諧，世界又怎麼會從完美墮落，而為何需要如此努力才能把人類救回。

　　《老子‧二十一章》：

　　　道之為物，唯恍唯惚，惚兮恍兮，其中有象；

　　　恍兮惚兮，其中有物。窈兮冥兮，其中有精，

「道」是無狀之狀，無物之象。老子因為對於自然萬象的觀察入微，而體悟出「道」的創生過程所逞呈現的「虛柔」狀態。「道」的創生作用雖然是柔弱的表現，但卻獲得生生不息，綿延不絕的作用。《老子》說：

　　《老子‧四十章》：

　　　反者道之動，弱者道之用。

老子認為，自然萬物的運動和變化有其依循的規律，其中的總原則是「反」的作用。老子認為「反」的作用是推動事物變化發展的力量，此一運動發展之最後總是要返回到事物的根源，而事物的根源是虛靜、柔弱的狀態。在這一句子中，「反」是道之動的原則，而「弱」是柔弱、順從、被動與無為之意。歸結起來，這就是老子「返本復初」的思想。《老子》又說：

　　《老子‧七十八章》：

天下莫柔弱於水，而攻堅強者莫之能勝，其無以易之。

弱之勝強，柔之勝剛，天下莫不知、莫能行。

《老子·四十三章》：

天下之至柔，馳騁天下之至堅。

無有入無間，吾是以知無為之有益。

老子體悟到這種柔弱的作用，而運用到人生的面向。故《老子》說：「弱之勝強，柔之勝剛。」老子的「柔弱」思想，主要是為了消解人性的「逞強」的作為。老子以水為天下之至柔，可克服天下至堅至強之物。水具有遇方則方，遇圓則圓的特性，因此，可以無拘無束地馳騁於任何堅硬之物，而不會改變它的柔弱本質。這都是因為水的柔弱、順從、被動與無為的本質。

依上所述，可知，老子的「弱道」思想，可分別用於事物的內在本質與外在的現象。自然萬物的運動和變化其內在的本質是「反」，至於事物表現於外就是「道」的作用，此一作用的呈現是「德」，也就是「柔弱、順從、被動與無為」。LaFargue 指出，「柔」、「弱」有消極與否定的面向，但他同時也察覺到《老子》的「反」的智慧，然而，他並未進一步深入的探討其中的意義，頗為可惜。至於 Slingerland 的問題是，他認為老子的語詞是否矛盾，需先區分使用語詞是否為慣用反語或非慣用反語。關於這一點，牟宗三曾作說明：『從作用層面來說，最好的解釋是《老子》所說的「正言若反」。其所涵的意義就是詭辭，且是辯證的詭辭。』〔註27〕若牟氏之說正確的話，則 Slingerland 所說的矛盾，其實並不恰當。至於他認為，《老子》中所蘊含之「反」的理論，似乎在教導似非而是的觀念，其中有難以解決的深層矛盾存在。關於此一問題，仍脫不了《老子》「正言若反」的詭辭。換言之，「正言若反」是屬於老子的智慧的表現，不應以一般自然語言的知識來加以分析，否則，就偏離《老子》的形上旨趣。最後談到 Slingerland 所提出的問題，他質疑人如何能「自然的」與「道」和諧。關於這一點，若按照牟氏的觀點，其實是涉及到西方哲學與中國哲學的異同，西方哲學常以客觀存有的角度來思考中國哲學的問題，而中國哲學，尤其是老子的思想應屬於境界形態，因此，要從主觀心境的角度來加以探討，否則，很難發掘老子思想的真正面貌。

依據上述，筆者以為，從生命的角度而言，老子的「守柔」、「持弱」思

〔註27〕見牟宗三：《中國哲學十九講》，頁99。

想，並非消極的否定生命的作爲，而是爲了要消解人性的「逞強」與「爭奪」的作爲，進而學習「道」的「無爲」精神。老子要人效法水柔弱的德行，而達到處下、不爭卻能利萬物的精神。其次，從宇宙的角度來講，老子的「歸根復命」與「正言若反」的思想恰可爲「反者道之動，弱者道之用」形上義涵作一歸結。LaFargue 雖未全面理解《老子》的弱道思想，然而，他對《老子》之「反」的智慧亦有其個人的獨到之處，值得肯定。而 Slingerland 對於《老子》的「正言若反」的理論，雖不能完全體悟，然而，因其個人洞見所提出的問題，亦值得吾人深思。

第六章 《老子》研究在美國之其他觀點述論

美國學界有關《老子》的研究，除了《老子》「道」之「體」和「道」之「用」之外，尚有許多關於《老子》其他觀點的研究，根據這些資料加以整理分析之後，發現美國學者對於某些議題頗有獨到的見解。以下試就道家的分類、《老子》之聖人觀、《老子》之神秘主義及《老子》之語言學分析等議題，分成四小節加以述論：

第一節 道家的分類論述

（一）顧立雅的「沉思道家」與「有意道家」：[註1]

顧立雅提出，早期道家的兩種分類，即「沉思道家」與「有意道家」。顧氏認爲「沉思」道家是指那些運用道家策略所賜予的力量，思考宇宙和實踐內在的和平爲終極目標。他們認爲，人不應該在意人世間的權位和功名利祿，他們或許可能進入山林荒野爲隱者，如果他在人間中停留，對於世人的態度也將會是無動於衷。因此，道家聖人可能婉拒相國的職位而且甚至蔑視王權的俸祿；這是我們應該自然地期待道家在當時行爲規範的自負。

顧氏認爲「有意」道家是藉由「無爲」之完全地弱者而克服強者；是一

〔註1〕 見 H. C. Creel, *Chinese Thought from Confucius to Mao Tse-tung*（Chicago: The University of Chicago Press, 1953）.及 *What is Taoism and Other Study in Chinese Culture History*（Chicago: University of Chicago Press, 1970）.

種藉由完全的卑下，結果統治全世界。這種陳述如何「掌控世界」，明顯的這是道家參與各種不同的哲學派別競爭下的思想策略，甚至是承擔統一帝國大業的指導方針。「有意道家」不但可擔任輔佐聖王的腳色，而且其聖人的角色通常比起君王毫不遜色，這正好是一種給獨裁政權提供正當理由的道家哲學。

顧氏認爲，「沉思道家」和「有意道家」不僅本質不同而且從邏輯的角度來看是難以並存的。顧氏指出，從「沉思道家」到「有意道家」的這種令人注目的轉變，最主要是來自道家的神秘觀。顧氏認爲，就是這種轉變導致「有意道家」的興起，他們試圖利用神秘主義的本質去追求個人的政治遠景。因爲專心致「道」的人不會被傷害。不被傷害的人是無懈可擊的。無懈可擊的人將會是比所有要傷害他的人有更強的能力。因此，他是萬物中最有力量的領袖。

（二）陳漢生的「推論的」神秘玄學和「批判的」語意學的認識論說〔註2〕

陳氏指出，顧立雅認爲基本上道家可分爲哲學和宗教的，而哲學的道家又被分爲「沉思的」和「有意的」的成份。〔註3〕陳氏則提出進一步的分類爲「推論的」神秘玄學和「批判的」語意學的認識論層次。陳氏認爲，《道德經》的批判哲學是翻譯學者很少注意的焦點。然而，它是一個從強調認識論和語意學之哲學文化觀點，自然地進入到理解道家的重要方法。

（三）羅浩的三大分類〔註4〕

羅浩指出，根據傳統的參考書目和最近的研究成果，在文本鑑別的意見之下大概作成三種分類：

1、宇宙論：以道的優勢力量統一有秩序的宇宙

2、心靈的修養：達到道的過程中，心與知的空無直到深奧經驗的寧靜境界。

3、政治的思想：應用宇宙論及其方法之自我修養的統治問題

羅浩認爲，在此三種分類的基礎下，吾人可組織早期道家文本的來源成爲三種大概的哲學型態或定位，那就是個人主義道家、原始道家和融合道家：

〔註2〕 見 Hansen, Chad, "Linguistic skepticism in the Lao Tzu," *Philosophy East and West*, 31/3（July 1981），pp.321-363.

〔註3〕 見 Herrlee G. Creel, *What is Taoism?*（Chicago: The University of Chicago Press, 1970），p. 5.

〔註4〕 見 Roth, Harold,"The Laozi in the Context of Early Chinese Mystical Praxis." in *Religious and Philosophical Aspects of the Laozi*, pp. 59-96.

　　第一類型是由莊周的《莊子》內篇和《管子》的內業篇爲主，記載的年代約爲公元前四世紀的中期，獨特的屬於宇宙論和個人主義的內在的轉化引導至神秘的經驗，達到統一的方法。史華茲稱之爲「神秘的靈知」。此一類型被稱爲「個人主義」，因其關注在個人修養而實際上缺乏社會和政治的思想。

　　第二類型包括《老子》和《莊子》第八到十篇及內篇中〈齊物論〉等的原始主張。此類包含宇宙論和個人修養的個人主義類型，但加上政治和社會哲學，建議回歸到簡單的生活方式並與一些主張均分公地主義結合。此類型早期道家文本依史華茲和葛瑞漢之說稱之爲原始道家。

　　第三類型的一般哲學定位的道家早期文本，繼葛瑞漢之後這裡稱爲融合道家。羅氏指出，融合道家可在現存的文本發現，例如，從馬王堆出土的《黃帝四經》、幾篇出自《管子》的文章以及在《莊子》和《淮南子》的某些觀念。此類型的標誌爲存在相同的宇宙論和自我轉化的哲學之外，還包括統治之術、強調政治和宇宙秩序的和諧之指導原則、融合社會和政治的哲學，以及借用早期法家和儒家相關的想法而保留在道家宇宙論的文本。此一類型的道家文本提供了影響性的道家定義基礎，根據著名的史學家司馬談的講法，一些學者以黃老的稱之。

（四）成中英的五種分類

　　成氏認爲，道家可五種分類。本體宇宙論道家（老子 1）、本體倫理學道家（老子 2）、本體詮釋學道家（莊子）、功能的道家（日常生活之用）、方法論的道家（政治統治之術）。

　　以上所述，爲美國學者對於道家分類的各種觀點。學者們的觀點極爲大分歧，然而，其中不乏個人的洞見。首先，是顧立雅的「沉思」道家與「有意」道家兩大分類。顧氏主要是以道家對於「無爲」的態度及他們表現於社會的行爲性格作爲分類的標準。接著是陳漢生的「推論的」神秘玄學和「批判的」語意學的分類，陳氏的分類基本上是承襲顧氏的分類基礎，再從他們的言行與著作進一步的分類爲「推論的」神秘玄學道家和「批判的」語意學道家。至於羅浩的道家分類最爲詳細。羅氏的分類不僅考量到他們哲學的理論依據及思想繼承發展並且顧及當時的歷史文化的背景。可看出羅氏對於道家學術源流及先秦至兩漢的歷史脈絡的掌握與了解。最後，是成中英的五種道家分類，是比較接近現代說法的一種分類方法。

　　筆者以爲，顧氏的分類固然有其個人的創見，然而，顧氏的缺點是缺乏

時間縱軸的分析及史料的佐證，尤其是受到當時中國疑古風潮的影響，相信莊前老後的說法，形成很大的盲點。但因其書出版時間較早，卻對於後來美國學者的觀點產生很大的影響。陳氏的分類，並沒有造成很大的影響，主要是單從語言學分析的角度，欲從眾多的道家著作中判別他們的學術風格，實在不是一件容易的事。至於羅氏的細部分類，照理說應是最爲理想才對。然而，筆者以爲，羅氏的分類亦不無可議之處。例如，他把春秋時期的管仲和戰國時期的莊子並列爲個人主義道家，似乎有待商榷。至於成氏的分類，筆者以爲，雖不是最完美的分類，但卻是較無可議之處。

總而言之，美國學者的觀點雖然分歧，但卻也都有他們個人的獨到之處。從這些學者的研究資料可看出《老子》研究在美國的多元化、多角度的研究視野，而其研究成果值得肯定。

第二節　《老子》之聖人觀研究述論

（一）《老子》的王權觀念〔註5〕

安樂哲指出，在《老子》的傳統詮釋上有一個特別重要的問題，就是邦國政治的理念特性，因爲在《老子》的推薦之下而受到歡迎才能實現「道」的普及；或是道家只是透過啓迪統治者而實現「道」的普及。《老子》是在於使人民無知而達到政治操控的目的，或是其「道家聖王」就像「儒家」的翻版，是在領導他的人民趨於有所成就。

安氏認爲，《老子》的多義文句造成兩種譯注都頗爲適用，然而安氏指出，顧立雅認爲在概念上《老子》的政治哲學是「有意而爲」的說法較廣爲接受。〔註6〕其中譯注「聖王」之於人民的關係就等同於「道」之於萬物的關係；也因此在文本中的形上哲學和政治哲學之間確立了一致性的正面特性。但是，在第十和五十一章中有相同的一段文字（生而不有，爲而不恃，長而不宰，是謂玄德）是用來依次描述「聖人」和「道」都無意於操控、擁有或爲了達到某些自私的目的。反而他們的「目標」是提供人民和萬物一個適合自我實現的生活環境。因此，安氏認爲顧立雅的觀點不符合《老子》文本的精神。〔註7〕

〔註5〕　Ames, Roger T., "Wu-wei", in *The Art of Rulership*: *A Study in Ancient Chinese Political Thought*, pp. 28-64.
〔註6〕　同前註，頁8和頁214註22。
〔註7〕　見安樂哲書，頁218之註23。

史華茲指出，在《老子》文本裡，君王為道、天、地、王的宇宙四中之一。這裡我們有清楚說明，文化如何居間引導聖人的角色定位，甚至在老子世系的道家呈現強烈人文主義的考量。然而，文本自始至終顯示只有道家聖人能扭轉文明的弊病。或許，這能解釋人類文明的起源。老子提出的「忠告」，不僅是針對侯王甚至當時的「天子」。

史氏認為，道家的聖人並非身居高位而取得政治權利之人。明顯的，道家聖人不以權謀去獲得。在《老子》文本裡確切的文字，「以無事取天下」。這裡的「天下」正是神秘的希望所在，聖王將以某種方法引導至自然的軌道，其中含有「道」的神祕力量。

史氏認為，道家聖王如何實際治理國家。從「太上，不知有之」，可了解聖王的存在不是全無意義的，雖然他領導芸芸眾生的存在，卻不顯露出其鋒芒，他服從、無私，而且不去干涉他的臣民以顯示其天命所在。除了那些形容為政者所散發的領袖氣質之外，尚有許多消極的政策。他沒有提升人的價值，反而空乏人民的心志以避免無用的知識而導致過多的錯誤需求。他避免戰爭的擴大，大國之邦為聖人所治理，他修睦鄰國、謙卑和懷柔的政策，讓小國真正臣服並尋求他的保護。小國之邦為聖人所治理時，他會放棄武力和傲慢且贏得大國的保護而沒有仇怨。老子的小國寡民社會的遠景，在八十章有生動地描述：

> 小國寡民，使有什伯之器而不用，
>
> 使民重死而不遠徙，
>
> 雖有舟輿，無所乘之；
>
> 雖有甲兵，無所陳之；
>
> 使人復結繩而用之，
>
> 甘其食、美其服、安其居、樂其俗，
>
> 鄰國相望，雞犬之聲相聞，民至老死不相往來。

史氏認為這似乎不是過去原始之烏托邦的描述，很顯然地，是生活在「先進的科技」的時期。然而，聖王必定是特意地拋棄不用。聖人了解文明的複雜，只是某種程度的大小與功能而已。因此，他指定的「小國寡民」，從語言的顯示是不經意地出現「無政府主義」。

史氏認為，恢復原始的社會必定是一個有意識的計畫，這裡我們再次提出因為道德約束的關係，使老子的整個觀點出現基本不一致的問題。聖王否定文

明的政策，似乎使他們自己成為有為的例子，所以矛盾始終無法解決。然而，還有老子的社會政治的詮釋將會使他失去原有天真和無邪的定位，像是用許多神秘的贅詞所包裝的政治忠告，反而有讓人覺得他是一個狡猾又精明的偽政治家。正如劉殿爵所堅持的此書是關於現實的個人生存之終極價值，而其他人則堅持它是一本使用權謀政治計策的秘教手冊。而的確至少在某種程度上，是我們所稱為「黃老」道家學派所視之為「工具主義」的文本。〔註8〕

以上所述，為美國學者對於《老子》王權思想的觀點，以下試就以《老子》文本的內容，加以分析，以求得《老子》的本意，茲以作為判準：

《老子・十七章》：

太上，不知有之；其次，親而譽之；

其次，畏之；其次，侮之；

信不足焉，有不信焉。

悠兮其貴言。

功成、事遂，百姓皆謂：我自然。

老子認為，最理想時代的政治，人民根本不感覺到統治者的存在；其次的統治者，是能以德化教民，使人民敢於親進他，並且讚美他。再其次的統治者，以刑名治民，讓人民感到畏懼。最差的的統治者，弄權欺民，讓人民輕侮他。是因為，統治者的本身誠信不足，人民當然不相信他。最上等的君王，懂得「無為而治」，自然悠閒，不輕易發號施令。君王與百姓相安無事，人民各得其所，而不知是君王的功勞，而覺得是「本來就是這樣的」。

又《老子・六十章》：

治大國，若烹小鮮；

以道莅天下，其鬼不神；

非其鬼不神，其神不傷人；

非其神不傷人，聖人亦不傷人；

夫兩不相傷，故德交歸焉！」

老子的王權觀念是以「無為」為基本，他主張，治理大國好像煎煮小魚一樣，不能常翻攪，否則就煎不好。用「道」治理天下，鬼怪起不了作用，非但鬼怪作不了祟，神祇也不傷不了人，非但神祇不傷人，「聖人」也不妨

〔註8〕 見 Schwartz, "The way of Daoism", in *The World of Thought in Ancient China,* pp. *186-254.*

害人。鬼、神、聖人都不親擾人，所以彼此都能相安無是。

依上所述，《老子》的王權觀念是以「無為」而治。安樂哲的觀點大致無誤，至於，史華茲所敘述觀點，前面的論述大都能符合《老子》的無為而治的想法，然而，最後一段，史氏突然產生前後不一致的觀點。他說「聖王」之治，似乎也有無法解決的矛盾。他強調是因為道德約束的關係，使《老子》的整個觀點出現基本不一致的問題。史氏認為，老子的社會政治的詮釋，像是用許多神秘的贅詞所包裝的政治忠告，反而有讓人覺得他是一個狡猾又精明的偽政治家。而史氏，引述劉殿爵所堅持的此書是現實的個別生存之終極價值，及一本使用權謀政治計策的秘教手冊。而且，的確至少在某種程度上，是我們所稱為「黃老」道家學派所視之為「工具主義」的文本。關於這一點，筆者以為，史氏的論述不僅前後矛盾，而且後面談到的幾個觀點，已嚴重偏離《老子》本意，實在值得商榷。

（二）老子的聖人觀

安氏認為，天之道與現象世界的關係或是聖人之道和人民的關係，大部分是在演繹「無為」的觀念，以不同替換的說法「追求唯有自然的活動」。「無為」是老子特有的無政府主義裡的主要規範：結合環境的力量對個人最少的外部干擾，有助於個人的自我實踐。他對人民的關係遠不如獨裁主義的權威。他在國家地位所扮演的角色就如同父親之於家庭。他深知為政者所扮演之自然的腳色，塑造出使自己居於次要的位子。《老子》第三章所勾勒的道家思想的形狀，或許是文本裡最能被充分理解的章節。

> 不尚賢，使民不爭；不貴難得之貨，使民不為盜；不見可欲，使民
> 心不亂。是以聖人之治，虛其心、實其腹、弱其志、強其骨；常使
> 民無知無欲，使夫智者不敢為也，為無為，則無不治。

安氏認為，有些學者以老子第三章的「無為」思想來突出其近乎法家的心態勝過道家統治者，而且可看出故意變成道家的政治理論的強烈意識。其主要表達有道明君堅持無為的政策，開創一個人民可以自由表達他們不受束縛的潛能，以及自然地發展、完全不受外界「有意」情境的污染，之名。或許最找早敘述到有道明君的態度是在《老子》的五十七章：

> 我無為而民自化，
> 我好靜而民自正，
> 我無事而民自富，

我無欲而民自樸。

因此安氏認爲道家之無政府主義是最理想的政治形態，如果是因聖人的教導啓迪之用心而硬是把政治管理的責任重擔推給他，而「無爲」是唯一的政策，當進行保護自然和社會的環境時，可以避免人爲的扭曲。〔註9〕

Slingerland 提到，Duyvendak 的評注，認爲老子實際上是和法家的嚴肅一樣地「超道德」和「憤世嫉俗」。持相同看法但較不嚴肅的 Kanaya Osamu，像顧立雅一樣他區分爲較偏向爲沉思的和宗教的莊子與較爲憤世嫉俗和世故傾向的老子。Kanaya 回顧那些解釋「反」之原則的章節，他認爲老子聖人只不過是利用這個原則而得到他想要的。照這麼說，老子和一般人並沒什麼不同：他參與世俗的價值且渴望成功，而且只不過是較聰明和成功地知道他們的目的。

依據上述，美國學者對《老子》聖人思想的觀點，筆者試就《老子·七十七章》分析如下：

> 天之道，其猶張弓與，高者抑之，下者舉之；
> 有餘者損之，不足者補之。
> 天之道，損有餘而補不足；
> 人之道，則不然損不足以奉有餘。
> 孰能有餘以奉天下？唯有道者。
> 是以聖人爲而不恃，功成而不處，其不欲見賢。

老子的聖人思想是「推天道，以明人事」。主張「人之道」應該效法「天之道」。老子認爲，自然的規律是以互補互生的平衡爲原則，就以自然生態爲例子。草原上的老虎群與野兔群，在大自然的規律下，維持一定的平衡狀態。草原供給兔群糧食的來源，兔子多了，草原變少；草原持續的減少，終將危及兔群生存，於是老虎群適好把過多的兔群數量抑低。兔子變少了，老虎也跟著少了，草原又恢復多了。這些「自然之」道就和「天之道」是相同道理。而「人之道」本來也是「自然之道」的一環，只因爲人類有了過多的私欲、機巧。因此，往往爲了一己貪欲，剝奪別人，造成別人的不足以供給自己的有餘。然而是誰，有能力以自己的有餘以供奉給天下的不足！只有得「道」的人才能如此。因爲，得（有）「道」的聖人懂得效法自然之道的無私無爲。而「人之道」就是要效法「天之道」。

〔註9〕 見 Roger Ames, *The Art of Rulership: A Study in Ancient Chinese Political Thought*, pp. 28-64.

　　依上所述，可知老子的聖人觀點，強調人道要取法天道。老子的聖人是得（有）「道」者，君王若能得（有）「道」就是有「道」明君，若是平民也能效法天道，而得「道」，也是「聖人」。

　　依此，筆者以爲，安樂哲的觀點較爲符合《老子》的聖人觀，筆者唯一不認同的是安氏所謂的「無政府主義」。至於，Slingerland 所提到 Duyvendak 的評注、Kanaya Osamu 和顧立雅等人的觀點，則偏離《老子》的聖人觀點。

第三節　《老子》之神秘主義研究述論

　　在海峽兩岸，由於神秘主義較少有人和《老子》的哲學放在一起討論，但是美國學界卻常有這種現象。早在 1953 年，顧立雅在其《中國思想：從孔子到毛澤東》一書中就指出，《老子》就如 Maspero 所說的，是一種神秘的哲學，一種自然的神秘主義。他認爲，道家嘗試與自然的和諧，即所謂的「道」。此不可言說的「道」，具有神秘的色彩。尤其，他在談到「沉思道家」，歷經改變而進入到「有意道家」的範圍，而這個令人注目的轉變的第一個步驟可能來自神祕。〔註10〕顧氏的此一說法，可能影響後來美國漢學界的《老子》研究方向。

（一）神秘主義的定義與爭議

1. 神秘主義的定義

　　Mark Csikszentmihalyi 指出一些不同學者的定義：最早的嘗試定義神祕主義的是以 Wiliam James（1842～1910）所提出最有影響力的解釋爲準則，這些標準主要是「難以言喻的、純粹知性的作用」，其次是「短暫無常和被動的」。「道」符合這兩樣已經被提出的論點，此兩者都是無法形容的，它不能在言辭中表示或傳達，而且它的知識是理性的，也就是說，不是理論上而是一種洞察力的形式，而且因此它滿足 James 這二種最重要的神祕標準之概略說明。〔註11〕

　　Livia Kohn 認爲神秘主義的範疇可分爲幾個重點：第一、這些必須是確定聲明爲閃現的自然經驗。第二、神祕哲學必須是通於人性。第三、神祕哲學的本文必須是一種克服自我主義的趨向和解放人們自私的天性的方法。因此，簡單地說神祕主義的研究，可區分爲神祕經驗的、操作的和哲學的三個

〔註10〕　見 H. C. Creel, *Chinese Thought from Confucius to Mao Tse-tung*, PP.109-110.

〔註11〕　見 Mark Csikszentmihalyi, "Mysticism and Apophatic Discourse in the Laozi" in Essay on *Religious and Philosophical Aspect of the Laozi*, pp. 33-58.

清楚領域。神祕主義的研究必須包含世界觀的結構，理解的形式。〔註12〕

　　羅浩指出，雖然「神祕主義」一詞已經不再嚴苛地被用來提及從神靈的視野到心靈念力的各式各樣的不尋常的人類經驗等，而且已經被視為理性與譴責的對立。但是宗教學者已經發展出一種比較明確的定義。隨著 William James 的《宗教經驗之種種》（*The Varieties of Religious Experience*）一書於 1902 年出版之後，西方現代的學術界開始這種跨文化研究。神祕經驗成為宗教的經驗的子集，可呈現出不同特性的分類：（一）、神聖不可言的：他們是難以言喻的；（二）、純理智的：他們傳授對基本的事實可靠的了解；（三）、變化無常的：他們稍縱即逝；（四）靜止不動的：雖然採取行動研究，當人有實際的神祕經驗時就像其意志力被中斷，而覺得「擁有較強的力量」（grasped and held a superior power）。〔註13〕

　　萬白安指出，因為「道」不是一般語言的對象，如果它是完全不可知的，它必定是神祕知識的對象。在哲學和宗教的研究裡，「神祕主義」是一個一詞多義和爭論的名詞。在此萬氏為「神祕主義」的定義是一種宇宙自然的重要的行為指標之「知識」，無法以語言文字作適當的表達。於是，我們有了神祕主義的最基本的特質，我稱之為：某種無法訴之於文字的某種特別重要的知識。〔註14〕

　　由以上所述，可知，美國學者對於神祕主義的定義，雖各有不同，但仍有其共通的觀點，如，不可言喻、變化無常的短暫經驗等。據筆者探究，神祕主義是源自西方哲學的體系，是由史賓諾莎（Spinoza, 1632～1977）所開創的汎神論（Pantheismus）形上體系所發展而來，再由黑格爾加以發揚光大。黑氏站在汎論理主義（Panlogismus）的立場，主張「論理學與形上學一般無二」，論理學的根本作用是在提昇一切存在事象而為經由概念的把握之普遍存在形式。〔註15〕黑氏認為神祕主義是建立「在永恆相下」觀照一切存在事象，包括自然、精神、歷史、文化等的一種絕對主義觀。依照黑氏的《哲學體系

〔註12〕見 Livia Kohn, *Early Chinese Mysticism:Philosophy and Soteriology in the Taoist Tradition*, pp.17-39.

〔註13〕見 Roth, Harold, *Original Tao: Inward Training（Nei Yeh）and the Foundations of Taoist Mysticism*,pp.127-134.

〔註14〕見 Bryan W. Van Norden, "Method in the Madness of the Laozi," in *Eassays on Religious and Philosophical Aspects of the Laozi*, pp.187-210.

〔註15〕見傅偉勳：《西洋哲學史》（台北：三民書局，2005 年），頁 415。

綱要》的三大理論架構（論理學、自然哲學、精神哲學），則神秘主義應屬於精神哲學理論下的精神現象學和心理學的領域。〔註16〕

筆者以為，《老子》神秘主義的相關究研，在國內尚未多見。但是，美國學者所呈現的《老子》研究的多元化，實值得吾人肯定。

2. 神秘主義的爭議

史華慈指出，有些學者經常反駁老子和莊子裡的神秘主義的存在，主要是由於缺少獲得神祕經驗的明確方法的紀錄。事實上，許多神秘的文學通常不含有直接的描述的冥想技巧，但有是似而非的致力於傳達無可形容的字彙。而道家的重點，像其他的神秘主義一樣，出現了明確的特質，如道家神秘的信仰中的「非存有」的世界所論及有關確定的世界，與個別化和相關者或是照中文字面上講的「有」。「有」出於「無」是無限性的「無」和短暫的有限性的「有」，然而沒有暗示那短暫和有限的本身是「非眞實的」或是內在之「惡」的本身。這裡出現的主要玄妙像其他神秘的觀點的例子是整個重要的見解。

史氏認為，事實上大部分的神祕形式，都不符合天意或神意的。它的「有」是來自於「無」和回歸至原點的自然方法。事實上，「此二者，同出而異名」，「玄之又玄，眾妙之門。」規律並無法遠離神秘，而是涵蓋其中。

史氏提到，《老子》的原始經文是一抨擊整個文明的設計。但是為何會出現文明？在此我們轉移焦點至神秘主義的出現在一種未曾存在自然界之內之空前未有之新人性意識。一個有意識目標的整個新世界充滿了新官能的滿足、快樂、財富、榮譽和力量，甚至使個別道德的完美的目標。因此，產生極端的機「大偽」（ta-wei）。〔註17〕

Csikszentmihalyi 指出，John Koller 他認為這一個融合「道」的目標為其特性以定義文本的神秘特徵：藉由放棄欲望而讓自己進入「道」的境界，讓生命將超越於善與惡之區別上。所有的行動將從所有存在來源的「道」循序發生，而人將和宇宙合而為一。這是《老子》給生命中的惡，和不快樂問題帶來的解決方案，隨著實體內部主要原則的解決，必然達到終極的合諧。

羅浩指出，在 Livia Kohn 和 Bnejamin Schwartz 的著作中，我們發現兩個更完整的進路。在 Livia Kohn 所開拓的道家神秘主義研究，她明確地認為老

〔註16〕同前註，頁 396-397。
〔註17〕見 Schwartz, "The way of Daoism", in *The World of Thought in Ancient China*, pp.*1*86-254。

子和莊子的神祕哲學是來自神祕主義的實踐經驗，且有效地闡明這種哲學為「理論的、神祕世界觀的概念敘述、學術架構所提供的解釋及逐漸複雜之精神經驗的有系統詮釋。然而，她想要整合幾種神祕主義理論之矛盾的進路，成為她自己的闡述，但卻沒有成功。此外，根據他的定義，她的老子神祕主義的討論只是簡單的哲學分析，沒有明確地嘗試努力證明這是神祕的哲學。

羅浩認為，史華茲提供的幾乎不是熟練的文本分析，而是更始終如一的努力嘗試要證明老子神祕主義哲學的存在。從跨文化的基礎之爭辯，在漢學領域裡之間是罕見的，史華茲了解在老子的宇宙論之神祕哲學，其已知和未知之似是而非之「道」，只能透過「更高層次知識」的靈知才能得知所有人類意義之根源。〔註18〕

以上所述，是美國學者對於《老子》神祕主義的觀點，由於學者們的看法相當分歧。其中，羅浩對其他學者的看法，提出許多意見。羅氏指出，Kohn和史華茲的著作中有比較完整的研究進路。他認為 Kohn 所開拓的道家神祕主義研究，由於缺乏深入的哲學分析，因此，並沒有成功的整合幾種神祕主義理論之矛盾的進路，殊為可惜。此外，羅氏認為，史華茲努力嘗試要證明老子神祕主義哲學的存在，然而，他所提供的幾乎不是熟練的文本分析。

筆者以為，雖然，史華茲在文本分析上有不夠熟練之處，然而，在相關議題上，他提出許多問題，如，在人類領域裡如何發生「道」的背離，以及為何會出現文明等。史氏認為，由於文明的興起，人類逐漸建構一個有意識目標的新世界。因此，產生極端的「大偽」，而人開始與「道」背離，因此，《老子》的原始經文是一抨擊整個文明的設計。因此，筆者以為史氏的論點，雖無新意但仍屬正確。至於，Csikszentmihalyi 指出，藉由放棄欲望而讓自己進入「道」的境界，讓生命超越於善與惡之區別上，是達到終極和諧的必經過程，筆者以為亦屬正確。

整體而言，關於美國學者的敘述與觀點，尚能符合《老子》文本的精神。

（二）神祕主義的實踐經驗

Kohn 指出我們可為神祕主義的研究方法和步驟做一個簡單地結論：

第一階段神祕的經驗：最好是留給心理學者和醫師，由其適當地專業紀錄有關人們所陳述的經驗，再經過問卷調查和個人的晤談，但仍須以實驗室

〔註18〕見 Roth, Harold, "The Laozi in the Context of Early Chinese Mystical Praxis." in Eassays on *Religious and Philosophical Aspects of the Laozi*, pp. 59-96.

的實驗和專業的質詢為研究的基礎。第二階段神祕的操作：當然最好仍能保持在其實際活動中學習，同時也是宗教的歷史學家可接近的時候。神祕主義者經常是世代傳承的指導；因此有很多的實際操作手冊和表格可用在純淨心靈和冥想沉思的方法上。第三階段神祕的哲學：必須注意到文本與用辭的發展及語言和詮釋的改變之間的微妙的不同。有時文本稍微告訴我們有關的具體的操作和實際的經驗是毫不相關。神祕主義的研究是在一個以歷史的背景和文本為基礎而且是保持抽象化。而它只能承認實際的判斷標準，在文字上的顯示仍有其處理經驗之概念化的限制。

　　史氏認為，《道德經》的神祕主義並不依賴有神論的隱喻，字面上的「道」在當時的其他形式的中國思想中，是一個打擊背離以「天」為中心的代表名詞。在此的「天」常帶有某種謹慎的感覺、引導的力量；甚至在孔子的《倫語》裡依然是個重要的名詞。「天」可能已經含有自然的過程，他在自然的存在可以顯現其本身的無為，迄今「天」與人類世界的關係似乎仍然存在著和有意之天命的關連。因此，一般較喜歡用「道」而不喜歡用「天」來表示最高的境界，《道德經》可能完全知道慎思熟慮行為（有為），圍繞著此「天」之名詞的關連。在很特別的第一章裡，我們發現「無名為天地之始」，在第四章我們發現同樣是和「道」有關的「無不知誰之子，象帝之先。」在此之天和地不是最終極的，縱使有人可以明確的陳述它們，而所有的陳述之物都是有限的，或許他們是無始無終的。事實上，有一種明確的暗示整個確切的宇宙啟源之時，亦終將有結束之時。此一難以理解之理論的最後真相呈現在《道德經》和《莊子》文字中的基本論題，而我們在此一再強調是早期出現的中國「文字」的問題。雖然《道德經》在描述自然秩序方面沒有造成疑惑（雖然它在接受人類秩序的語言描述時，的確造成疑惑），卻發覺此一形成確定的「道」可能凌駕所有的文字。

　　Csikszentmihalyi 指出，最近羅浩已提出假定，《老子》含有「直接從神祕的操作經驗獲得的哲理」。考量第五章的「橐籥」和第十章的「專氣」致柔，和之前提到重要的「塞其兌，閉其門」等，都似乎與冥思的技巧有關。史華慈認為在《老子》中使用之似非而是的用法，是一種傳達不可言喻之「道」的手段，而視此為神祕文學的通用準則：「道」的外觀是永遠無法形容、不確定和無名的，它不能等同於任何可命名的事物。在這裡，就如其他所有的神祕文學一樣，我們發現其不變的矛盾之處，就是都在努力嘗試要說明這種無

法說明的。Livia Kohn 的看法:《老子》明顯地缺乏有形或其它神祕方法之的具體描述,也不顯示其在心智的強調,對於後來各別發展的神祕文學也完全不知道。換句話說,《道德經》就如它的主張,是不明顯地一部神祕的文本。它或許可能被認爲是一部理想政治或人類道德與文化衰落的作品——在另一方面,後來的傳統宣稱《道德經》是一部最重要的神祕文本。〔註19〕

羅氏指出,討論老子的神祕技巧應該從第十章的第二行開始,其所談到的純淨生命的呼吸和「內業」篇有相似的題材。第一個「否定神學」(apophatic)的觀點,應用在早期道家的實行,經常呈現在我們的資料來源,是要將我們的感官知覺減至最小或整個去除。我們有實踐和忠告諸如此類的證據,所關連到老子的一些章節,例如〈五十二章〉:

　　塞其兌,閉其門,終身不勤。

　　開其兌,濟其事,終身不救。

這在〈五十六〉章裡有相似的迴響:

　　知者不言,言者不知,

　　塞其兌,閉其門,

　　挫其銳,解其紛,

　　和其光,同其塵。

　　是謂玄同。

　　故不可得而親,不可得而疏,

　　不可得而利,不可得而害,

　　不可得而貴,不可得而賤,

　　故爲天下貴!

上述兩段文章意味著限制有用的結果或去除在《老子》中之概念的範疇如感官的知覺、欲望、情緒、自私的執著等。〔註20〕

以上所述,爲美國學者對於神秘主義的實踐經驗的觀點,呈現出非常多元豐富的觀察與研究。史華茲認爲,《老子》的「道」是凌駕所有的文字所能命名之物,包括天和地之間。所以他說《老子》的不可言喻之「道」是一個打擊背離以「天」爲中心的代表名詞。而史氏也已經觀察出,《老子》的自然

〔註19〕見 Mark Csikszentmihalyi, "Mysticism qnd Apophatic Discourse in the Laozi" in essay on *Religious and Philosophical Aspect of the Laozi*, pp. 40-41.

〔註20〕見 Roth, Harold, "The Laozi in the Context of Early Chinese Mystical Praxis." in Eassays on *Religious and Philosophical Aspects of the Laozi*, pp. 59-96.

「天」和孔儒的人格「天」的差異。至於羅浩則以《老子》文本中的「橐籥」
和「專氣」致柔爲例，指出，《老子》與冥思技巧爲一種明顯的神秘主義。筆
者以爲，美國學者的神秘主義視野之下的《老子》研究，不僅是一種了解《老
子》的方法之一，更增進了研究《老子》思維的廣度及可讀性。

　　筆者以爲，要推究《老子》思想的來源，由於資料的不足，而一直無法
有所突破。由上述美國學者的觀點，就是都在努力嘗試要說明這種無法說明
的問題。由此可見，《老子》所用的許多語言並不是自然語言，而是象徵的語
言。是以人類經驗作爲符號，去象徵宇宙自然的奧秘。筆者認爲，美國學者
的《老子》神秘主義的研究，其中有許多學者之間的對談與交流，這在漢學
領域的研究實屬難得，值得吾人肯定。

（三）《道德經》中的神秘主義哲學

　　Kohn 說明了《道德經》可以用好幾種方法加以解讀，如一本深謀遠慮於
生存之道的哲學手冊，政治理論的闡述，機密難懂的兵法策略，烏托邦的勸
世手冊，主張宇宙的科學自然等。毫無疑問地，這些範疇已經堅定不移的呈
現在文本中。然而，因爲在此之目的和傳統中國的很多有知識份子而言，《道
德經》已經是一個最主要的神祕的本文。首先，它被視爲一個呈現宇宙特性
之宇宙論詮釋的文本，而且提供如何完美協調地生活在這宇宙，創造一個想
像中之理想的世界。

　　Kohn 認爲「道」無法以平常的語言描述，因爲語言是自然的區別和知識
的範圍的一部份。語言是世界的產物；道是超越它，四處瀰漫而無所不在。
道是超越經驗與知識而且本來就存在的。它創造和建構整個宇宙的次序，然
而這只不過是它的一部份而已。因爲《道德經・第一章》說：

　　　　道可道，非常道，名可名，非常名。

　　　　無名，天地之始，有名，萬物之母。玄之又玄，眾妙之門。

人類藉著所有的感覺意識和心智能力想要得到「道」勢必要失敗。人類的眼
睛和耳朵被限制於世界的事實；他們被適合在他們周圍的物體，而非內部的
敏銳，基本的功效。道完全地超過人類的知覺。人類眼睛和耳朵被限制於世
界的事實；他們的基本的能力只能與物體的外在產生協調，而非其微妙的內
部。「道」完全地超過人類的知覺。《道德經・十四章》：

　　　　視之不見名曰夷，

　　　　聽之不聞名曰希，

> 搏之不得名曰微，
>
> 繩繩不可名，復歸於無物。
>
> 是謂無狀之狀，無物之象，是謂惚恍。
>
> 迎之不見其首，隨之不見其後。

Kohn 以為「道」是所有存在的根源，然而卻含糊而難捉摸的。它創造宇宙的功能，賦予生命的意義，而且使整個的宇宙秩序，持續不斷地轉化和改變。「道」也在歷史的肇端即安排好人類社會的秩序。在那一個社會中，每個人完全參與了宇宙的次序；在尚未有意識和文化時，人性和宇宙的有機次序是分隔的

Kohn 認為在原始的混沌階段中，「道」獨自地存在。然後，「道」在強而有力的宇宙實體中被集中。這種成為純淨有利的宇宙能源（氣），被稱為「一」。就是後來的「陰」、「陽」有關的「太極」。「一」為此集中的「道」所創造的力量，繼續行進產生「陰」和「陽」二種能量，這些依次地合諧進行合併產生下個層次的存在的象徵為「三」。這二種能量的整合是所有萬物的創造基礎，萬物與「道」在如此的參與中融入合諧的宇宙。〔註21〕

萬白安指出，其他有些人在譯注者《老子》的「神秘主義」時，有比我更精確的意義，不僅牽涉到我上述詳細說明的特徵，而且還達到「神秘與終極的基礎聯合實體」（mystic union with the ultimate ground of reality）的目標。然而，「聯合」（union）與「整體」（unity）在各種神秘主義扮演不同的重要腳色。例如，在印度文化的神秘者可宣稱進入到死後的未知世界所幻覺看到「萬物合一」（all is one）或「那是你」（that are thou）。在猶太教、基督教或伊斯蘭文化的神秘者可能宣稱已達到（至少暫時）「與上帝聯合」（union with God）。在另一文化之神秘者可能宣稱認識有機整體的所有部份（潛在的合諧）。那些不同之神秘的視野分配了重要的不同腳色和「整體」（unity）的重要意義。《老子》主張此一獨特的整體所提出的建議如下：

> 道生一，一生二，二生三，三生萬物；
>
> 萬物負陰而抱陽，沖氣以為和。
>
> 人之所惡，唯孤寡不穀，而王公以為稱。

第一部分的段落認可有一真正多數的事物之存在；換言之，基本上每個

〔註21〕Livia Kohn, *Early Chinese Mysticism:Philosophy and Sotheriology in the Taoist Tradition*,pp.45-47.

事物不可能是完全相同的（第二段的解釋）。然而，我們可以達到某種程度的整體的合諧。選擇此合諧的整體（如第三段的綱要）是成爲「孤兒」、「寡婦」的部件，都是從我們大家庭切斷。因爲暫時的規則（本身無法模仿「道」）是以此方式切斷它們和它們的目標承所擔痛苦的後果。〔註22〕

　　以上所述，爲美國學者對於《老子》神秘哲學主義的看法。Kohn 認爲，「道」是《老子》裡最重要的基礎觀念。然而，「道」無法以平常的語言描述，因爲無法命名或知道，只能憑直覺，所以，有時必須放下智力和推理。因此，筆者認爲，這可能是 Kohn 認爲《老子》本身之所以具有神秘主義哲學的緣故。

　　至於萬氏，則直接以文本爲哲學分析，證明《老子》爲一種具有神秘哲學主義模式的存在。他舉《老子‧四十二章》爲例，作出合乎黑格爾「論理學」的邏輯分析，間接證明《老子》含有神秘主義哲學的成分。筆者試就分析如下：

　　　　道生一（正）、一生二，二生三（反）、三生萬物（合）

筆者再試以整段文字分析如下：

　　　　道生一，一生二，二生三，三生萬物；——存在（正）

　　　　萬物負陰而抱陽，沖氣以爲和。——本質（反）

　　　　人之所惡，唯孤寡不穀，而王公以爲稱。——概念（合）

　　依據此一分析，可知此段《老子》所用的語言符合黑格爾的三段辯證法。這就是萬氏所據以推斷《老子》有神秘主義哲學的成分。筆者以爲，假設此一論證是對的，則同理可證 Kohn 和萬氏的觀點以及論述皆爲正確。筆者以爲，老子曾爲周朝史官，故「推天道以明人事」是史官思維的一般特徵。春秋時期的「道」與「天道」概念是有密切的關係，因此，老子哲學的基本觀念——「道」，極有可能是從「天道」發展而來的。而且《老子》文本中有許多用來指稱或形容「道」的字詞，如「母」「玄牝」、「雌」、「希」、「夷」、「微」、「恍惚」等，這也使得《老子》成爲神秘主義哲學的研究對象。

（四）神祕的「薩蠻」與「巫」〔註23〕

　　Kohn 提到在不同的發展的路線，「老子」和「莊子」的哲學逐漸地以不

〔註22〕Bryan W. Van Norden, "Method in the Madness of the Laozi,"in *Eassays on Religious and Philosophical Aspects of the Laozi*, pp.195-197.

〔註23〕Livia Kohn, *Early Chinese Mysticism:Philosophy and Sotheriology in the Taoist Tradition,*pp.81-83.

朽的「薩蠻」(shamanism)信仰合併。「薩蠻」是一種複雜的宗教現象，首次
為十九世紀的人類學家所描述，是中亞和西伯利亞人種族的背景。「薩蠻」這
個字的本身是「通古斯族」〔註24〕的起源。「薩蠻教」指的是由核心首領形成
的部落宗教，此部落首領在中亞通常是男性，在韓國、日本則為女性。他（她）
能與聖靈接觸，此聖靈是居住於宇宙之內，祂可能以天上、地上、自然界等
之神明和部落的祖先或各式各樣的靈魂、動物等或其他的方式呈現。「薩蠻」
的巫師專精於出神的技巧可讓他們自由地旅行到其他世界。他們以音樂或舞
蹈輔助之下進入出神的狀態，偶而會服用迷幻藥物或含酒精的飲料。「薩蠻教」
的巫式進行通常要有四個明顯的目的其中一個。他們可能將社區的犧牲者呈
現給最高的神，或者是因為他們想要發現一種疾病的原因和可能的治療方法
式。他們也可能崇拜最高靈魂和引導剛死亡的靈魂到達冥界。或是進入到較
高層的星球為了學習宇宙的秘密。

　　「薩蠻」的巫師常有靈魂的幫助，附身在異性的人體身上，像動物、凶禽
或猛獸。會被挑中為傳統的「薩蠻」巫師是因為他們的特殊體質和出神的能力，
剛開始會有明顯的異常行為或疾病。「薩蠻」巫師起初需經歷兩層儀式；（一）
一種啟發神靈儀式可夢到或看到另一個世界，他們時常要經歷完全的精神分裂
狀態而重新建構另一個自我；（二）一個人啟靈時經過族裡傳承下來的銘記或口
述的指導，可使其能發現未知的土地較他們原來居住更適合的地方。

　　Kohn 指出最早的「薩蠻」證據出現在古代中國甲骨文，是商朝統治者用來
與他們的祖靈溝通。他們祇問神靈預言各種策略行動的結果或發現治療疾病的
方法。占卜者代表君王將會在牛的肩胛骨或海龜的腹甲硬殼將準備的凹槽和洞
的底部小心地加熱。根據產生的裂縫結果然後由預卜者解讀，經常由君王他自
己有較高決定的權力判斷是否是有利與否。依據張光直（Chang Kuang-chih）的
說法，占卜的實際練習可能地以另一個世界包了直接的心智或口述的連絡。
像「薩蠻」巫師，占卜者或君王他自己似乎已經置身於拜訪神靈和祖先的國度
裏面。音樂和舞蹈明顯地是儀式的一部分，酒可能也免不了。

　　Kohn 提到，除此之外，在很多的青銅器上的動物設計，意味著動物的精
神支持表現，協助「薩蠻」巫師在他們的天堂之旅。有一段在左傳的文章讓
這些相關問題更加清楚。如張光直改述如下：

〔註24〕筆者按，通古斯人是西伯利亞東部一民族，為阿爾泰語系的蒙古人及滿人後
　　　　裔。

夏朝鑄青銅鼎器而且把動物的圖騰放在上面，以便活人了解哪些動物正在幫助人從地球穿越到天堂和哪些動物是沒有幫助的，甚至有害——在動物之中在有些是有能力幫助「薩蠻」巫師或「薩蠻」人與天地溝通的任務，而這些動物的圖騰被鑄於古代清同禮器。

　　Kohn 認為在遠古的中國政治，「薩滿教」是具有決定性的。所有的智慧和知識被認為是上天的任務，所以與另一個世界適當的溝通，是一個政治權力的必要基礎。在商朝期間，君王本身是薩滿的首領，有很多宗教人士的輔助，這些人有些可能比別人更適合稱之為「薩蠻」。這些輔助者在適當時機成了另一個世界的專家的特權。男人他們稱為「覡」，女人則稱之為「巫」。Arthur Waley 對他們描述如下：

在遠古的中國被用於禮拜神靈的媒介者稱為「巫」。他們精通古文為唸符咒驅邪的專家，有預言的能力、算命、祈雨、解夢等。有些「巫」跳舞，而在某些時候的人在跳舞時被解釋是為了引靈降臨。……他們也是巫醫，而無論如何他們的醫治方法在後來有些流傳下來，如西伯利亞人的「薩滿」，到下面的世界去找出如何安撫死亡的力量。的確中國的「巫」的功能很像那些西伯利亞人和「通古斯族」的「薩蠻」，為了方便……就以「薩蠻」為「巫」的翻譯。

　　根據 Kohn 的描述，「薩滿」的研究，嚴格說來應該屬於宗教學的領域，然而因其具有濃厚的神秘主義色彩，故而被納入漢學領域的思想研究範疇。也因此，吾人才得一窺「薩滿」的詳細情形，這在漢學領域是難得的資料，可讓我們能對老子之前的古代中國文化有更多的認識。故筆者以為，Kohn 的此篇文章，有值得肯定的價值存在。

第四節　《老子》之語言學分析的述論

（一）《老子》的語言和邏輯

1. 意義改變之假設〔註25〕

　　陳漢生提出意義改變之假設的理論。他認為專注於語言的理論，允許我們轉移從「道」到「語言」的注意力。假設語言無法表示「道」，必定是基於

〔註25〕見 Chad Hansen, "Laozi: Language and Society" in *A Doist Theory Of Chinese Thought*, pp.206-207.

某些「道」和某些「語言」的原因。現在我們以另一面可能理解的「道」，一種可理解的道家之語言限制的理論，可以解釋在何種意義之下可能之語言學的表達。陳氏以爲，如果我們改變道家的語言暗喻的理論，道家的定位可能就變得很清楚了。因爲傳統的紀錄裡暗示道家使用的是一無法明白解釋的語言，極有可能從正常的意義偏離出去。若我們留意，所有的譯者所提供的假設譯注，使「道」之解釋意義改變，在文本裡不合理的譯注假設，會導致的傳統本身應予重新定義的必要。

根據陳氏所述，假設「道」是一般語言無法表示，那必定是基於某些「道」和某些「語言」的原因。因此，他提出意義改變之假設的理論。吾人亦假設，他提出意義改變之假設的理論爲正確，這無疑地是對中國哲學及形上學詮釋學提出一記當頭棒喝。由於《老子》五千言，意簡言垓，文字上的使用經常會有難以辨認的模糊焦點產生。如果，學者在譯注文本內容時，極有可能偏離正常的意義。

然而，筆者以爲，陳氏所提出的假設，只適用於一般自然語言，而不適用於哲學語言或隱喻的語言。換句話說，陳氏所說的可能不完全正確，若是不可言喻的「道」，就無法在使用語言的條件下去作認何假設，因此，也無從作任何意義改變之假設。筆者以爲，陳氏之說，不完全對，反過來也並不完全錯。因爲，如果他假設的條件是合理的，則改變的將是字面上的意義，而並非其哲學的意義或形上義涵。因爲老子已預先指定「道」爲「不可道」的命題，因此不需給這種不言之「道」任何的回答。〔註26〕筆者以爲，唯有設法了解《老子》文本所呈現的語言邏輯爲第一要務。依此，筆者認爲，陳氏所提出的假設，能適用於語言學的分析，而若用於《老子》哲學或形上學，則有牽強附會的感覺。

2. 不同型態的矛盾〔註27〕

Mark Csikszentmihalyi 認爲，第一個矛盾型態是「理解和事實的矛盾」（contradiction of perception and reality），在《老子》裡有一無所不在（同時存在）的主題，就是不正確知覺所導致的假象，其措詞的形式如「某些事物似乎就是相反的某些事物」。聖人能避開陷阱，因爲他不以平常的方式來感覺

〔註26〕見劉福增：《老子哲學新論》（台北：東大出版社，1999 年），頁212。

〔註27〕見 Mark Csikszentmihalyi, "Mysticism qnd Apophatic Discourse in the Laozi" In essay on *Religious and Philosophical Aspect of the Laozi*, pp. 44-49.

「道」：「是以聖人不行而知，不見而名，不為而成。」

　　Csikszentmihalyi 認為聖人所從事的「見」，沒有明確的定義，但此定義出現在其靜止、盲目和被動所感知的影像的世界，保證比平常的知覺較為可靠。在文本中有許多假象的例子，如「道隱無名」。然而，外觀的要求可能排除二個對立元件之間的真正矛盾。這些二分法可能輕易地進入到「形式上的」與「真實的」之間，對於那些視野、行動或知識的決定。

　　Csikszentmihalyi 認為第二個矛盾型態是「行動和結果的矛盾」（Contradiction of Action and Effect）「為（某事）導致（相反的某事）」的文句，這類型的矛盾通常是聖人的一個特性：

> 是以聖人後其身而身先，
>
> 外其身而身存。
>
> 非以其無私耶！
>
> 故能成其私

第三個矛盾型態是「自我的矛盾」（Self-Contradiction），其共同的的公式，就是「某物非某物」。在《老子》裡有直接和間接的這種公式的例子。例如第二章之「是以聖人處無為之事，行不言之教」，之前我們看到的是聖人「為無為」的方式，此模式與六十四章之不可或缺的「學不學」一定有關係。這種探討處理方式卻是很適合「無為」的主題，因此「道」是「無狀之狀」。

　　上述 Csikszentmihalyi 所提出的有關《老子》文本出現的三種矛盾，筆者以為，是文本理解的問題，而並非是《老子》本身的矛盾。試舉《老子》第二章為例：

> 天下皆知美之為美，斯惡已。皆知善之為善，斯不善已。

若是吾人單從字義上作出解釋，則表面之義為：「天下都知道美之所為美，就產生醜的認識了。」「美是美」與「美是醜」，同時在句中出現，就產生矛盾了，此種譯法本身就不合邏輯。但，若是對《老子》文本能理解，並且能融通老子本意，則句義應在說明：「人們因為有美的觀念，相對的也就產生醜的觀念了」。其實，「美」與「醜」；「善」與「惡」都在於說明觀念的相反相成，並且彰顯其中的對待關係。吾人再以 Csikszentmihalyi 所引述之《老子》第七章為例，其關鍵在於末兩句：「非以其無私耶！故能成其私」。第一句的無「私」，是不自私的意思；然而第二句的成其「私」，不能當作「自私」講，而是「自己」的意思，否則即是 Csikszentmihalyi 所說的「行動和結果的矛盾」。

依據上述，可知 Csikszentmihalyi 的三種矛盾是不成立的。依此，筆者以為，Csikszentmihalyi 所提出之《老子》不同型態的矛盾說法，確有值得商榷的必要。

（二）《老子》的詭辭與反論

1. 《老子》的詭辭〔註28〕

陳漢生指出，道家之為理論，是因為語言學的洞察力產生了解道家的新方法。其重要的理論視道家為中國反推理神秘主義的精髓。其所謂「道」的理論是建立在語言無法表示的。主要的理論用以解釋其所傳達的反論是其本身的詭辭。慎到（原始道家）對於「知」的概念，產生慣有的詭辭，例如「棄知」並不意謂放棄真實的科學的信仰，而是必須是放棄或忘掉慣有的名教；在沒有「知」的熟慮、沒有典範、聖人和權貴。不墨守成規，讓事物自行發展。問題是「放棄法規」的規定，「棄知」是「道」的規定，有點引導方向的作用。若你遵守它，你又將違背它的規定。這是我們發現的第一個詭辭。可見慎到的「道」是一種不能引導我們的「道」。

陳氏接著又提出「為無為，而無不為」是《老子》第二個詭辭。「為」和「無為」這兩個關鍵詞彙。「無」，它的相反是「有」。若是名詞的「為」則為「認為」、「以為」。極不尋常的「為」字，在古典中文扮演著顯而易見，但卻宗錯複雜的腳色。「為」是指定某些行為，用於引導「老子」觀念裡分門別類之命名的計劃，是最接近有意行為的概念。不是有意的「為」，在無感覺的、無理性的、無意識或志願的行為。相反的，《老子》之「為」是一種傳達社會的說服力、學術性的、回應的形式；自主的、自動的回應的相對物。「為」字，連結相信、人為機巧、刻意的去做。《老子》慣有的詭辭涉及整個「為」之複雜的腳色。我們應該避免任何建立在不自然的誘導、學習企圖或慾望；那些起於相信事物的種種。他的概念腳色裡的口號是持續著一種指導觀念的慣例和《老子》的態度的理論，其引導的方向是一種不自然的機巧。

但假如其核心主義是神祕的形上學，那些政治建言又是做什麼呢？為了避免翻譯的兩難，假若不以神祕形上學為其核心主義而以語言學的懷疑批判的態度，乃源自於語言為調整人民的行為的社會機制之背景的假設。

〔註28〕 見 Chad Hansen, "Laozi: Language and Society" in *A Doist Theory Of Chinese Thought*, pp.196-230.

　　依上所述，為陳漢生對於有關《老子》詭辭的觀點，首先，陳氏認為的第一個詭辭「棄知」，第二個詭辭「無為而無不為」。針對這兩個「詭辭」，他提出兩個問題，一是慎到所說「棄知」意謂須放棄或忘掉慣有的名教，包括「道」的引導功能，因此，陳氏認為此「道」非引導我們的「道」。另一問題，是陳氏指出「為無為，而無不為」這個詭辭，「為」字，使人連想到人為機巧、刻意的去做。似乎有引導人們朝向一種不自然的機巧。

　　根據陳氏所提出的問題，筆者以為問題的關鍵是出在陳氏對於「詭辭」的曲解。首先，陳氏所認為「棄知」並非真的要人們放棄或忘掉慣有的名教和知識。從文本上了解老子「棄知」的真正涵意是要人們放棄知識所帶給人們舞弄巧詐的錯誤行為。至於陳氏所說的另一詭辭「無為而無不為」，根據《老子》文本，其真正的義涵，分開來解釋應是「無為」是「為道」的目的，而「無不為」則是「無為」的效用。若是合起來講則是：「不妄為，就沒有什麼事做不成的」。〔註29〕

　　筆者以為，若是能把這兩個詭辭的義涵真正理解之後，則陳氏所說的問題也就迎刃而解了。因此，欲徹底了解《老子》的哲學，必須先從文本下手，否則，再多的理論或方法，有時得到的理解，未必真能扣合老子的本意。

2. 《老子》的反論〔註30〕

　　陳氏提到，在《道德經》裡老子始終一直攙入他自己的觀點，他以引人入勝的格言、詩篇等之敘述來表達普遍的道，顛覆當時社會運作模式的主流意識。但是，這些收集的諺語完全掩蔽了當時的實際風格。使後來的譯者對於文本上許多實際的、政治的論點產生模糊的焦點。於是，此政治的教條扮演一個使《道德經》成為實用主義的腳色。結果，影響社會的領導階層，《道德經》便成為政治的說客給統治者忠告的來源。

　　陳氏認為，此實用的諫言是道家的「反論」可用來解釋語意導引的反覆不定，實用主義不同於對立之兩面取決於我們的偏好。陳氏指出，我們可以顛覆各種傳統的偏好，「名」和「道」無法提供恆久不變的指導，因此，有些情況反面的指導反而更好。《老子》處理「有」和「無」甚至有正反皆可的實際含義，是要我們學習注意「不有」，而「無」造就我們的創生。

〔註29〕見陳鼓應：《老子註譯及評介》，頁34。

〔註30〕見 Chad Hansen, "Laozi: Language and Society" in *A Daoist Theory Of Chinese Thought*, pp.196-230.

　　陳氏指出，當傳統的智慧通常鼓勵我們去評估「有」，而《老子》卻要我們反省「無」的價值。當先前的「道」同意「仁」的主張，而《老子》卻注意到上天是並非仁慈的。當所有傳統之「道」無可避免的強調「執意之爲」和投入進取地態度，而他的格言卻以淡然的智慧的種子解釋「無爲」的眞諦。當傳統的價值分配時喜好較高的、強勢的、智巧的、統御的位置，而《老子》的格言幫助我們贊賞低位、柔弱、無知、順從等的價值。通常我們以敏銳的區別來評估「有」，而以遲鈍且不加以區別來評估「無」的價值。對於每一傳統的區別，《老子》在他的每一對互補的「名詞」諺語裡告訴我們，有一仿效語言的方式能使我們放棄偏好。

　　陳氏認爲實際的爭議是提出區別的懷疑主義，從對立之認同的斷言開始，對於任何兩者之對比的名詞只有一個區別，那些區別是奠基在文化動機的偏好。於是，「老子」以不同的路線轉移至愼到的位置，一個能與隱士和楊朱之反社會、反傳統的精神一致的路線。他不依賴單一地眞實的「道」之概念，對於「棄知」的爭論則訴之以宿命論或自然主義。他轉而爭論的，只不過是「道」的無法恆久可靠的「知」。我們能反對所有的引導我們的「知」，或許也做了傳統名詞裡好像愚笨的事，實際上可能是最聰明的作法。誤用區別卻可能經常是較優的策略。相反的觀點就是看到忘記區別的好處，並非毫無掩飾地提倡某些闡述對立的「道」。所以《老子》說：「爲學日益，爲道日損」。

　　以上所述，陳氏對於《老子》反論的觀點，他認爲，在《老子》文本中的「道」，有許多觀點是老子自己加進去的，以符合顚覆當時社會運作模式的主流意識。這些因素，使後來的譯者對於文本上許多實際的、政治的論點產生模糊的焦點。這些政治的教條使《老子》成爲實用主義的角色。陳氏認爲，此實用的諫言是道家的「反論」用來引的反覆不定的實用主義，並且使不同對立的兩面取決於我們的偏好。

　　根據陳氏所提出的看法，認爲「反」論是使《老子》產生模糊焦點的因素，並且，讓《老子》的「道」成爲非「常道」的原因。首先，筆者認爲，《老子》的「反」是「正言若反」，意即合於正道的言論，表面看來似乎與世俗傳統的認知相反。然而，老子認爲，事物的關係是對立的存在。例如，《老子·第二章》：「天下皆知美之爲美，斯惡已；皆知善之爲善，斯不善已。」然而《老子》的「反」還有「對立轉化」和「返本復初」的意義。例如《老子·五十八章》：「禍兮福之所倚，福兮禍之所伏。」和〈四十章〉：「弱者道之用，

反者道之動。」所以觀察事物不能只看它的正面，而且也要注意它的反面，還有正反之間的轉換變化。《老子・第一章》：

　　道可道，非常道。名可名，非常名。

　　無名，天地之始。有名，萬物之母。

　　老子認爲，「道」不可以文字形容它，「道」無法以名字稱呼它。可形容的道，就不是常道。可指稱的名，就不是常名。因爲大道是無形之形，無狀之狀，所以，爲無法形容，故無所分限。因爲大道是無名之名，無物之物，故無所定體。道既具有「無」性，亦具「有」性；因此，「無」與「有」皆俱指「道」。此一「無」形、「無」狀的形上之「道」，卻能產生「有」形「有」狀的天地萬物。

　　根據上述，筆者以爲，若能了解老子的「反」，就能融會貫通《老子》開宗明義的「道」是指「常道」。而並非陳氏所擔心的非指「常道」。《老子》的「道」既可「有」，又可「無」就不會有所偏好。《老子》的「無」是含有無限的有未顯之生機。「無」與「有」之間的循環變化造就「道」的創生作用。至於，「道」是自然無爲的，天地和聖人都效法「道」的無私無偏，任憑人民萬物自然生長。可見陳氏認爲，先前《老子》的「道」同意「仁」的主張，卻又說天地是不「仁」的說法，是有所牽強。至於陳氏所懷疑的《老子》隱喻及「反」的表達方式，會使譯註的人產生模糊的焦點。筆者認爲，那是因爲譯注者本身對《老子》的文本尚有曲解所致。

第七章　結　論

　　由本文的述要及述論部分，可知，美國漢學界對《老子》一書的研究已有豐碩的成果。從哲學理論來看，有涉及《老子》的宇宙論、本體論及認識論的層面。從研究內容來看，有涉及《老子》的「道」之「體」以及「道」之「用」。在「道」之體方面主要有《老子》的「道」、「德」、「自然」、「有」、「無」等哲學思想的研究。至於，在「道」之用方面則有《老子》的「無為」、「虛靜」與「弱道」思想的研究。此外，美國漢學界的《老子》研究尚有些其他的議題，如，道家的分類、《老子》的聖人觀、《老子》之神秘主義及《老子》之語言分析等，由此可見，《老子》研究在美國已呈現多元、豐富的風貌。

　　整體來說，美國漢學界對《老子》一書的研究，較偏向於局部議題的內容，大都是針對其中的某些主題進行研究。其中以《老子》的「自然」、「無為」、「道」以及《老子》的「有」、「無」等觀念的份量較多。至於，有關《老子》的「虛靜」與「弱道」思想的研究則著墨較少。以下筆者將針對美國漢學界對《老子》的研究成果作一回顧，並提出未來研究之展望。

第一節　美國《老子》研究成果之回顧

一、《老子》「道」之「體」之研究成果

（一）《老子》之「自然」與「無為」研究

　　美國學者對於有關「自然」與「無為」皆有精闢的分析和論述。Callahan認為，《老子》的「自然」為理性的認知，他對「自然」譯注為：「從特殊觀

點的行為洞察力」。史華慈指出，在《道德經》裡「自然」的進行不是有目的和意識的，他認為《老子》的「自然」，為一種自然運作而無深思熟慮的預先安排的秩序。劉笑敢認為「自然」為《老子》哲學的核心觀念而且滲入各方面的人類生活。成中英則提出「本體」為「自然」之概念的解釋。

美國學者對「自然」與「無為」的看法，基本上都不脫離陳鼓應之的說法。「自然」與「無為」的確如影隨形，難分難解。劉氏指出，大多數的學者已經視「自然」和「無為」幾乎是同一想法。然而，在仔細分析之下，這二項觀念雖不至於互相矛盾，但卻不是完全相同的。成中英認為「道法自然」的明確地宣示之下，「自然」是「道」之「無為」（為無為）的來源。成氏認為，「自然」是實體的根本，而且「無為」是來自實體進行的功能或結果。而Loy 認為馮友蘭觀點，即如何分辨自然和不自然之行為以及合理與不合理的努力的說法，有不盡理想的地方，而且認為馮氏所提出的判準似乎仍略欠周詳，因此，Loy 主張應有一套更嚴格的定義標準。

（二）《老子》之「道」與「德」研究

在「道」的哲學義涵與特性方面，Steve Coutinho 認為《老子》之「道」充滿了含混的軌跡，並且將「道」的形上意涵歸納並予以標題分類：（1）曖昧和模糊不清的。（2）對立和轉化。（3）生長和衰退。（4）似非而是的詭辯法和矛盾。（5）無界限和連續性。

美國學者對《老子》之「道」有不同詮釋。然而這些不同面向的陳述，除劉殿爵之外大都只是依據簡單的原則，詮釋「道」的各種涵義。因此我們很難據以決定那一種詮釋是最基本的、最完整的說法。雖然這些詮釋大致上無多大的歧誤，但卻也無特別的新意。唯孟且所提出有關「道」的自然平等性的原則，仍讓人有不解之處。如果照劉笑敢所說，「自然」的「道」是萬物的典範，應是無可爭議。但若說成「道」是自然平等性可能有待商榷。「道」是「自然」已經是學者們的共識，至於「道」具有平等性的說法，是否就是認為「道」對於萬物具有普遍的對待性。《老子·三十四章》：「萬物恃之而生而不辭，功成不名有，衣養萬物而不為主。」王弼注為：「萬物皆由道所生，既生而不知其所由。故天下常無欲時，萬物各得其所，若道無施於物。」根據王弼的理解，既然「道」是「無施於物」，可見即使是萬物都靠著它而生長，而卻也不加以任何干涉。成就了萬物，卻也不居其功。養育萬物卻也不主宰他們。因此「道」不應該是具有平等性。關於這一點，我們引述牟宗三的看

法，他曾提到：「道非實物，以沖虛爲主。沖虛者，無適無莫，無爲無造，自然之妙用也。」「道」的「沖虛」「無爲」「自然」，是「無適無莫」，由此可見孟氏所言之「道」是自然平等之說，似乎是有值得商榷之處。

（三）「德」的詮釋與內涵

美國學者對於《老子》之「德」的詮釋觀點：安樂哲認爲「德」爲道家觀念中的特殊性，爲事物之起源或存在的重要定義，轉化內容和存在所支配之一種自動生產的、自我圓融的過程。而 Ivanhoe 認爲在《道德經》之「德」是「德行」，且與早期的儒家之「德」的觀念有相同的特性。

（四）《老子》之「有」、「無」研究

劉殿爵指出，老子以一對相反的名詞描述「道」的特性時，否定的名詞則較爲適合因爲它較少有「誤導」情形。「有」是其相反的對立。劉氏認爲遵循「無」比「有」爲更有選擇的價值，所以「無」是對肯定之相反的否定名詞。安樂哲以爲，老子透過「無」以展現「道」之於個體與事物之間的「德」；換言之，即「無」之於「道」等於「個體與事物」之於「德」的關係，最常見觀念如「無爲」、「無知」、「無欲」等。Norman 指出《老子・第一章》之「道可道，非常道，名可名，非常名。無名，天地之始，有名，萬物之母。」這裡的「無名」和「有名」的表達是一種技巧地使用，尤其在王弼的評論中所看見的，可分別類似於西方之「非存有」和「存有」之哲學的觀念。至於陳漢生則指出，「我們無法畫清有和無的界線」！會是最接近道家相等的諺語即無「無」。

筆者以爲，安樂哲認爲「無」之於「道」等於「個體與事物」之於「德」的關係；及陳氏所指「我們無法畫清有和無的界線」會是最接近道家相等的諺語即無「無」，皆能符合老子本意。尤其陳氏已有觀察出「有」與「無」之邊界性，頗能切合牟宗三與陳鼓應所謂之「道」的徼向性質。至於劉氏所認爲「無」比「有」爲更有選擇的價值之說，所以「無」是對肯定之相反的否定名詞。若根據牟氏之「有」、「無」俱指道說，顯示「有」、「無」爲二合一之性質，則顯得劉氏的觀點尚未能體察老子之形上旨趣。而 Norman 所謂《老子》之「無名」和「有名」的表達技巧，可分別類似於西方之「非存有」和「存有」之哲學的觀念。關於此點，筆者以爲老子之「道」所闡述的哲學，旨在解決人的生命問題，故應取其實踐義，而不只是單純的哲學問題，故筆者以爲 Norman 之說，若只是於單純之翻譯與解釋比較則不無道理，尚有待商榷。

（五）「有」與「無」之間的關係

美國學者的對於《老子》之「有」、「無」的觀點，如，Norman 指出原始狀況的「玄」，是「無」和「有」的來源。Norman 指出此「有名」為萬物之母和「無名」為原始天地的起源，仍需被認為是開始創造的原始的「混沌」程序的一部分。陳漢生認為，「有」和「無」名詞的矛盾，陳氏指出，《道德經》前四句的解釋幾世紀以來始終是飽受爭議。但譯注的主題若只在語言學而非玄妙的形上學的範圍，則有趣的是兩種譯法都在持續地擴增。David Yu 指出這「恍惚」、「惚恍」和「窈冥」指的是「混沌」之前的分離狀態，這是一種「無」的狀態。而影像、事物和精華本質是指潛在的形體，稱之為「有」。Yu 氏認為，創造需要兩方的辨證；「混沌」提供來源，而「潛在性」提供事物的形體。然而，因為「此兩者同」，所以「混沌」也同時包含潛在的形體。馮氏認為，「玄」字是「混沌」的變體。因此「玄之又玄」可理解為「混沌而又混沌」其指的是「眾妙之門」。成中英指出，《老子》以「有」為肯定地語言為那些事物命名，當他說到「無」則以否定的語言來命名。也就是說，那個無法命名的名字，即某些沒有名字的命名。

筆者以為，綜上所述，可看出，美國學者對於《老子》之「有」、「無」與「反」的描述都有深入的見解，這些見解大都能符合老子的本意。特別是 Coutinho 的「含混」理論，具有極深入的個人洞見，此一精闢的剖析與描述，恰好為「道」之「有」、「無」特性，反復地作用在所有「物」之個體上，所形成之宇宙萬象，提供一個很好的見解。

二、《老子》「道」之「用」研究

（一）《老子》之「無為」研究

有關老子其人其書的問題，一直是惹人爭議的話題，無論是國內外或是美國等地之學者，可謂眾說紛紜，莫衷一是。顧立雅之所以主張「無為」始於申不害，主要是引用 Duyvendak、韋利（Arthur Waley, 1889～1966）、馬伯樂（Henri Maspero, 1883～1945）等及國內學者錢穆之《先秦諸子繫年》、顧頡剛的《古史辨》之〈從呂世春秋推測老子之成書年代〉及馮友蘭等說法。認為目前多數的看法仍傾向老子成書應於公元前 300 年左右。但這種說法，已於 1993 年郭店楚簡《老子》甲、乙、丙本出土之後，不攻自破。因此類考校性質不在本文議題範圍內，故不予贅敘。然此已足以證明顧立雅之說是不

成立的。至於安樂哲之《論語》「無為」最早說，目前尚無充分證據以茲佐證，故此一說法仍值得商榷。

顧立雅提到，「無為」不是只是單純地指什麼也不必做，重要的是無論如何不要因過度努力或使用而導致損傷。道家所強調的是自然、自發、無存心的知覺、直覺的和出自內因的行動。Loy 給無為（Nondual action）的判準是：「人的知覺侵入自然秩序的源頭，然而恢復到道的原始狀態是與人性的基本認知是相反的，包括人的本身的知覺。若是知覺本身是不自然行為的根本來源，那麼自然行為必須是沒有這樣本身的知覺，而沒有知覺的原動力（主因）是精細思考而得的行為。陳漢生指出，那眾所周知的「為」，讓我們只能傾向自然的行為。所以，由分析得來的結論表示，知識學問存在於學習名相、辨別和欲望而且無形中引導著我們。但是我們天生的自發性卻要求我們放棄這些成見，那就是《老子》「棄知」的說法。因此順著「無為」就是要放棄基於任何名、辨、慾望之下所思慮而來的行為。「無為」和「棄知」是環環相扣的口號。成中英主張，無為和為無為順著自然本體。成氏指出「無為」是《老子》最重要的觀念，因此它被視為《老子》智慧的代表。但它，時常被誤解。「無為」時常被理解為什麼也不做。然而「無為」，也未必會導致事情未完成的結果。

美國學者對於《老子》的「無為」內涵之分析可發現，「無為」可分為五輕種不同意涵：

1. 自然的「無為」——「道」是自然無為。
2. 聖人的「無為」——聖人處「無為」之事
3. 修養的「無為」——自我修養的「無為」之「德」。
4. 政治上的「無為」——聖人之治是不會征服外部的決定因素而禁止人民的自然發展。在老子的統治觀念中對人民做最少的干擾，有助於民眾個體的個人實踐，無為是主要的行為規範。
5. 形而上「無為」意義是「返」的原則，那就是「低」是「高」的來源和法則，以形而上學言之，在宇宙論的邏輯上「無為」是建立在有和無的基礎。

（二）「為無為」的研究

David Loy 認為最簡單的「為無為」詮釋就是不做什麼，或是盡量少做。無論是以政治的、玄妙的或個人的角度皆可理解。Loy 引用安樂哲之政治的詮

釋，認爲「無爲」是老子特有的無政府主義裡的主要規範，結合環境的力量對個人最少的外部干擾，有助於個人的自我實踐。Loy 又引用顧立雅的說法：「政府若能放下、不管人民，讓他們過自己的日子，社會問題將可迎刃而解，或許政治的干擾所造成的問題遠比他們所解決的還要多。」筆者以爲 Loy 在觀察老子的「無爲」、「爲無爲」思想方面，有極深的個人洞見，且可能有考量到老子所處的當時文化背景。而顧氏對於「無爲」在沉思和有意道家之間的分析甚爲精闢，但他誤信國內外學者的說法，錯將「無爲」起源於申不害的想法置入他的書裡，產生了歷史先後的混淆。至於安氏所持觀點雖有某些值得再討論的地方，但整體而言，還不算離譜。

（三）「無為而無不為」的問題與矛盾

陳漢生認爲，老子必定領悟到社會塑造我們的方法是滲透性，固而瀰漫著各種反習俗主義而產生矛盾。老子之著名的「無爲」口號引發這些矛盾；「無爲而無不爲」。陳氏指出，老子要我們放棄這些成見，那就是《老子》「棄知」的說法。因此，順著「無爲」就是要放棄基於任何名、辨、慾望之下所思慮而來的行爲。「無爲」和「棄知」是環環相繫的口號。假若我們了解他的用意，會導致我們喜愛自然而捨棄傳統的「爲」，承擔明辨和選擇所引導的行爲。筆者以爲，語言分析對於文本的了解，固然有其某些方面的助益，但它絕對不是萬寧丹。從字與字、詞與詞之間甚或句與句之間的關係，語言分析或可發揮其一定的功能。但是對整體的文本研究而言，一般通常須會通歷史、文化及社會背景所賦予的時代意義，尤其是哲學思想一類更是要如此。否則當有所歧誤產生時，吾人只能給予同情的理解而已。

（四）「無為」與「棄知」

陳漢生認爲知識在《道德經》裡的使用方法和在西方有很大的差異，因爲《道德》是一份懷疑主義的文件，它的懷疑主義是非傳統的，而是憑經驗感覺的懷疑。此一差異是其顯著地中心標語爲「棄知」。陳氏指出，老子建議放棄的整個集合體爲：（一）名稱、（二）榮譽、（三）欲望、（四）孔子專用的道德、（五）學問、聰明、知識和睿智、（六）造成（一）至（五）的行爲。陳氏認爲，《老子》爲一否定的知識（Negative Knowledge）。他指出早期道家的學問、知識和智慧的操作似乎有三種層次就是：「傳統的、反傳統的和神祕的」。有命名、區別和典型的儒家之欲望——文化主流之語言和品德的傳統。任何這種區別和欲

望的系統，包括運用智謀的「私」都應該捨棄。其中有一種「反」知識或學問，
包含於放棄傳統及避免傳統所嘉許的評價和區別的操作。

（五）使民無知的內涵

劉笑敢指出有人批判《老子》之「使民無知」的政策。實際上，《老子》
的文本裡沒有這樣的政策，至少當時的上流社會所追求不是現代觀念中的「使
民無知」政策。劉氏指出在《老子・六十五章》的：「古之善爲道者，非以明
民，將以愚之。」劉氏指出，這裡的「愚」，不是聰明利用愚者，而是指單純
的主張誠實、純樸和正直。這種「使民無知」的政策與後來的極權主義的政
策是完全不同。《老子》主張統治者和平民百姓都信奉「無知無識」的精神。

Edward Slingerland 指出，自己引用了許多老子的章節，當然只適用於那些
工具主義者之譯注。或許可能地最不理想的段落是〈六十五章〉裡的「使民無
知」的討論，還有分裂爲「有意的」（purpose）和「無意的」（unpurpose）之間
的譯注是經常顯出譯注者的失敗於這一特別的段落。安樂哲的評注爲。「使民無
知」的定義可分成兩種方式：一、獨裁主義的技倆，爲了愚弄人民而且只有統
治者能擁有「道」。二、引導人民得到自我的成就，也幫助他們找到「道」。與
安氏的觀點符合的其他的學者，如，劉笑敢注意到「使民無知」的政策，寧願
是指「誠實、質樸、正直」，而不是指聰明利用愚笨。相關問題在《道德經・第
七章》（不是因爲他沒有自己的思想，而是他能夠成就自己個人的目標。）和〈六
十六章〉（因此，如果聖人想要在人民之上，他必須訓悔自己處於人民之下。劉
殿爵評注「處下」的定義，旨在說明居上的人不可能有呈現詭計的暗示：

（六）無政府主義的內涵

安樂哲指出，無政府主義爲當時的一種生活觀念，一種自由的理論，其
目的在於用來紓解來政治環境地壓迫。這有助於瞭解到老子所要提供的政治
的救援是其主要的考量，而陳述其政治理論則是其次要的目的。老子關切地
指出不健全的理論和自然的基礎之下的無政府主義的負面的效果，更甚於提
供一個實際有用的抉擇。結果就是老子的無爲政治理論的詮釋，是描繪顯著
的成就，足以抗衡任何可能的實用的工具。萬白安認爲老子的無政府主義之
終極目標是要回復到「原始的農業烏托邦」。在這些烏托邦的特徵是沒有好
奇、忌妒、譴責、「較高文化」和自我意識。人民過著純樸但卻優質與滿足地
生活。萬氏認爲那是一種精確的社會洞見所賦予《老子》活潑的生命力。於

是，《老子》對於失去純眞之當代社會所提出的批評。部分的矯揉做作是由於知道太多的區別。有了區別之後就會有價值的比較，有了價值比較就會有嫉妒、不滿足和競爭，因爲事物有了好的區別，自然就會有壞的區分。

　　筆者以爲「小國寡民」，乃老子心目中之無爲而治的理想國家。老子其言：「有什伯之器而不用」，顯示其中有國、有民、有軍隊武器，這表示老子的「小國寡民」並非一種無政府主義。「雖有舟輿，無所乘之，雖有甲兵，無所陳之」的描述，是指一個擁有文明但卻無文明之害的生活共同體。所以絕非一種原始的烏托邦，亦非萬氏所認之無法容納知識和更高的文化。縱言之，安氏與萬氏之論述內容與老子觀點有許多一致的地方，值得肯定。唯有上述之無政府主義與烏托邦之看法，以及萬氏低估「小國寡民」之文明的看法，實爲有待商榷之處。

二、《老子》之「虛靜」之研究成果

（一）「虛」與「無」

　　羅浩指出，自我修養的生理學的技巧主要是「虛」的觀念，「動合無形」及「復反無名」等是我們眾所皆知爲來自老子和莊子的內篇的觀念。他們同時也有包括一些新的元素，稱爲「使人精神專一」。此政治的哲學是奠基於「無爲」，但擴張到包括在老子和莊子內篇所沒發現的相關觀念，如「與時遷移」、「應」、「宜」、「順」等。史華茲認爲，在《道德經》裡之非關人的秩序或甚至人類生活的自然觀點，在這「自然」和「無爲」方式下運作。因此，我們可說「自然」遵守於「道」裡，而在「自然」裡的「無」和「有」是沒有決裂。「無爲」方面的自然是「道」在「無」方面的彰顯，而「自然」於是遵守於「道」。「虛其心」意即除去較高文明的錯誤目標和計劃，讓心靈返回到瀰漫著感化的「道」。LaFargue 指出，《道德經・十五章》所形容的畏怯的、謹慎的、順從的、空虛的理想人格是「不盈」。內部的「虛」可能有意的放在〈十六章〉之「致虛極，守靜篤」，其中把「虛」和「靜」聯想在一起，且提到「虛」與達到內心狀態的「靜」和「明」是有密切的關係。〈第五章〉頌讚用之不盡的精力來自「虛」心的狀態。這似乎關係到當一個人改進耗損時，其「虛」、「靜」的心態更持久的理論。〈第四章〉中，「道」也稱爲「虛」（道沖）；〈第十五章〉也有「保此道者」不欲盈。〈四十二章〉之「沖氣以爲和」，把「道」描述成從「虛中累積」爲具體化的力量或特質。

（二）「靜」與「樸」

Slingerland 指出，自從人獲得「知常」也就是一種知道「反」的原則，藉此達到那種闡明一個人能到達的狀態的那種特性。《道德經・十六章》的隱喻可概略分成三組。（1）「虛」和「靜」；（2）「觀其復」和「歸其根」和「復命」；（3）「常」和「久」。這三組很明顯地在《道德經》的作者之安排下彼此之間互為關聯。Slingerland 認為，這在〈二十五章〉裡我們碰到的理論所圍繞著許多和〈十六章〉提到的特性，而其可提供為世界萬物的模範，很明顯地甚至比「道」還重要。Michael LaFargue 認為，《道德經・二十六章》裡，將「靜」與外物的心理刺激作一對比，因此老子對於「靜」的解釋關係到「刺激」與「刺激之物」的論證，當一個人有所損耗時卻同時也帶給他淺層存在的「輕」，此「輕」與「靜」者和高位之「君」形成對比。〈五十七章〉，「好靜」形容為政者也從事「無欲」和「無為」。其內在的靜止展現在治理風格而形成民之「樸」。〈第十章〉中彷彿也是描述內在心裡的靜止狀態，同時表示其本身也是在形容「無為」的某種領導方式。

根據上述，我們發覺 Slingerland 觀察到「知常」也就是一種知道「反」的原則，並指出〈十六章〉的幾組隱喻：「虛」和「靜」；「觀其復」和「歸其根」和「復命」；「常」和「久」。此一深入觀察與剖析，值得肯定。至於他後來提到在〈二十五〉章裡的理論所圍繞著許多和〈十六章〉提到的特性，而其可提供為世界萬物的模範，很明顯地甚至比「道」還重要。筆者不解，難到他認為在「道」之上還有更高一層的原則，難道說是「自然」嗎？若是如此，筆者以為此一觀點有值得商榷之處。

三、《老子》之「弱道」研究成果

（一）柔勝剛

Loy 認為，「無為」的特長是柔與順，像老子最愛隱喻為水。「柔」又常譯為「弱」，但「弱」有無可避免的負面含意，在文本裡看來不是很正確。尤其是「柔」常被認為終能獲勝，因為水是至柔至順可以克服剛與強。LaFargue 指出，《道德經》的諺語使用「弱勝強、柔克剛」這個公式與古代中國思想有關之相同的理論的是宗教習俗的觀點，以諺語來表示即一物剋一物，例如水剋火、火剋金等。這是老子所調和他們所培養的某種心理狀態和品質，如「靜」、「陰」、「柔」、「弱」等，歷經「轉變」在他們身上培養老子所從事的

那些特性。LaFargue 認為，這些具體概念的「德」，是中國古代用來解釋自然的或心理學上的現象。

（二）「弱」者「道」之用

Michael LaFargue 指出「弱」和「柔」通常為消極的名詞，經常使用在「老弱」的辭句，從不同的角度來觀察，這兩個含蓄的名詞具有否定的含意，對道家之反論的智慧及其所強調其需要培養的品行，可能扮演關鍵的腳色。LaFargue 認為「柔」和「無為」的名詞都指同樣的行為方式，而與「無有」和「不言之教」有關。因此「柔」、「弱」為一種理想的行為方式，且似乎是最為密切關係到老子對於對立之互相影響的辯論方式。他認為「柔」、「弱」為概念化的「德」可克服他們的對立。Slingerland 認為老子思想的矛盾主要是在「反」的理論，老子主張持「弱」而「強」，初看時，好像是極為矛盾，因為這種一旦獲得「強」卻終究會回復到「弱」。然而，依上述我們知道「反」不是由強而弱的循環，反之亦然。而是一種「返」的定律，即「有」（傳統的強、硬等）返回到「無」（弱、柔等）。Slingerland 認為老子的語詞矛盾只有在我們不知道區分慣用反語或非慣用反語之間的語詞使用，如「弱」和「知」。「反」的理論是一種「直接教導似非而是的」，但它是憑依表面而定。

依據上述，筆者以為，從生命的角度而言，老子的「守柔」、「持弱」思想，並非消極的否定生命的作為，而是為了要消解人性的「逞強」與「爭奪」的作為，進而學習「道」的「無為」精神。老子要人效法水的柔弱的德性，而達到處下、不爭卻能利萬物的精神。其次，從宇宙的角度來講，老子的「歸根復命」與「正言若反」的思想恰是可為「反者道之動，弱者道之用」形上義涵作一歸結。LaFargue 雖未全面理解《老子》的弱道思想，然而他對於《老子》之「反」的智慧亦有其個人的見解，值得肯定。而 Slingerland 對於《老子》的「正言若反」的理論，雖不能完全體悟，然而因其個人的洞見所提出的問題亦值得吾人深思。

第二節　美國《老子》研究之未來展望

綜觀美國漢學界對《老子》的研究成果，可知，學者對於《老子》的局部議題，有極為深入的探討，例如，在《老子》的「自然」思想方面已有令人可喜的成績。舉凡「道」之「體」的「自然」，「道」之「德」與「道」之

「有」、「無」以及「道」之「用」的「無爲」等議題皆有詳細的剖析。然而，在《老子》的整體方面的研究，尚有值得深入討論或加以開發的議題，以下以筆者，試提出幾個觀點，作爲《老子》研究在美國的未來研究展望及發展方向的參考。

一、研究主題

依據本文的研究結果，筆者發現美國學者對《老子》思想的研究，多集中在幾個的主題，以致在某些議題的研究方面就相對較少，如，《老子》的「虛」、「靜」和「柔」、「弱」思想等議題。然而，這些議題的探討與研究，對於了解《老子》思想之把握，應有正面實質的助益。因此，可能是《老子》研究在美國的未來方向之一。至於，美國學者的《老子》研究，尚有其他值得開發的研究主題，如，《老子》形上思想的義理脈絡、《老子》「尚仁」及「守中」思想、《老子》的生命哲學、《老子》哲學的現代意義以及《老子》的人論等。這些相關主題的研究，可能是《老子》研究在美國的未來方向之二。此外，筆者以爲，以現階段美國學者的《老子》研究成果爲基礎，再加上大陸新出土的文獻資料的輔助，應該有助於重新建構《老子》哲學體系的研究，此亦可能是《老子》研究在美國的未來方向之三。

從本文之述要部分，筆者發現，美國漢學者對於《老子》研究的方法與詮釋觀點頗爲獨特，如，陳漢生以其所擅長的語言分析，應用「假設演繹論證法」來詮釋《老子》一書。LaFargue 在《道的方法——《道德經》的合理進路》一書中之「精密的文本詮釋法」及「整合的歷史研究法」再加上相關哲學研究文獻，完成了一部六百多頁的巨著，有如《老子》專用的術語辭典。至於，在《老子》的研究觀點方面，無可否認的，美國學者對於《老子》的某些議題有極深入的研究，如 Coutinho 的「道」的含混理論、Kohn 和羅浩的《老子》神秘主義以及 Loy 的「無爲」觀點等皆是極具參考的價值，可爲國內學界之借鏡。

二、文本的研究

依據本文的研究結果，筆者發現美國漢學界對《老子》的研究，最大的問題是《老子》文本的理解。不少美國學者，在進行《老子》研究時是透過譯本的內容，再經過作者本身的理解之後，才以自己的觀點或照著譯者的意

見在他們的著作中呈現，所以，難免會有誤解或曲解的地方。例如，顧立雅在其所撰《中國思想：從孔子到毛澤東》一書中，他說：「《老子》告訴我們，武器是不祥的預兆，戰馬只被飼養在「道」衰落的時候。」〔註1〕然而這裡的詮釋與文本〈四十六章〉「天下有道卻走馬以糞。天下無道，戎馬生於郊。」之本義有所差距。此外，LaFargue 在描述〈六十五章〉之「與物反矣！然後乃至大順」，〔註2〕按此「反」乃「返」之意，並非反對」。另外，LaFargue 談到〈五十九章〉「早服謂之重積德」，〔註3〕他將「早服」照字面意思翻譯成英文（getting dressed early），〔註4〕然而這已經嚴重扭曲《老子之》本意。

依上所述，可知有些學者（如 LaFargue 等）在《老子》文本的理解上，還存在著某種程度的問題，如果再加上所引用參考資料的正確性也有問題時，很可能就會因誤解或誤用而造成一些嚴重的問題。故筆者以爲，美國學者從事《老子》研究時，極需全面深入《老子》文本的理解與把握。而且，不只是翻譯理解的層面，尚需會通《老子》哲學的各個層面，甚至《老子》當時的社會文化背景亦皆需加以把握。此外，對於海峽兩岸的《老子》研究相關著作亦應多加參考，除可增加彼此的對話與交流外，更可有助於美國漢學界建立《老子》全面研究的基礎。

〔註1〕 見 H. C. Creel, *Chinese Thought from Confucius to Mao Tse-tung*（Chicago: The University of Chicago Press, 1953），p107.作者譯爲（And war horses are reared only in a state that has fallen away from the Tao）.

〔註2〕 見 Michael LaFargue, *Tao and Method: A Reasoned Approach to the Tao Te Ching*（Albany, NY: State University of New York Press, 1994），p225.作者譯爲（opposing disquieting "improvement"）.

〔註3〕 其英文譯爲（getting dressed early to stored up an abundance of Te）.

〔註4〕 見 Michael LaFargue, *Tao and Method: A Reasoned Approach to the Tao Te Ching*, p225.

參考書目

一、英文部分

（一）專　書

1. Ames, Roger T., The Art of Rulership: A Study in Ancient Chinese Political Thought（Honolulu: University of Hawaii Press, 1983）.

2. Ames, Roger T. and Hall, David L., Dao De Jing: A philosophical Translation（NY:A Ballantine Book, 2003）.

3. Benjamin I. Schwartz, The World of Thought in Ancient China（Cambridge Mass.: Harvard University Press, 1985）.

4. Carus, Paul, The Canon of Reason and virtue—Being Lao-tze's Tao The King（Chicago:Open Court,1913）.

5. Creel, Herrlee G., Chinese Thought from Confucius to Mao Tse-tung（Chicago: The University of Chicago Press, 1953）.

6. Creel, Herrlee G.., What is Taoism?（Chicago: University of Chicago Press, 1974）.

7. de Bary, WM. Theodore& Bloom, Irene, Source of Chinese Tradition: From Earliest Times To 1600（NY: Columbia University Press, 1960）.

8. Derk Bodde, Essays on Chinese Civilization（Princeton: Princeton University Press, 1981）.

9. Duyvendak ,tr. , Tao Te Ching: The Book of the Way and Its Virtue（London: John Murray, 1954）.

10. Edward Slingerland, *Effortless Action*（New York: Oxford University Press, Inc., 2003）.

11. Fung Yu-Lan, trans. by Bodde, Derk, *A History of Chinese Philosophy*（Princeton: Princeton University Press, 1952）.

12. Hanesn, Chad, *Language and Logic in Ancient China*（Ann Arbor: University of Michigan Press,1983）.

13. Hansen, Chad, "Individualism in Chinese Thought." Donald J. Munro, ed. *Individualism and Holism:Studies in Confucian and Taoist Values.*（Ann Arbor:University of Michigan Press, 1985）.

14. Hansen, Chad, *A Doist Theory Of Chinese Thought*（New York:Oxford University press,1992）.

15. Henricks, Robert G. *Lao-Tzu: Te Tao Ching:A New Traslation Based on the Recently Discocered Ma-wang-tui Texts*（Ballatine,1989）.

16. Ivanhoe, Philip J., "The Concept of de（'virture'）in the Laozi", in Mark Csikszentmihalyi & Philip J. Ivanhoe, ed., *Religious Philosophical Aspects Laozi*（NY: State University of New York Press, 1999）.

17. Kaltenmark, Ma, *Lao Tzu and Taoism,*（Stanford: Stanford University Press, 1970）.

18. Kohn, Livia & Michael Lafargue, eds., *Lao-tzu and Tao Te Ching*（New York: State University of New York Press, 1998）.

19. Kohn, Livia, and Roth Harold D., eds., *Daoist Identity: History, Lineage, and Ritual*（Honolulu: University of Hawaii Press, 2003）.

20. Lau, D. C., trans, *Tao Te Ching*（Hong Kong: The Chinese University Press, 2001）.

21. Lenk, Hans, & Paul, Gregor, ed., *Epistemological Issues in Classical Chinese Philosophy*,（NY: State University of New York Press, 1993）.

22. Mair, Victor, tr., *Tao Te Ching:The Classic Book of integrity and the Way, Lao Tzu*（New York:Bantam Books,1990）.

23. Michael Lafargue, *The Tao of Tao Te Ching*（New York: State of University of New York Press,1992）.

24. Michael, Franz H., *China Through the Ages: History of a Civilization*（Taipei: SMC Publishing INC., 1994）.

25. Michael Lafargue, *Tao and Method: A Reasoned Approach to the Tao Te Ching*（Albany, NY: State University of New York Press, 1994）.

26. Munro, Donald J., *The Concept of Man in Early China*（Stanford: Stanford University Press, 1969）

27. Munro, Donald, J., ed., *Individualism and Holism: Studies in Confucian and Taoist Values*（Michigan: The University of Michigan Press, 1985）.

28. Philip J. Ivanhoe, eds., *Chinese Language, Thought, and Culture:Nivison and*

his Critics（La Salle: Open Court, 1996）.

29. Philip J. Ivanhoe & Mark Csikszentmihalyi, eds., *Religious Philosophical Aspects of the Laozi,* （New York: State University of New York Press, 1999）.

30. Philip J. Ivanhoe, Bryan W. Van Norden, eds., *Reading In Classical Chinese Philosophy*（Indianapolis: Hackett Publishing, Inc., Reprinted in 2003）.

31. Robinet, Isabelle, *Taoism: Growth of a Religion*（Stanford: Stanford University Press, 1997）.

32. Rosemont, Henry, Jr. ed., *Chinese Texts and Philosophical Contexts*（Chicago: Open Court, 1991）

33. Roth, Harold, *Original Tao: Inward Training*（*Nei Yeh*）*and the Foundations of Taoist Mysticism*（NY: Columbia University Press, 1999）.

34. Smullyan, Raymond, *The Tao is silient*（New York: Harper and Row, 1977）.

35. Star, Jonathan, *Tao Te Ching: The Definitive Edition*（NY: Penguin Group Inc., 2001）.

36. Wagner, Rudolf G., *A Chinese Reading of the Daodejing*（Albany: State University of New York Press, 2003）.

37. Watts, Alan, *Tao: the Watercourse Way*（NY: Random House, Inc., 1975）.

38. Watts, Alan, *The Tao of Philosophy*（Mass., Boston: Tuttle Publishing, 1995）.

39. Watts, Alan, *What Is Tao*（CA: New World Library, 2000）.

40. Welch, Holmes, *Taoism: The Parting of the Way*（Boston: Beacon Press, 1957）.

（二）單篇論文

1. Ames, Roger T., "The common Ground of Self-Cultivation in Classical Taoism and Confucianism." Tsing Hua Journal of Chinese Studies 17.1-2 （1985）, pp. 65-97.

2. Ames, Roger T., "Putting the *Te* Back into Taoism," in *Nature in Asian Traditions of Thought*, edited by J.Baird Callicott and Roger T. Ames（Albany: Sunny Press,1989）, p123.

3. Benjamin I. Schwartz, "The Thought of the Tao-te-chibg," In *Lao-tzu and the Tao-te-ching*, ed Livia Khon and Michael LaFargue, （1988）, pp.189-210.

4. Baxter, William, "Situating the Language of the Lao-tzu: The Probable Date of the Tao-te-ching." In *Lao-tzu and the Tao-te-ching*, ed Livia Khon and Michael LaFargue, （1988）, pp.231-253.

5. Boltz, William G , "The religious and Philosophical Significance of the 'Hsiang erh' Lao tzu in the Light of the Ma-wang-tui Silk Manuscripts.",*Bullet

in of the School of Oriental and African Studies 45, no. 1（1982）, pp.95-117.

6. Boltz, William G , "Textual Criticism and the Ma-wang-tui Lao tzu." *Havard Journal of Asiatic Studies* 44, no. 1（June,1984）, pp.185-224.

7. Boltz, William G, "The Lao Tzu Text That Wang Pi and Ho-shang Kung Never Saw." *Bulletine of the School of Oriental and African Studies,* 48/3（1985）, pp.493-501.

8. Boltz, William G , "Lao tzu Tao Te Ching." . In Early Chinese Texts, ed. Mchael Loewe,. Berkerly, CA:*The Society for the Study of Early China*（1993）, pp. 269-292.

9. Cheng, Chung-Ying, "Dimensions of the Dao and Onto-ethics in Light of the DDJ", Journal of Chinese Philosophy 31/2（June 2004）, pp.143-182.

10. Cline M. Erin, Two Interpretations of De in the Daodejing", Journal of Chinese Philosophy 31/2（June 2004）, pp.219-233

11. Cua, Antonio S., "Opposite as Complements: Reflections on the significance of Tao", Philosophy East and West 31/2（April 1981）, pp.123-140.

12. Diane Dreher, "The Tao of Womanhood", *The World & I* , 13/10（Oct 1998）, pp.321-330.

13. Duyvendak, J. J. L., "The Philodophy of Wu-wei." Asian Study 3/.4（1947）, pp.81-102.

14. Fleming, Jesse, "Comparative Philosophy:Its Aims and Methods", Journal of Chinese Philosophy 30/2（June 2003）, pp.259-270.

15. Fox, Alan, "Process Ecology and the 'Ideal' Dao", Journal of Chinese Philosophy 32/1（March 2005）, pp.47-58.

16. Fox, Alan, "Wu-wei in Early Philosophical Daoism." Paper Delivered at Eastern Division Meeting of the American Philosophical Association（1994）.

17. Geaney. M. Jane, "A Critical of A.c. Graham's Reconstruction of the "Neo-Mohist Canans", Journal of the American Oriental Society 119/1（Jan-Mar 1999）, pp.1-11.

18. Golding R. Paul, "Why Daoism is not Environmentalism", Journal of Chinese Philosophy 32/1（Mar 2005）, pp.75-87.

19. Graham, Archie, "Landscape of Silence", *Journal of Chinese Philosophy,* 31/1（Mar 2004）, pp.33-45.

20. Hall David,"To Be or Not To Be: The Postmodern Self and the Wu-Forms of Taoism."in Self as Person In Asian Theory and Practice（1994）, pp. 213-234.

21. Hansen, Chad, "Unbelief in Taoism" in Gordon Stein（ed.）, Dictionary of Unbelief, Buffalo, NY, Prometheus Books, Vol II（1985）, pp. 663-64.

22. Hansen, Chad , "Ancient Chinese Theories of language", *Journal of Chinese Philosophy,* 2（1985）.

23. Hansen, Chad, " Chinese Language, Chinese Philosophy, and 'Truth' " *Journal of Asian Studies,* 44/3（May 1985）, pp.491-520.

24. Harper, Donald, "The Bellows Analogy in Laozi and Warring States Macrobiotic Hygiene" *Early China* 20（1995）, pp. 381-392.

25. Henricks, Robert G , " A Complete List of the Character Variants in the Ma-wang-tui Texts of Lao-tzu," *Journal of Chinese Linguistics* 10（1981）, pp.207-275.

26. Henricks, Robert G , "The Philosophy of Lao-tzu Based on thr Ma-wang-tui Tezts: Some Preliminary Observations." *Society for the Study of Chinese Religions Bulletin* 9（1981）, pp. 59-78.

27. Henricks, Robert G , "Character Variants in the Ma-wang-tui Texts of the Lao-tzu." *Tsing Hua Journal of Chinese Studies,* n.s. 13,nos. 1, 2（1981）, pp.221-234.

28. Henricks, Robert G ," The Tao and the Field: Exploring an Analogy." *St. John's Papers in Asian Studies*, no. 27（1981）.

29. Henricks, Robert G , "Review of D. C. Lau's Tao Te Ching: Chinese Classics," *Journal of Asian Studies* 44, no1（1984）, pp.177-180.

30. Henricks, Robert G , " Ma-wang-tui." *The Indiana Companion to Traditional Chinese Literature,* Bloomington: Indiana University Press（1986）, pp.410-412.

31. Ivanhope, Philip J., "Laozu（The Daodejing）', in:Eassays on Reading In Classical Chinese Philosophy, ed. by Philip J. Ivanhope & Bryan W. Van Nordoen,（2001）, pp.157-201.

32. Jude Chua Soo Meng, "Nameless Dao: A Rapprochement Between the Tao Te Ching and St.Thomas Aquinas' Metaphysics of Unlimited Being", Journal of Chinese Philosophy 30/1（Mar 2003）, pp.99-113.

33. Jude Chua Soo Meng, "The Nameless and Formless as Metaphor and Imagery: Modeling the Dao in Wang Bi's Laozi", Jouenal of Chinese Philosophy 32/3（Sept 2005）, pp.477-492.

34. Karlgren, Bernard, trans "Notes on Lao Tze." Bulletin of the Museum of Far Eastern Antiquities（1957）.

35. Kohn, Livia. "The Laot-zu Myth." In *Lao-tzu and the Tao-Te-Ching*, 41-62. ed. Livia Kohn and Michael LaFargue（1998）.

36. Legge, James, trans "The Texts of Taoism part.1." In Scared Books of the East Vol. 39（1962）.

37. Loy, David, "Wei Wu-wei: Nondual Action" Philosophy East &West 35/1（1985）, pp. 73-86.

38. Menderson, Michael, "Taoism:Growth of a Religion:, American Asian Review 17/2（Summer, 1999）, pp.804-806.

39. Michael Lafargue, "Interpreting the Aphorism in the Tao Te Ching." *Journal of Chinese Religions* 18（fall,1990）, pp. 25-43.

40. Michael Lafargue, "Recovering the Tao-te-ching's Original Meaning: Some Remarks on Historical Hermeneutics." In *Lao-tzu and the Tao-te-ching*, ed. Livia Kohn and Michael LaFague,（1998）, pp. 255-275.

41. Michael, Thomas, "Closing the gap between Daoist studies and religious theory: Two recent publications", The Journal of Religion, Chicago 82/3（Jul 2202）, pp.424-429.

42. Miller, James &Cline, Erin M., "Daoism: A Short Introdution", Journal of Chinese Philosophy 31/4（Dec 2004）, pp. 547-549.

43. Needham, Joseph, " The Tao Chia（Taoists）and Taoism. "Science and Civilization in China. Vol. 2（1954）, pp. 33-164.

44. Parkes, Graham, "Lao-Zhuang and Heidegger on Nature and Technology", Journal of Chinese Philosophy 30/1（Mar 2003）, pp.19-38.

45. Philip J. Ivanhope, "The Concept of De in the Dao De Jing." In essaya on *Religious and Philosophical Aspect of the Laozi*, ed. Mark Csikszentmihalyi and Philip J. Ivanhope（Albany: Sunny Press,1998）, pp. 239-258.

46. Philip J. Ivanhope," Laozi（The Daodejing）" In Eassays on *Reading In Classical Chinese Philosophy* , Ed. By Philip J. Ivanhoe & Bryan W. Van Nordoen,（ 200）, pp.1157-201

47. Pohl, Karl-Heinz, "Play-Thing of the Times: Critical Review of the Reception of the West", Journal of Chinese Philosophy 30/3.4（Sept 2003）, pp.469-486.

48. Roth, Harold, "The Early Taoist Concept of Shen: A Ghost in the Machine?" In *Sagehood and Systematizing Thought in Earring States and Han China,* ed. Kidder Smith（1990）, pp.11-32.

49. Roth, Harold," Psychology and Self-Cutivation in Early Taoistic Thought. *Harvard Journal of Asian Studies* 51/2（1991）, pp.599-651.

50. Roth, Harold,"The Laozi in the Context of Early Chinese Mystical Praxis." In Eassays on *Religious and Philosophical Aspects of the Laozi*, ed. Mark Csikszentmihalyi and Philip J Ivanhope,（1999）, pp.59-96.

51. Roth, Harold,"Some Methodological Issues in the Study of Kuo Tiean Tzu Parallels." Paper presented at the international conference on the "*Guodian Laozi*"（1998）.

52. Roth, Harold, "What Is Huang-Lao?" Paper Presented at the annual meeting of the Association for Asian Studies（1991）

53. Rump, Ariane,"Commentary on the Lao tzu by Wang Pi: in collaboration with Wing Tsit Chan" trans. Monographs of the Society for Asian and Comparative Philosophy, no. 6（1979）.

54. Ryden, Edmund., "Guodian Bamboo Slips: An Edition of the Guodian Laozu, Tai Yi Sheng Shui." Paper presented at the international conference on the "*Guodian Laozi*,"（1998）.

55. Schipper, Kristofer, "Taoism:The Story of The Way", Humanities. Washington: 21/6（Nov/Dec 2000）, pp.35-39.

56. Tucker, A. John, "Original Tao: Inward Training and the Foundations of Taoist Mysticism", Philosophy East and West 51/2（Apr 2001）, pp.307-310.

57. Wagner, R. G., "Inetrlocking Parallel Style: Laozi and Wang Bi." *Asiatische Studien* 34 no.2（1980）, pp.18-58.

58. Wagner, R. G , "Chinese Language, Chinese Philosophy, and 'Truth' " *Journal of Asian Studies* 34.（1985）.

59. Wanger, Rudolf G., "Lao-tzu and the Tao-te-ching", The Journal of Asian Studies 58/3（Aug.,1999）, pp.804-806.

60. Wawrytko, Sandra A., "The Viability（Dao）and Virtuoisty（De）of a Daoist Ecology:Reversion（Fu）as Renewal", Journal of Chinese Philosophy 32/1（March 2005）, pp.89-104.

61. Wohlfart, Guenter & Heitz, Marty, "Heidegger and Laozi:Wu（Nothing）-on chapter 11 of the Daodejing", Journal of Chinese Philosophy 30/1（Mar 2003）, pp.39-59.

62. Yu, David C., "The Creation myth and its symbolism in Classical Taoism", Philosophy East and West, 31/4（Oct 1981）, pp.479-500.

二、中文部份

（一）單篇論文

1. 方克濤：〈英美學界對於中國經典詮釋傳統之研究：回顧與展望〉,《中國經典詮釋傳統（一）：通論篇》（台北：喜瑪拉雅研究發展基金會出版, 2002 年）, 頁 232～234。

2. 王靈康：〈英語世界的荀子研究〉,《國立政治大學哲學學報》第十一期（2003 年 12 月）, 頁 1～38。

3. 李哲賢：〈荀子人性論研究在美國〉,《政大中文學報》第八期（2007 年 12 月）, 頁 65～96。

4. 李哲賢：〈章太炎研究在美國〉,《2003 年漢學研究國際學術研討會論文集》, 頁 221～248。

5. 李哲賢：〈美國漢學研究概況〉,《文理通識學術論壇》, 第一期, 1999, 頁 2～4。

（二）專　書

1. 王邦雄：《老子的哲學》（台北：東大圖書公司，1991 年）。
2. 方東美：《原始儒家道家哲學》（台北：黎明文化公司，1983 年）。
3. 牟宗三：《中國哲學十九講》（台北：學生書局，1983 年）。
4. 余培林：《新譯老子讀本》（台倍：三民書局，1973 年）。
5. 牟宗三：《中西哲學之會通十四講》（台北：學生書局，1990 年）。
6. 李哲賢：《荀子之名學析論》（台北：文津出版社，2005 年）。
7. 唐君毅：《中國哲學原論——原道篇（一）》（台北：台灣學生書局，1973 年）。
8. 唐君毅：《中國哲學原論——導論篇》（台北：台灣學生書局，1986 年）。
9. 袁保新：《老子哲學之詮釋與重建》（台北：文津出版社，1991 年）。
10. 陳鼓應：《老子註譯及評介》（北京：中華書局，1984 年）。
11. 陳鼓應：《老莊新論》（台北：五南出版社，1993 年）。
12. 傅偉勳：《西洋哲學史》（台北：三民書局。2005 年）。
13. 劉笑敢：《老子年代新考與思想新詮》（台北：東大圖書公司，1997 年）。
14. 劉福增：《老子哲學新論》（台北：東大出版社，1999 年）。

（三）學位論文

1. 林靜慧：《蘇轍《老子解》研究》（台北：中國文化大學中文研究所碩士論文，2004 年）。
2. 郭興昌：《《三國演義》研究在美國》（雲林：雲林科技大學國際漢學資料整理研究所碩士論文，2007 年）。
3. 張鴻愷：《先秦至漢初《老子》思想之發展及變遷》（高雄：高雄師範大學國文研究所碩士論文，2003 年）。
4. 蘇郁銘：《近十年（1994～2003）來美國的荀子研究》（雲林：雲林科技大學國際漢學資料整理研究所碩士論文，2005 年）。

附　錄

第三章述要部分之論文索引